Rainer Lisowski, Gerd Schwandner

Übermorgenstadt

Stadt- und Regionalforschung

Band 13

LIT

Rainer Lisowski, Gerd Schwandner

Übermorgenstadt

Transformationspotenziale
von Kommunen

Umschlag: Bild von Stephan Meyer-Bergfeld.
Bearbeitung Stockwerk 2

Gedruckt auf alterungsbeständigem Werkdruckpapier entsprechend
ANSI Z3948   DIN ISO 9706

Bibliografische Information der Deutschen Nationalbibliothek
Die Deutsche Nationalbibliothek verzeichnet diese Publikation in der
Deutschen Nationalbibliografie; detaillierte bibliografische Daten sind
im Internet über http://dnb.d-nb.de abrufbar.

ISBN 978-3-643-13865-1 (br.)
ISBN 978-3-643-33865-5 (PDF)

© LIT VERLAG Dr. W. Hopf Berlin 2017
Verlagskontakt:
Fresnostr. 2   D-48159 Münster
Tel. +49 (0) 2 51-62 03 20
E-Mail: lit@lit-verlag.de   http://www.lit-verlag.de

Auslieferung:
Deutschland: LIT Verlag, Fresnostr. 2, D-48159 Münster
Tel. +49 (0) 2 51-620 32 22, E-Mail: vertrieb@lit-verlag.de
E-Books sind erhältlich unter www.litwebshop.de

„Local elected officals are responsible for doing, not debating. For innovating, not arguing. For pragmatism, not partisanship"

Michael Bloomberg

„Every day for us, something new. Open mind for a different view. And nothing else matters."

Metallica

ABBILDUNG 1: ÜBERMORGENSTADT OLDENBURG AUS DER SICHT VON PETER ENGEL UND MARC BECKER, 2011 (PRIVATSAMMLUNG SCHWANDNER)

Inhalt

1	**Einleitung**	**6**
1.1	Mission: Wer wir sind und warum wir dieses Buch schreiben	6
1.2	Charakter und Anspruch des Buches	10
2	**Sechs Thesen zur Bedeutung von Städten**	**13**
2.1	All politics is local. Auch ohne angestaubte Agenda 21	13
2.2	Richard Florida hat Recht: The world is spiky	16
2.3	Städte sind wichtiger als Bundesländer	18
2.4	Internationalisierungspotenziale	23
2.5	Urbanität als Leitmotiv	26
2.6	Generation Y und urbane Potenziale	29
3	**Vorarbeit: Immer beginnt es mit Wahlgewinnen**	**33**
3.1	Wahlkämpfe auf kommunaler Ebene	33
3.2	Instrumentenkasten kommunaler Wahlkampfführung	40
4	**Voraussetzungen: Gute Vision statt schlechtem Leitbild**	**53**
4.1	Leitbilder waren der falsche Ansatz. Social Media ist es auch.	53
4.2	Eine Stadt braucht handwerklich gute Führung, kein Transparenzsylvanien	57
4.3	Unser Ansatz: Die „Change Mindmap"	61
5	**Analyse: Neue Urbanität ist nötig**	**66**
5.1	Weg von der gemütlichen Großstadt	66
5.2	Das Stadtbild prägen. Moderne Architektur als Gegenakzent zum historischen Erbe	72
5.3	Soft Power. Eine tolerante Stadtkultur braucht passende Symbole	78
5.4	Größer denken als man ist. Das Beispiel Groningen	83

6	**It's the science, stupid!**	**86**
6.1	Wissenschaft als Dreh- und Angelpunkt der Stadtentwicklung	86
6.2	Jungbrunnen für die Stadt: Demografische Potenziale	92
6.3	Triple T: Technologie gehört eben auch dazu	95
7	**Internationalisierung in Wirtschaft und Kultur**	**98**
7.1	Die Welt im Blick: Neue Wege statt eingeschlafener Partnerschaften	98
7.2	Die Wirtschaft einbinden und die Kultur bereichern: Business days und „Begegnungen"	110
7.3	Sonderfall China: Wieso es eines „China Desks" bedarf	117
8	**Headquarter Espressobar. Das strategische Zentrum**	**127**
8.1	Ein strategisches Zentrum schaffen	127
8.2	Der Rat ist stärker Veto-Spieler, nicht Partner für Strategie	130
8.3	Dezernentenrunden sind das operative, nicht das strategische Zentrum	137
8.4	Die Verwaltung mitnehmen und die Organisationskultur ändern	141
8.5	Kommunaler Elitenwechsel als „underlying strategy"	149
9	**Anker schaffen: Ohne sichtbare Erfolge geht es nicht**	**155**
9.1	Die raue See lokaler Politik	155
9.2	Stabilisator in rauer See: Das Projekt „Stadt der Wissenschaft"	159
9.3	Bauprojekte sind ein Anker. Eine Stadt braucht aber auch deren „Soft Power"	170
9.4	Leere Kassen sind noch keine Gegenströmung	176
10	**Düstere Aussicht: Warum es zunehmend schwerer werden wird, Transformationen anzustoßen**	**179**
10.1	Direkte Demokratie: Mehr Probleme als Nutzen	179
10.2	Prekarisierung der Räte	185

10.3	*Von wem alles abhängt. Zeit für eine wohlwollende Kritik am Bürger*	188
11	**Literaturverzeichnis**	195
12	**Abbildungen und Tabellen**	206
13	**Personenregister**	208
14	**Acknowledgements**	210

1 Einleitung

1.1 Mission: Wer wir sind und warum wir dieses Buch schreiben

„Ein Buch ist der Versuch, dem Denken Dauer zu verleihen und einen Beitrag zu dem großen Gespräch zu leisten, das die Autoren der Vergangenheit mit der Gegenwart führen."[1] Neil Postmans Plädoyer für das geschriebene Wort bleibt auch fast drei Jahrzehnte nach seiner Veröffentlichung aktuell. Vielleicht sogar aktueller denn je. Postmans Kritik richtete sich Ende der 1980er Jahre **gegen eine Banalisierung des öffentlichen Lebens** durch das Fernsehen. Hätte der 2003 verstorbene US-Amerikaner die Wucht kennengelernt, mit der das Internet die öffentliche Debatte verändert, hätte er dieses aber bestimmt in seine Analyse mit einbezogen.

Dem Denken Dauer verleihen: Wir haben uns nach acht Jahren Amtszeit, nach acht Jahren Führung einer großen Kommunalverwaltung, nach acht Jahren Umgestaltung der 47-größten deutschen Stadt entschieden, unser Erfahrungswissen über die Umgestaltung einer Stadt und ihrer Gesellschaft festzuhalten. Wir haben einen Beitrag zu leisten versucht, die **Stadt moderner, urbaner und internationaler zu machen**. Wir haben dies aufgeschrieben, um anderen die Möglichkeit zu geben, an unseren Erfahrungen teilzuhaben – oder auch Einspruch und Kritik erheben zu können.

Unser Thema – die Stadt – ist von großer Wichtigkeit für die Gesellschaft, in der wir leben. Für alle in der Republik. Und der Name „res publica" deutet es bereits an: Es geht dabei um die öffentliche Sache. Implizit damit verbunden ist der Wunsch, ein **Gemeinwesen zu gestalten und es nicht nur zu verwalten**. Darum soll es hier vor allem gehen. Und um Städte. Denn wir lieben Städte. Und immer mehr Menschen leben heute in Städten.[2] Sie zu gestalten, ist unsere Mission. Die Stadt allein verändert die Gesellschaft, schafft erst die Grundlage für das Menschsein. Der spanische Soziologe Ortga y Gasset bemerkte so schön dazu: „Die Stadt ist das Über-Haus, die Überwindung des Hauses oder untermenschlichen Nestes, ein abstrakteres und höheres Gebilde als der oikos der Fa-

---

[1] Postman 1988, S. 90.
[2] „The world goes to town" in: The Economist May 3rd 2007 http://www.economist.com/node/9070726, abgerufen am 5.7.2017.

milie. Sie ist die res publica, die politeia, die nicht von Männern und Frauen, sondern von Bürgern gebildet wird."[3]

Dabei wird politische Gestaltung auf der lokalen Ebene immer schwieriger: Technisch schränken Bund und Länder die Handlungsspielräume durch immer neue Aufgaben und mangelnde Finanzierungsgrundlagen mehr und mehr ein. Gesellschaftlich haben neue Akteure die Bühne der Republik betreten und fordern oftmals gar nicht unbedingt eine Mitgestaltung, als vielmehr das Recht, als erste „Nein" sagen zu können. **Vetomächte nehmen zu.** Sie bedienen sich **neuer Medien** (die so neu gar nicht mehr sind; das Internet als Massenphänomen ist über 20 Jahre alt; soziale Medien haben das Laufen auch schon gelernt). Durch eine **zunehmende Verrechtlichung** von Politik und die Abgabe von Souveränität an supranationale Einrichtungen reduziert sich der Handlungsspielraum politischer Akteure auf nahezu allen Ebenen.

Und **doch bleibt genügend Spielraum für eine Verwaltung und die lokale Politik, das Leben vor Ort zu gestalten. Wenn man nur will.** Wir haben acht Jahre die Erfahrung gemacht, wie eine Verwaltung sogar dann gestalten kann, wenn man keine eigene Mehrheit im Rat hat; ja, **wenn einem sogar der Rat feindlich gegenüber steht.** Auch das wollen wir zeigen.

Dabei wird es um **Politikinhalte** gehen. Und um die Karten gleich auf den Tisch zu legen: Beide Autoren sehen sich als wirtschaftspolitisch konservativ und gesellschaftspolitisch liberal denkende Menschen.[4] Ent-

---

[3] Ortega y Gasset 2007, S. 162.
[4] Die Begriffe hier analytisch zu zerlegen soll vermieden werden. Nur so viel: Knoll geht auf den Unterschied zwischen Liberalismus als politischer und geistiger Position und Liberalität als einer Einstellung, die sich heutzutage in nahezu allen politischen Gruppierungen auffinden ließe, ein. Aus seiner Sicht bedeutet Liberalität erst einmal nicht mehr als die Bereitschaft, die Tradition nicht als verpflichtend anzusehen, sowie politische Fragestellungen pluralistisch zu beantworten. Liberalismus sei dagegen gekennzeichnet durch die Tatsache, überhaupt keine abgeschlossene Lehre und kein starres Dogma zu besitzen. Vielmehr sei politischer Liberalismus das Gegenteil von alldem. Er formuliert es selbst sogar anderweitig -man könnte fast sagen boshaft- in der Aussage es handle sich um das Unvermögen, den eigenen Standort zu fixieren. Vgl. Knoll, in: Schoeps et al. 1981, S. 90.

sprechend fällt unser Plädoyer für eine eher angebotsorientierte Wirtschaftspolitik und ein gesellschaftlich freiheitliche Politik aus.

Angefangen hat unsere Mission mit einem überraschenden Wahlsieg im Jahr 2006. Ein Oldenburger Lokalredakteur, der jahrelang durch seine bodenständige und stets perfekt informierte Berichterstattung selbst die Politik der Kommune nicht unwesentlich mitgestaltet hatte, schrieb über den Abend der Oberbürgermeister-Stichwahl und das Foto mit den beiden Finalkandidaten, der Sieger – Gerd Schwandner – habe geschockter ausgesehen als der Verlierer. Vom Aussehen mag das vielleicht zutreffen, von der inneren Wahrnehmung nicht. Trotz jahrzehntelanger politischer Erfahrungen blieb auch während des Wahlkampfes immer eine Art „Restnaivität", den Amtsinhaber schlagen zu können. Vermutlich bedarf es auch dieser, um einen solchen Wahlkampf siegreich durchstehen zu können. Aus einem Rückstand von etwa 18 Prozent im ersten Wahlgang wurde ein Sieg mit einigen hundert Stimmen Vorsprung im zweiten. Das vermutlich **überraschendste Wahlergebnis der vergangenen zehn Jahre in Niedersachsen** war damit perfekt.

So begann eine in den ersten Jahren turbulente Amtszeit, die dazu führen sollte, die Stadt zu verändern. Vielleicht nicht von Grund auf. Vielleicht nicht fundamental. Aber die **acht Jahre haben deutliche Spuren** hinterlassen. Spuren, die der Stadt unserer festen Überzeugung nach gut getan haben und die sich für manch andere Kommune ebenso anbieten. Dabei mussten wir den Großteil unseres Programmes gegen **erbitterte Widerstände** durchsetzen: Gegen die traditionell stärkste Partei im Rat, die SPD, die über die Abwahl ihres Oberbürgermeisters grollte. Gegen eine eng mit der SPD verbundene FDP. Und gegen eine fundamentaloppositionelle Grünen-Fraktion. Die Fundamentalverweigerung der Grünen blieb wegen eines ungelösten Konflikts um ein Bauprojekt (von dem noch die Rede sein wird) acht Jahre bestehen. Erschwerend kam hinzu, dass einer der späteren Fraktionssprecher der Grünen eine politische Karriere anstrebte und sich daher zu profilieren suchte. Erschwerend blieb dann aber auch die stramm linke Ausrichtung des grünen Stadtverbandes.

Genug **Gegnerschaft** für acht Jahre turbulenter Verhältnisse, inklusive Abwahlversuchen. Am Ende entwickelten wir für die Stadt dennoch ein erfolgreiches **schwarz-grünes Großstadtprofil.** Und zwar skurriler Weise gegen erstarkte Grüne und größtenteils mit einer geschwächten CDU. Auch hier legen wir gerne die Karten offen auf den Tisch: Beide Autoren verbindet eine ehemalige Mitgliedschaft bei den Grünen und eine heutige Nähe zur CDU.[5]

Vielleicht ist unser Buch aktueller denn je. Die beiden überraschenden Abstimmungen im Jahr 2016 – der Brexit und die Wahl von Donald Trump[6] zum US-Präsidenten – haben tiefe Gräben in westlichen Gesellschaften sichtbar werden lassen. Die Politikwissenschaft spricht von Konfliktlinien, von cleavages, die moderne Gesellschaften durchziehen.[7] Beide **Wahlen 2016 haben eine lange gemildert geglaubte cleavage scharf sichtbar werden lassen: die zwischen Stadt und Land**. Die ländlichen Regionen machten in beiden Wahlen mobil gegen die Städte und viele politische Inhalte, für die sie stehen. Wir glauben an Städte und an ihre Rolle als Motor, auch für das sie umschließende Hinterland.

Soweit zur Mission. Abschließend noch ein Wort zu Danksagungen. Der Jüngere der beiden Autoren widmet das Buch seinen beiden akademischen Lehrern Hiltrud und Karl-Heinz Naßmacher, von denen die eine viel zu früh verstorben ist. Sie wird niemals vergessen werden. Schon allein, weil das zynisch-realistische Politikbild der Naßmachers fortlebt. In Rainer Lisowski, und hoffentlich auch in seinen Studenten, denen er ihre Sicht der Welt weitergibt.

Gerd Schwandner möchte Dank sagen seiner Frau Dr. Annette Schwandner für die uneingeschränkte Unterstützung und Beratung. Der Dank gilt auch dem „Kernteam" Olaf Klaukien, Andrea Reschke, Marco Saguma, Dr. Andreas van Hooven, Wei ZUO[8] und Dr. Rainer Lisowski, auf deren uneingeschränktes Vertrauen er bauen konnte. Ebenfalls danken möchte er den Mitarbeitern und Mitarbeiterinnen der Stadtverwaltung, die unsere

---

[5] An dieser Stelle möchten wir auch ausdrücklich dem Kreisverband der CDU, der CDU-Fraktion und insbesondere den Fraktionsvorsitzenden Hans-Jürgen Klarmann (bis 2011) und danach Olaf Klaukien für ihre große Unterstützung danken. Auch bei Themen, die nicht so einfach mit CDU-Positionen vereinbar schienen.

[6] Trumps Positionen dürfen eigentlich nicht überraschen. Er verfolgt seit über 30 Jahren kontinuierlich dieselben politischen Ziele. Vgl. dazu Simms und Larderman 2017.

[7] Neben Seymour Martin Lipset war Stein Rokkan einer der Väter der Spaltungslinien-Theorie. Sein Modell von vier Spaltungslinien wird vor allem hier vorgestellt: Rokkan 2000: 342-354.

[8] Im Buch werden chinesische Nachnamen in Großbuchstaben geschrieben.

Ideen aufgegriffen und mit vielen Eigeninitiativen umgesetzt haben und dabei auch zeigen konnten, was eine gute Stadtverwaltung zu leisten in der Lage ist.

Beide Autoren möchten Dank sagen an Prof. Dr. Dr. Hans-Jürgen Appelrath (1952-2016). Er hat uns in all den Jahren stets mit Rat und Tat unterstützt.

Ferner danken wir Claus Spitzer-Ewersmann für die kritische Durchsicht des Manuskriptes und viele hilfreiche Hinweise, sowie Boris Niemann als Sparringspartner in ästhetischen Fragen.

Anmerkung: bei zwei Autoren bleibt es nicht aus, dass die eine oder andere Begebenheit sich nur auf einen Autor bezieht. Dies wird dann durch die Initialen RL und GS kenntlich gemacht, wenn es sich nicht aus dem Inhalt ergibt.

1.2 Charakter und Anspruch des Buches

Dieses Buch wird eine **hybride Mischung** sein. Auf der einen Seite ist es eine **Rückschau** auf acht Jahre Führungsverantwortung in Niedersachsens drittgrößter Stadt. Auf der anderen Seite geht unser Anspruch und der dieses Buches über die Grenzen Oldenburgs hinaus. Wir haben einen Prozess angeschoben, die Stadt zu verändern mit einer **Programmatik und einer Methodik**, die sich unserer Meinung nach gut auf andere Städte übertragen lässt. Beides wollen wir vorstellen.

Insofern ist es auch ein **politisches Programm und eine politische Streitschrift**. Wir beide sind davon überzeugt, dass in der Wirtschafts- und Sozialgeschichte der Menschheit Impulse für den Fortschritt stets aus urbanen Zentren stammten und das dies weiter so sein wird. Deutschland hat knapp achtzig Städte, die mehr als 100.000 Einwohner haben. Sie sind groß genug, urbane Zentren zu sein. Oftmals fehlt es aber an einer gewissen Urbanität. So auch in Oldenburg. Unser Thema hieß acht lange Jahre „**Neue Urbanität**". Wir sind überzeugt, dass dieses Rahmenmotiv auch den Ansatz für neue Impulse in vielen deutschen Städten bieten kann. Um unsere Argumente zuzuspitzen, werden wir dabei nicht immer wissenschaftlich zurückhaltend formulieren.

Da wir viel aus der Praxis berichten werden, ist das Buch eine **Handlungsempfehlung**, mit Vorschlägen zur Nachahmung. Es richtet sich in erster Linie an neu gewählte Bürgermeister und Hauptverwaltungsbeamte, Dezernenten, Magistrate und Mitarbeiter in der Verwaltungsführung, sowie interessierte Kommunalpolitiker, von denen es schätzungsweise 230.000 in Deutschland[9] gibt. Die deutschen Kommunen hatten laut Statistischem Bundesamt 2015 etwa 1,4 Millionen Mitarbeiter, von denen geschätzt fünf Prozent – also 70.000 Menschen – Führungspositionen innehaben. Wir hoffen mit dieser Publikation diesem Personenkreis Anregungen zu bieten, ihre Stadt neu aufzustellen. Allheilmittel haben wir nicht zu bieten. Aber Anregungen und Gedankenanstöße. Da es sich um **professionelle, aber eilige Leser mit großer Neugier und wenig Zeit** handelt, ist das Buch straff und auf den Punkt geschrieben. Hervorhebungen helfen, schnell im Text zu manövrieren.

Aber: In Teilen ist das Buch auch eine **wissenschaftliche Abhandlung**. Beide Autoren haben einen wissenschaftlichen Hintergrund als Hochschullehrer. Insofern mag man uns verzeihen, wenn wir den Leser das eine oder andere Mal mit einer Fußnote vom Lesefluss ablenken. Aber zu würdigen, was bereits andere gedacht und geschrieben haben, ist uns wichtig. Und zur besseren Lesbarkeit des Haupttextes haben wir auch gelegentlich vertiefende oder erläuternde Texte sowie stadtspezifische Anekdoten in Fußnoten eingebracht.

Kurz zum **Aufbau** dieses Buches: Da es um Politikinhalte gehen wird, formulieren wir eingangs **sechs Thesen**, wie eine **moderne Großstadtpolitik** aussieht. Die Kerninhalte dieser Thesen finden sich dann auch im weiteren Verlauf der Abhandlung wieder. Niemand kann in westlichen Demokratien ein Gemeinwesen führen, ohne eine Wahl zu gewinnen. Der Gewinn eines **Wahlkampfes** ist die notwendige Vorarbeit für die folgenden Gestaltungsaufgaben. Gestalten kann niemand, der nicht eine Ahnung davon hat, wohin er eigentlich möchte. Welche **Vision** er verfolgt. Und das bedeutet mehr, als in einem Kommunalwahlprogramm ein Sammelsurium an Einzelaufgaben niederzuschreiben. Einmal im Amt, sollte zu Beginn der Tätigkeit eine systematische **Lageanalyse der Stadt** erfolgen. Wir werden am Beispiel Oldenburgs zeigen, worauf man achten muss. In den beiden folgenden Kapiteln umreißen wir zwei **Kerninhalte**

---

[9] Vgl. Künast 2017.

unserer Politik: Die **Konzentration auf Wissenschaft als kommunales Thema** und die **Internationalisierung**. In Zeiten einer immer rapideren Globalisierung kann keine Kommune ohne ein Mindestmaß an Internationalität auskommen. Auf Vision, Analyse und Inhalte folgen einige methodische Hinweise, zunächst zu **Strategien**. Wir wollen zeigen, wie man die Verwaltung als Instrument zur Durchsetzung eines politischen Vorhabens nutzen kann und wie man sich gesellschaftliche Unterstützung hierzu sucht. Im „**Headquarter Espressobar**" werden wir über die **Strukturen** schreiben, die wir dazu geschaffen haben. Jedes politische Programm braucht sichtbare Anker, braucht **Symbole**, um erkennbar zu sein. Diese bilden den Abschluss unserer Abhandlung – vor einem eher düsteren **Ausblick** auf zunehmende Probleme, die aus unserer Sicht den Gestaltungsspielraum weiter einschränken können.

Und noch eines möchten wir zu Beginn hervorheben. Dieses Buch ist von zwei Autoren, die direkt operativ in verantwortlichen Positionen der Stadtverwaltung tätig waren, geschrieben worden. Wir waren damit auch die handelnden Akteure der acht Jahre.

Dies unterscheidet diese Arbeit damit auch von anderen ex-post Analysen einer Stadtentwicklung durch quasi Unbeteiligte oder Nicht-Verantwortliche.

Nach einer umfassenden Analyse der Stadt entwickelten (und dokumentierten) wir eine detaillierte Strategie und haben diese im Laufe der Jahre, wenn auch gelegentlich verändert, umgesetzt. Davon handelt das Buch. Es ist weder eine Biografie, noch eine Anekdotensammlung.

2 Sechs Thesen zur Bedeutung von Städten

2.1 All politics is local. Auch ohne angestaubte Agenda 21

Vor etwa 25 Jahren, im Jahr **1992, beschlossen knapp 180 Staaten** in Rio de Janeiro gemeinsam mit zahlreichen Nonprofit-Organisationen die **sogenannte Agenda 21.** Sie umfasst auf über 300 Seiten eine Reihe von wirtschafts-, sozial-, und gesellschaftspolitischen Zielen. Kurz nach dem Ende des Kalten Krieges und durch dieses in eine Aufbruchsstimmung versetzt, sollte die Welt ein nachhaltigerer Ort werden.

Die Agenda 21 hebt die Rolle der Kommunen in besonderer Weise hervor. Viele globale Probleme werden lokal beeinflusst. Daher wird Städten und Gemeinden eine wichtige Rolle bei der Lösung weltweiter Probleme zugewiesen. Das **Motto „think globally, act locally"** wurde zwar nicht in Rio geboren, umreißt aber treffend, worum es geht. In der Folge wurde in vielen deutschen Städten die „Lokale Agenda 21" Bewegung aus der Taufe gehoben.

In einer Zwischenbilanz aus dem Jahr 2002, zehn Jahre nach Rio, wird deutlich: Der Musterschüler Deutschland war an dieser Stelle vorneweg. Fast 32 Prozent aller weltweiten, kommunalen Agenda-Prozesse fanden in Deutschland statt.[10]

Heute ist die Agenda 21 trotz Befolgung der damals gültigen Empfehlungen zu ihrer Umsetzung, wie einer Institutionalisierung, einer personellen Unterstützung und einer positiven Begleitung durch Verwaltung und Politik **eher eine angestaubte Politik-Ruine.** Auch in Oldenburg. Mit Aktivitäten wie einer „Zeitzeugen-Börse" wird die Welt heute sicher nicht gerettet. Wäre es allein nach dem Willen der Verwaltungsspitze gegangen, hätten wir das Agenda-Büro aufgelöst. Aus symbolischen Gründen war das mit dem Stadtrat nicht durchsetzbar.

Zwei Gründe sind wesentlich für das weltweite Scheitern des Prozesses seit 1992. Der eine ist die oft mangelnde Strategiefähigkeit lokaler Politik, wovon bereits 2002 von einem Befürworter der Agenda 21 geschrieben wurde: „Die gerade in [deutschen, RL] Großstädten viel zu großen und unüberschaubaren Parlamente arbeiten im Gegensatz zu viel kleineren Pendants (z.B. in den USA) sehr viel langsamer und verhindern effi-

---

[10] Vgl. Ruschkowski 2002.

ziente Politik. Viele Entscheidungen unterliegen dem Fraktionszwang. In den USA ist ein direkterer Zugang zur Politik möglich."[11]

Der andere ist die völlige Überschätzung der politischen Beteiligung von Partizipation. Leider ist das Engagement für die Kommune, ebenso wie die Tätigkeit in der Kommunalpolitik, für viele Menschen unattraktiv. Dabei ist die kommunale Ebene diejenige, auf der man am ehesten direkt die Wirkungen seines Handelns erfahren kann und auf der man den Wandel in einem Gemeinwesen erleben kann. Nicht nur aufgrund der berühmt-berüchtigten Spatenstiche, sondern vor allem, weil man von den Bürgern direkt angesprochen wird. Man erlebt sozusagen hautnah die Folgen seiner Politik mit. Das ist auf der Landesebene, geschweige denn der Bundesebene, schon ganz anders. Der Großteil der Wahrnehmung geschieht hier durch die Medien. Und die können arg verzerren.

Trotz des Scheiterns der Agenda 21 den gesamten Ansatz abzulehnen, ist aber falsch. Im Gegenteil. „Think globally, act locally" passt in unsere Zeit. Aus einem ganz anderen Grund. Im Jahr 1992 waren die Kräfte einer durch den Fall des Eisernen Vorhangs entfesselten Globalisierung noch nicht sichtbar. Heute sind sie es. Entwicklungen und Trends in Wirtschaft, Wissenschaft und Kultur verbreiten sich in atemberaubender Geschwindigkeit über den Globus. Wer da nicht mithält, ist schnell abgehängt. Und: Globalisierung ist kein theoretischer Begriff. Sie findet statt. Unternehmen, kulturelle Einrichtungen, Nonprofit-Organisationen werden zu globalen Akteuren. Aber sie sind deswegen nicht virtuell. Sie haben immer noch Standorte. Headquarter. Und die sind nun einmal „vor Ort" zu finden. **Orte und ihre Qualitäten erübrigen sich mit der Globalisierung nicht. Sie werden sogar wichtiger.**[12]

Auch für „jedermann" gilt: All politics is local. Aus einem weiteren wichtigen Grund: Orte haben eine hohe Bedeutung für unser aller Leben. Sie brennen sich ein in unser Gedächtnis. Privat und gesellschaftlich verankern sie uns. Privat denken wir an die Orte angenehmer oder besonderer Erlebnisse. Gesellschaftlich symbolisieren Orte und Städte Geschich-

---

[11] Vgl. Ruschkowski 2002, S. 23.
[12] Stefan Baron schrieb dazu in seinem Editorial auf Seite 3 in der Wirtschaftswoche Nr.27 vom 3.7. 2006 „Wo Kreativität auf Kreativität trifft, wächst sie exponentiell – und mir ihr die Wirtschaft. Der Ort dafür ist die Stadt(Region). Sie ist die wichtigste organisatorische Einheit der modernen Wirtschaftswelt".

te. In den USA steht die Stadt Boston für den Freiheitswillen der US-Amerikaner (Boston Tea Party) oder Ellis Island für den Schmelztiegel USA (Einwanderung über New York).[13] In Deutschland ist Frankfurt der Ort für die Bankenszene, Karlsruhe steht für das deutsche Rechtssystem, das politische Berlin für die Teilung und Wiedervereinigung des Landes, und Städte sind mehr als nur Marksteine der Geschichte. Marks bezeichnet Städte als ein wesentliches Merkmal von Zivilisation überhaupt. Für ihn sind sie ein grober Indikator des Gesamt-reichtums einer Gesellschaft.[14]

Wie entwickeln sich Städte weiter? In ihrer Publikation „Cities of the future" lassen die Autoren der Unternehmensberatung PriceWaterhouseCoopers (PWC) Bürgermeister verschiedener Städte auf der ganzen Welt zu Worte kommen und dabei die externen und internen Trends, sowie die dominanten Themen der Stadtentwicklung vorstellen. Nichts davon ist brandneu. Immer handelt es sich eher um die seit jeher bekannten Themen: Führung und Beteiligung in der Kommune, Umwelt (auch im Sinne von: Naherholung), wirtschaftliches Wachstum, Mobilitätsfragen, soziale Gerechtigkeit. Doch wenngleich die Themen nicht neu sind, bekommen die Schwerpunkte innerhalb dieser Themen aber eine neue, interessante Ausrichtung: Wirtschaftswachstum ist vor allem das Wachstum von Wissens- und Kreativ-Industrien; Mobilität funktioniert über neue Formen des örtlichen Transports; Beteiligung ist mehr die Frage, wie der Zugang zu behördlichen Entscheidern verbessert werden kann und wie man zu einem Dialog kommt. Im Sinne eines modernen Bürgerservices, weniger als basisdemokratische Partizipation. Typische Adjektive in der Publikation lauten: accessible, clean, green, creative, smart. Auch wird – z.B. im Fall von Barcelona – das Thema „cityscape" angesprochen, also die Frage, wie man urbane Räume attraktiv gestaltet.[15]

Und last not least: Städte wachsen. Im Jahr 2010 lebten erstmals in der Menschheitsgeschichte mehr Menschen in Städten als auf dem Land. Teilweise wachsen die Städte zu Megaregionen zusammen. In den USA beispielsweise das Agglomerationsgebiet „Boswash", das sich über 700 Kilometer von Boston nach Washington zieht. Florida sieht diese Mega-

---

[13] Vgl. Postman 1988, S. 11.
[14] Vgl. Marks 2006, S. 36–38.
[15] Vgl. PriceWaterhouseCoopers o.J., 85; 89.

regionen im Gegensatz zu Nationalstaaten oder Provinzen als Einheiten ohne „artificial political boundaries".[16] Sie haben also erstens bestimmte Vorteile (siehe These 3) und sind zweitens ungleichmäßig über die Welt verteilt. Davon handelt die nächste These. Doch zunächst die Zusammenfassung dieser Überlegungen zur ersten These:

These 1: Eine global ausgerichtete lokale Politik hat im modernen Nationalstaat des 21. Jahrhunderts eine wichtige Funktion.

2.2 Richard Florida hat Recht: The world is spiky

Zuerst einmal: Globalisierung und Kapitalismus haben unsere Gesellschaften reicher gemacht. Auch wenn es jede Menge Kritik und Probleme gibt: Das ‚große Versprechen', Massenelend verschwinden zu lassen, hat der Kapitalismus gehalten. Das Gegenteil kann nur behaupten, wer die wirtschaftlichen Realitäten des alten Europa nicht kennt.[17] „Bis zum 20. Jahrhundert lebten die meisten Menschen überall Jahrtausende lang in Armut. Ein hoher Lebensstandard war nicht die normale Belohnung für produktive Arbeit, sondern ein Privileg ausbeuterischer Eliten."[18] Manchmal müssen wir uns sogar nur in Erinnerung rufen, wie die Welt ein klein wenig früher aussah, um den turbulenten Wandel zu verstehen. In den späten 1920er Jahren besaß ein typischer Büroarbeiter drei Anzüge, acht Hemden und ein paar Hosen. Wie anders sehen dagegen heute unsere Kleiderschränke aus.[19] Nicht zuletzt wegen den globalen „Deflationsmaschinen"[20] China und Indien, den heutigen Werkbänken der Welt.

Globalisierung ist auch kein neues Phänomen. Jürgen Osterhammel, Experte für die Geschichte des 18. und 19. Jahrhunderts, plädiert dafür, dem Begriff Globalisierung das Totale zu nehmen und ihn lediglich als einen Indikator für eine Entwicklung der Vernetzung und Verflechtung der Welt zu sehen. Als etwas, das es immer schon gab, das aber unterschied-

---

[16] Florida 2008, S. 39.
[17] Vgl. Hank und Plumpe 2012, 18f.
[18] Collier 2016, S. 40.
[19] Vgl. Postrel 2003, S. 35.
[20] Die Bezeichnung stammt von: Zakaria 2009.

liche Perioden und Schübe zu verschiedenen Zeiten erlebt hat.[21] Wegen der positiven Auswirkungen auch und gerade in den Industrieländern sind wir überzeugt: Die **Globalisierung wird nicht plötzlich stoppen. Auch nicht angesichts der aktuellen Ausbrüche populistischer Reflexe.** Globalisierung hat es vermutlich ebenso immer schon gegeben wie Versuche, eine stärkere Globalisierung zu stoppen. Von den späten Ming-Kaisern, die allen Zugang zur Welt außerhalb Chinas kappen wollten, bis zu britischen Landwirten, die durch die protektionistischen Corn Laws einen Druck auf ihre Kornpreise verhindern wollten. Die Argumente gegen die Globalisierung, die sich zeitgleich mit der Nationenbildung vertiefte, kamen zu jeder Zeit immer von den „Verlierern" der Entwicklung. Ende des 19. Jahrhunderts waren es vor allen Dingen die Farmer.[22] Heute sind es vor allem die weniger Qualifizierten.

Vielfach wird behauptet, die Globalisierung trage heute dazu bei, das „scheue Reh" Kapital noch scheuer gemacht zu haben. Firmen könnten heute bei Bedarf der Ausnutzung von Arbitrage-Gefällen einfach an einen anderen Ort verlegt werden. „Flat", flach sei die Welt geworden.

Stimmt nicht ganz, sagt US-Ökonom Richard Florida. Die Welt sei „flat AND spiky". Also flach – und zugleich sehr spitz. Sehr hierarchisch. Das „Globalization and World Cities Research Network", Think Tank einer britischen Universität, veröffentlicht seit 1999 eine Rankingliste der wichtigsten Metropolen der Welt. Gemessen wird der Verflechtungsgrad dieser Städte mit dem Rest der Welt. Denn diese Zentren sind so etwas wie Knoten im globalen Wirtschaftsnetz. Geraten sie in Bewegung, schwankt das ganze System. (Deutschland schafft es übrigens mit Frankfurt am Main immerhin in die dritte, die Alpha-Kategorie.) Sichtbar wird eine Topographie der Städte weltweit. Eine Hack- und Rangordnung.

Und Forscher wie Richard Florida glauben, diese Ordnung verstetige, verfestige und vertiefe sich. Bei **den höherwertigen ökonomischen Aktivitäten** – Florida nennt Innovation, Design, Finanzen und Medien – **sei die Welt heute hierarchischer und „spitzer" denn je**: Mehr oder minder zwei bis drei Dutzend Agglomerationsräume dominierten die weltweite Wirtschaft. Allein der wirtschaftliche Output der beiden Regionen Tokyo und BosWash (besagter Agglomerationsraum zwischen Boston

---

[21] Vgl. Osterhammel und Petersson 2007, S. 24–27.
[22] Vgl. Osterhammel und Petersson 2007, S. 69.

und Washington) hätte ein BIP, das der Größe Deutschlands – immerhin die viertgrößte Wirtschaftsnation der Welt – entspräche.[23] „Spikier" werden die Städte auch, weil sie sich weiter ausdifferenzieren: „Cities don't just get bigger in size; they become multifaceted and differentiated."[24]

These 2: In dieser globalisierten Welt gibt es eine Hackordnung. Verantwortungsvolle Kommunalpolitik zeichnet dies nach und arbeitet permanent an einer international sichtbaren Positionierung der Stadt.

2.3 Städte sind wichtiger als Bundesländer

Bevor wir zu den Städten kommen, folgt **zunächst ein grundsätzliches Bekenntnis zum Staat.** Anders als der ehemalige US-Präsident Ronald Reagan glauben wir nicht, dass der Staat Teil des Problems ist. Er ist Teil der Lösung. „Es ist eine grundlegende Erkenntnis der Wirtschaftswissenschaften, dass private Märkte von sich aus zu wenig in öffentliche Güter investieren, da der gesamtgesellschaftliche Nutzen weit größer ist als der Nutzen für das Individuum selbst."[25] Jeder, der in New York in die U-Bahn steigt, erkennt den Verfall öffentlicher Infrastrukturen in den USA auf dramatische Weise. Dieses Symptom ist in erster Linie auf die klamme Kassenlage amerikanischer Gebietskörperschaften zurück zu führen. Verblüffend, dass die staatlichen Einheiten trotz dieser Lage noch arbeitsfähig sind.

Auf einen positiven Kausalzusammenhang zwischen funktionierender Verwaltung („straff zentralisiertes Beamtentum") und dem Wohlstand eines Landes weist bereits Norbert Elias hin.[26] Der reinen Marktgläubigkeit, wie sie in den USA oft zu finden ist, muss man außerdem die Rolle des Staates als „großer Innovator" entgegen halten, der bahnbrechende Entwicklungen auf den Weg brachte: Ohne Staat kein Internet und kein Amazon, Google, Apple. Ohne Staat kein Humangenomprojekt und ohne

---

[23] Vgl. Florida 2008, S. 17–21.
[24] Florida 2008, S. 61.
[25] Stiglitz 2012, S. 181.
[26] Vgl. Elias 1997, S. 41.

Staat kein Düsenflugzeug.[27] Dabei ist der Staat kein Geschenk, sondern etwas, das mühevoll geschaffen wurde.[28] Entsprechend pfleglich sollte man mit ihm und seinen Institutionen umgehen. Francis Fukuyama vergleicht staatliche Institutionen gar mit Zähnen, die der Pflege bedürfen.[29] Ansonsten würden sie verrotten. Diejenigen, die der „Entstaatlichung der Gesellschaft"[30] das Wort reden, laufen dabei Gefahr, seine große zivilisatorische Kraft zu übersehen und folgen am Ende diffusen Idealen, die sich in 200 Jahren Ideengeschichte des Kommunismus doch immer und immer wieder als überholt, unzutreffend und grausam entpuppt haben.

Nun zu den Städten. **Gesellschaftlicher Wandel ging bisher stets von den Städten aus.** Die Städte befreiten sich durch die Macht ihrer wirtschaftlichen Produktivität von ritterlichen Grundherren. Und je wohlhabender die arbeitenden Unter- und Mittelschichten in den Städten wurden, desto mehr gewannen sie an gesellschaftlicher Macht gegenüber den nicht-arbeitenden Oberschichten. Ein Prozess, den Elias als „Stadtrevolutionen des 11. und 12. Jahrhunderts" bezeichnet.[31] Hank und Plumpe fassen diesen Gedanken markant zusammen: Ohne Städte sei Wohlstand überhaupt nicht denkbar. Mit dem Zerbrechen des römischen Reiches verfielen die Städte und die Macht verschob sich hin zu Burgen und Schlössern, die über ein leeres, dörflich zersiedeltes Hinterland herrschten. Und mit diesem Wandel, so die Autoren, kam die Armut. Erst der Wiederaufstieg der Stadtplätze zu Marktplätzen setzte ihrer Meinung nach erneut die Entwicklung in Gang, in urbane Infrastrukturen zu investieren, die ihrerseits den Handel begünstigten und die Menschen nach und nach reicher werden ließen.[32]

Es sind also die **Städte, in denen sich wirtschaftlicher und gesellschaftlicher Wandel vollzieht.** Es sind die Städte mit ihren Infrastrukturen, die die Wirtschaft ihres „Hinterlandes" in die letztlich globale Öko-

---

[27] Vgl. Stiglitz 2012, S. 236. Zur neuen Rolle des Staates ist empfehlenswert Micklethwait und Wooldridge 2014. Für die weniger pazifistischen Leser könnte man noch Thukydides hinzufügen: Der Krieg ist der Vater aller Dinge, denn die meisten Grundlageninnovationen geschahen aus Gründen der Kriegsführung.
[28] Vgl. Ortega y Gasset 2007, S. 163.
[29] Vgl. Fukuyama 2014.
[30] György Konrad, zit. nach Walter und Michelsen 2013, S. 65.
[31] Vgl. Elias 1997, S. 80.
[32] Vgl. Hank und Plumpe 2012, S. 108–116.

nomie einbetten. Sie sind die wirtschaftlichen und gesellschaftlichen „hubs", die Innovation schaffen.

Und noch etwas spricht für sie: Anders als die Länder sind sie keine künstlichen Gebilde, die **Menschen identifizieren sich in der Regel zuallererst mit ihrer Stadt.** Länder sind dagegen oftmals blutleere Verwaltungsgroßeinheiten. Vermutlich ließe sich schon heute die Bundesrepublik wunderbar ohne die Bundesländer regieren.

Paradoxerweise ist so etwas Globales wie die Globalisierung selbst für die meisten Menschen vor allem lokal wahrnehmbar. Denn am Ende schlägt die Globalisierung direkt auf die lokale Ebene durch. Der Aufruhr, den das ländliche Amerika derzeit erlebt, zeugt stark davon: Angesichts der Verlagerung von Wertschöpfungsketten in Staaten mit niedrigeren Lohnstückkosten kann sich eine Stadt mit ihrem Wirtschaftsbesatz nicht hinter den Appalachen verstecken.

Aber eben auch nicht hinter dem Harz oder dem Erzgebirge. Weil ihre Unternehmen im Wettbewerb stehen, stehen auch Städte mehr in Konkurrenz zu einander, als zu ihren Ländern. Diese ist allerdings im Vergleich zu Unternehmen gemildert, weil angesichts einer fehlenden Gewinnorientierung Städte auch die Möglichkeit zur Kooperation haben.[33] Insgesamt passt der von Brandenburger und Nalebuff bekannt gemachte Begriff der ‚coopetition' besser zur Lage der Städte.

Schließlich kann man einwenden, dass die Städte in der Hierarchie unseres politischen Mehrebenensystems über die geringste Machtfülle verfügen. Unser Kommunalsystem ist sowohl durch die Tradition der Selbstverwaltung, als auch den Einfluss der Alliierten nach dem Zweiten Weltkrieg geformt worden.[34] Und ja, viele Aufgabenbereiche der Kommune sind von den Ländern und dem Bund mit wenig Spielraum für die Kommunen geregelt worden – anders, als z.B. in den USA.

Aber eine Stadtverwaltung auf die Rolle einer Straßenbenennungseinrichtung zu reduzieren, unterschätzt deren Wirkungskraft massiv. Und zwar die ‚harte' (Auflagen, Genehmigungen, Rechtsanwendung), wie die ‚wei-

---

[33] Ein schönes Beispiel aus den eigenen Reihen: Das niedersächsische „About Cities" Projekt, bei dem sich mehrere Städte in Niedersachsen, die in Konkurrenz um Städtetouristen stehen, zusammengeschlossen haben, um gemeinsam um Städtetouristen zu werden. Vgl. www.aboutcities.de.
[34] Vgl. Naßmacher und Naßmacher 1999, S. 54–56.

che'. Eine schöne Episode, die unsere Aussage von der ‚weichen' Wirkungskraft der Stadt unterstreicht, findet sich zu Beginn der Oldenburger Amtszeit. Eines der großen Unternehmen in der Stadt und das einzige größere Industrieunternehmen[35], die **CeWe Color AG**, stand unter **Angriff eines amerikanischen Hedgefonds**. CeWe, Europas größter Fotofinisher, hatte die Digitalisierung der Branche spät erfasst und noch keine sichtbare Digital-Strategie entwickelt. Hedgefonds unter Führung der Investoren David Marcus und Guy Wyser-Pratte hatten nennenswerte Beteiligungen erworben und suchten nun auf der Hauptversammlung 2007 eine dem Fonds genehme Führung zu installieren. Vordergründig mit dem Vorwurf einer verschlafenen Digitalisierung. Dahinter stand vermutlich jedoch vielmehr der Gedanke, die riesigen Rücklagen und Assets des Unternehmens auszuschlachten und das Unternehmen selbst abzuwickeln, wozu die Forderung nach einer deutlich höheren Dividende als vom Vorstand vorgeschlagen als wichtiger Indikator diente. Hiergegen wehrte sich das Management – und bekam unter anderem Unterstützung vom Oberbürgermeister, der auch als Aktionär auf der Hauptversammlung sprach. Als Oberbürgermeister setzte er den Ton für diese Auseinandersetzung in der angesichts eines großen Medien- und Öffentlichkeitsinteresses in eine Sportarena verlegten Hauptversammlung mit: **„Das Spiel heißt Oldenburg gegen New York. Oldenburg wird gewinnen"**[36] Neben der klaren Kampfansage erfolgte ein für einen New Yorker subtiler Angriff unterhalb der Gürtellinie: Der Oberbürgermeister warf den anwesenden Marcus und Wyser-Pratte vor, aus New Jersey zu stammen.[37] Am Ende der Hauptversammlung konnte sich der Vorstand klar durchsetzen. Vor allem auch, da die Kleinaktionäre einem Mobilisierungsaufruf der Stadt gefolgt waren und in Rekordzahl an der Hauptversammlung teilnahmen und den Kurs des Vorstandes stützten. Medien wie DIE ZEIT und das Manager Magazin berichteten ausführlich von dem Schauspiel. Aus unserer Sicht war es aus vielen Gründen ein berichtens-

---

[35] Sieht man von einem dänischen Schweinefleischverarbeitungsunternehmen und einem Automobilzulieferer ab. Bei letzterem wechselte mehrfach der Eigentümer und das Unternehmen war zum Ende der Amtszeit in indischer Hand.
[36] Manager Magazin vom 26.04.2007; hier abrufbar: http://www.manager-magazin.de/finanzen/artikel/a-479320-2.html.
[37] Der Nachbarstaat New Jersey ist für New Yorker ein Inbegriff des Hinterwäldlertums. Besagte Firmen hatten ihren Firmensitz in New Jersey.

wertes Ereignis. Auch deshalb, weil es deutlich macht, wie nahe am Geschehen lokale Politik sein kann und wie stark sie in solchen Schicksalsmomenten den Ausschlag mit geben kann.

Um kurz noch Missverständnissen vorzubeugen: Wie soll ein Oberbürgermeister reagieren, wenn lokale Unternehmen aus wirtschaftlichen Gründen in Gefahr geraten? Wenn ihre Produkte nicht mehr marktfähig sind? Man sollte mit Rettungsversuchen – so schwer die Versuchung auch ist – vorsichtig sein. Letztlich sind sie Ausdruck jener „schöpferischen Zerstörung", die Schumpeter als ein Kernmerkmal von kapitalistischen Systemen angesehen hat.[38] „Man stelle sich nur einmal vor, die Politik und nicht der Markt hätte seit dem 19. Jahrhundert die Wirtschaftsstrukturen bestimmt und den regelmäßig in den konjunkturellen Krisen stattfindenden Strukturwandel verhindert. Dann wären immer noch zwei Drittel aller Deutschen in der Landwirtschaft beschäftigt und wir wären genauso arm wie damals."[39] Der gerade vorgestellte Fall aber war anders gelagert. An keiner Stelle wurden Rufe nach staatlichen Hilfsgeldern laut. Und der bis heute anhaltende wirtschaftliche Erfolg der CeWe Color AG spricht Bände.[40]

Im Rahmen ihrer Gestaltungsmöglichkeit haben die Städte einen Spielraum, den die wenigsten bisher ausgeschöpft oder gar entdeckt haben: Internationalisierungspotenziale.

These 3: Die Bedeutung von Städten und lokaler Politik sollte nicht unterschätzt werden. Städte können klar wichtiger als Bundesländer sein.

---

[38] Vgl. Schumpeter 2005: 138. Schumpeter zu zitieren macht für uns doppelt Sinn. Zum ersten finanzierte der Oldenburger Unternehmer Philipp Hoepp mit „The Man who discovered Capitalism" eine in Cannes preisgekrönte Dokumentation über Schumpeters Leben. Zum zweiten ist Rainer Lisowski quasi Schumpeters akademischer Urenkel: Sein Doktorvater war Promovent des Schumpeter-Schülers Ferdinand Hermens.
[39] Beise 2009, S. 95.
[40] Seit dieser Zeit unterstützte CeWe Color viele Aktivitäten in der Stadt, wofür an dieser Stelle gedankt werden soll.

2.4 Internationalisierungspotenziale

Kommunen haben zwei Internationalisierungspotenziale. Sie können durch internationale Partnerschaften „**Internationalization abroad**" gestalten, also das Hinausgehen von Einrichtungen, Unternehmen, Personen in die Welt unterstützen – um Märkte zu finden, um neue Kooperationen einzugehen, um den Lebenslauf zu verändern. Dabei sind Unternehmen sicher die gesellschaftlichen Akteure, die am stärksten zu einer Internationalisierung beitragen: „Industry and bigger companies very often create internationalized value-chains and therefore are important actors that foster the ‚internationalization' of a city."[41]

In vielen Kommunen fehlt aber schlichtweg das Wissen über die internationale Ausrichtung örtlicher Einrichtungen und Unternehmen. Hier eine Übersicht zu gewinnen, ist ein erster Schritt, Internationalisierungspotenziale zu heben. Um den Gedanken an einem Beispiel zu verdeutlichen: Nachdem wir uns entschieden hatten, auf **China** als Wachstumsland[42] zu setzen, entwickelten wir schnell verschiedene Formate, von denen später noch die Rede sein wird. Und wir kartographierten eine Übersicht: Die Wirtschaftsförderung entwickelte eine Landkarte, auf der die Bezüge oldenburgischer Unternehmen zu China sichtbar wurden (siehe Abbildung). Womit niemand gerechnet hatte: Über 40 Unternehmen aus der Stadt und der Region waren bereits in China aktiv. Diese Unternehmen zu unterstützen, wurde Teil unserer Gesamtstrategie.

---

[41] Lisowski und Zuo 2012, S. 115.
[42] Siehe dazu auch: Lin 2009.

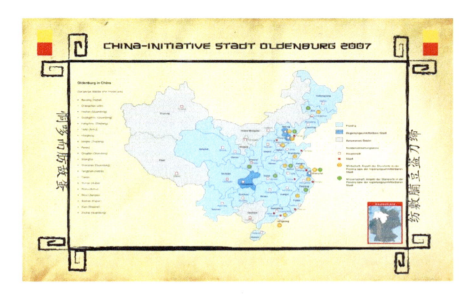

ABBILDUNG 2: BESTANDSAUFNAHME CHINAAKTIVITÄTEN OLDENBURGISCHER UNTERNEHMEN (QUELLE: STADT OLDENBURG)

Den zweiten Strang der Internationalisierungspotenziale könnte man „**Internationalization at Home**" nennen. Hier geht es also um die Welt, die zu uns kommt. In Form von Unternehmen einerseits, in Form von Migration andererseits. Wir sind nach wie vor davon überzeugt, dass Migration eine wichtige wirtschaftliche Bedeutung hat. Richard Florida verweist auf Studien, nach denen insbesondere indische und chinesische Immigranten wesentlich zur Entwicklung innovativer Start-ups beigetragen haben.[43]

Beide Ansätze werden von deutschen Kommunen noch nicht ausreichend verfolgt. Gerade bei Städten in der Größenordnung von 100.000 bis 300.000 Einwohnern besteht Nachholbedarf. Die meisten deutschen Städte haben internationale Partnerschaften, selbst kleinste Kommunen. Das ist aber nicht der Punkt. Diese Partnerschaften werden in der Regel eher als „Luxus" und nicht als integraler Bestandteil einer Stadtpolitik betrachtet. Dieses Denken sollte sich ändern. Genau dann lassen sich nämlich Internationalisierungspotenziale heben. Weil wir überzeugt sind von der

---

[43] Vgl. Florida 2008, 23f.

Wichtigkeit, widmen wir dem Thema weiter unten ein komplettes Kapitel. Wir stimmen dem früheren Bürgermeister von New Orleans zu, der bei einer Konferenz formulierte „ You can't be a mayor today without having almost your own foreign policy"[44].

Die Globalisierung hat uns reicher gemacht. Auch wenn manche den Zusammenbruch der Welt unmittelbar bevorstehen sehen und von existenziellen Krisen sprechen, lohnt es sich doch, einen Augenblick daran zu denken, dass die Welt heute besser dasteht als jemals in der Menschheitsgeschichte. Seit 1950 hat sich der ökonomische Output verfünffacht bei steigender Weltbevölkerung und wachsenden Mittelschichten, vor allem in Asien. 84 Prozent der Weltbevölkerung können lesen und schreiben. Seit 2000 ist die Kindersterblichkeit weltweit um 17 Prozent gesunken. Zwischen 2000 und 2010 gab es weltweit nur ein einziges Land (Zimbabwe, das unter seinem alternden Diktator Mugabe leidet), dessen Human Development Index abwärts zeigte.[45] In dieser Welt ist Deutschland, nach China und den USA, Exportweltmeister. Die Marke „Made in Germany" ist auf der Welt heißbegehrt. Dabei lassen sich die Deutschen nicht selten von einer Überheblichkeit leiten, die mit Blick auf die eigene Geschichte unangemessen ist. Denn ursprünglich führten die Briten die Bezeichnung „Made in Germany" als Strafbezeichnung für minderwertige deutsche Produkte ein, um den britischen Qualitätsprodukten, die fleißig von deutschen Firmen kopiert wurden, zu einem Vorsprung zu verhelfen. **Deutschland war Ende des 18. Jahrhunderts gewissermaßen das China dieser Zeit.** Und so wie Deutschland seinen Aufstieg gemeistert hat, wird China dies ebenso tun. „Die Entwicklung von ‚Made in Germany' vom Makel zum Markenzeichen zeigt den typischen Aufstieg von hungrigen Nationen: Er beginnt mit Ideenklau und wird mit Protektionismus gekontert."[46]

These 4: Moderne Kommunalpolitik setzt stärker auf Internationalisierung als in der Vergangenheit üblich.

---

[44] „New Economy Gives Urban Centers a Global Role, They Agree: Mayors Not Stopping at City Limit" New York Times vom 8. April 2000.
[45] Vgl. Naim 2014, S. 54–58.
[46] Hank und Plumpe 2012, S. 15

2.5 Urbanität als Leitmotiv

Allein der Begriff „Stadt" lässt in Abgrenzung zum Dorf oder der Kleinstadt eine gewisse Größe mitschwingen. Im Archiv des Landes Oldenburg findet sich dazu ein aussagestarker Zeitzeuge: historisches Notgeld aus dem Jahr 1922. Es zeigt, wie sich der Grafiker das Stadtzentrum des damals eher kleinstädtischen Oldenburg im Jahr 2000 vorstellte. Eine futuristische Hochbahn überspannt die fast 90 Meter hohe Lambertikirche im Stadtzentrum. Im Hintergrund ragen noch weit höhere Hochhäuser auf.[47]

ABBILDUNG 3: OLDENBURG IM JAHR 2000 (AUS DEM JAHR 1922)

---

[47] Bezahlen konnte man mit dem Oldenburger Notgeld nur vom 21. Mai bis 5. Juni 1922. Bekannt wurde es durch die Motive des Wilhelmshavener Künstlers Georg-Emil Baumann (1891-1977). Sie zeigen, wie sich Baumann im Jahr 1922 das Oldenburg des Jahres 2000 vorstellte. Baumann studierte von 1906 bis 1911 an der Staatlichen Kunsthochschule in Berlin und machte dort das Examen. Bis 1956 war er Kunsterzieher an der Oberschule Wilhelmshaven. Vgl. hierzu: http://www.alt-oldenburg.de/ereignisse/oldenburger-woche-1922/index.html abgerufen am 5.7.2017.

Die Vision erfüllte sich nicht im Mindesten (eine Hochhausdebatte gab es allerdings tatsächlich in Oldenburg, vgl. Kapitel 9.3). Sie macht aber eines deutlich: Wenn wir von Urbanität sprechen, dann meinen wir damit verdichtete Räume, in denen Menschen zusammenleben. Diese Art des Zusammenlebens zeichnet sich im Gegensatz zu Kleinstädten und Dörfern durch Urbanität aus: **räumliche Enge, vertikales Bauen, große öffentliche Plätze, Einsatz von Technik und eine öffentliche Mobilitätsinfrastruktur.**

Ein weiteres Merkmal ist eine bestimmte **Kultur**, die hinter dieser städtischen Lebenswelt steht. Zur Urbanität gehört die **Freiheit von dörflichem, religiösem oder anderem sozialem Zwang** – kurzum: das Zusammenleben unterschiedlichster Menschen auf engem Raum. Obgleich wir für die Stadt eine offene, international ausgerichtete Politik verfolgt haben, darf dies unserer Ansicht nach nicht mit Multikulturalismus verwechselt werden. Andere Kulturmuster nachzuvollziehen, zu verstehen und ihnen einen ausreichenden Raum in der eigenen Gesellschaft zu liefern, ist ein wichtiger Bestandteil der zunehmend global werdenden Welt. Das bedeutet aber nicht, zu vergessen, wo man lebt und welches die hier vorherrschenden Werte sind. Die offene Gesellschaft ist eine Errungenschaft. Und ihre Freiheit muss immer wieder aufs Neue verteidigt werden. Mit **Okzidentalismus** bezeichnet der amerikanisch-niederländische Soziologe Ian Buruma die negative Sicht auf den Westen und seine Werte aus der Perspektive seiner Gegenspieler. Dieser Okzidentalismus habe stets eine **antiurbane Komponente** gehabt.[48] Folglich findet die Verteidigung dieser Lebensart gerade auch vor Ort statt. Und zwar in alle Richtungen. Seien es radikale Muslime (von denen es zum Glück in Oldenburg kaum welche gab), oder Altnazis der NPD, deren Versuche, öffentliche Kulturzentren zu nutzen, die Oldenburger Stadtverwaltung mehrfach zurückschlagen konnte – zum Teil durch Entscheidungen bis hinauf durch das Bundesverfassungsgericht.

Die Freiheit und Offenheit lässt sich wiederum an einem Symbol gut ablesen: der Schwulen- und Lesben-Parade zum „Christopher Street Day". Diese Einrichtung haben wir aus voller Überzeugung immer wieder unterstützt. Gerd Schwandner war der erste Oberbürgermeister, der jedes Jahr den Umzug anführte. Ian Buruma hielt im Fall der Schwulenbewe-

---
[48] Vgl. Buruma und Margalit 2005, S. 29.

gung fest, sie erinnere nicht bloß in den Niederlanden, sondern überall in Europa daran, dass sich Millionen Menschen nur unter Schmerzen aus der Enge ihrer eigenen Religion gelöst hätten. Insofern sei es verständlich, dass diese Menschen Neuankömmlingen unter gar keinen Umständen tolerieren wollten, dass sie nun ihrer Gesellschaft wieder eine Religion (den Islam) aufzwingen wollten. Wenngleich wir ansonsten gut mit Jacques Wallage zusammengearbeitet haben, können wir dem ehemaligen sozialdemokratischen Bürgermeister von Groningen in einer Aussage nicht zustimmen: Er behauptete, die Islam-Kritikerin Ayan Hirsi Ali – die sich auch für die Rechte sexueller Minderheiten einsetzt –, provoziere Gewalt.[49]

Oft von Kommunalpolitikern übersehen, hat diese urbane Lebensweise auch eine bestimmte **Ästhetik**. Einen Lebensstil, oder Habitus. Dazu gehören moderne Architektur neben historischer Bausubstanz, Streetart, Bars und Restaurants, Kultureinrichtungen, großzügige öffentliche Grünflächen – aber eben in gewissem Rahmen auch Schmutz, Lärm und viel Verkehr[50]. Durch die Babyboomer-Generation ist unser Leben urbaner geworden, inklusive einer Menge unterschiedlicher ästhetischer Bedürfnisse.[51] Diese ästhetischen Bedürfnisse zu verstehen, gehört zur Urbanität dazu. Dabei korrelieren – wie wir aus den Sinus-Milieus wissen – Bildung und Ästhetik. Oder wie Bourdieu es ausdrücken würde: Der Bildungstitel stellt eine Art Folie dar, auf der sich der Erwerb ästhetischer Einstellungen abbildet.[52] Ein zentraler Gedanke von Bourdieu (und er ist vielleicht der eigentlich revolutionäre an ihm) ist, dass man entgegen dem deutschen Sprichwort eben schon über Geschmack streiten kann. Dass Geschmack sogar „klassifiziert".[53]

---

[49] Vgl. zum gesamten Passus: Buruma 2007, S. 95. Vgl. auch NRC Handelsblad vom 17.12.2003.
[50] Als im März 2011 der chinesische Botschaft WU Hongbo Oldenburg besuchte, suchten wir bei der Fahrt zu zwei Betrieben, im Norden und im Süden der Stadt, gezielt Strecken aus, auf denen mehr Verkehr war und für die man den Autobahnring nutzen musste.
[51] Vgl. Postrel 2003, S. 49.
[52] Vgl. Bourdieu 1987, S. 57
[53] Bourdieu selbst unterscheidet zwischen drei Kategorien: dem legitimen, dem mittlerem und dem populären Geschmack. Mit vielen Einzelbeispielen arbeitet er genau diesen Gedanken auf der Grundlage empirischen Materials heraus. So

Umschlossen von einer sehr ländlichen Gegend des nordwestlichen Niedersachsens ist Oldenburg in vielerlei Hinsicht eine eher gemütliche Stadt. Dieser Befund fällt immer wieder aufs Neue auf. Und er veranlasste uns, einen Wandel herbeiführen zu wollen. Eine Veränderung hin zu mehr Urbanität, zu einer großstädtischeren Mentalität. Unsere Strategien und unsere Methodik werden wir im weiteren Verlauf vorstellen. Wir glauben, dass es eine Vielzahl von Städten wie Oldenburg gibt, die noch mehr Urbanität vertragen könnten. Und vielleicht auch müssen, denn es wächst eine neue Generation heran, die dies einfordern wird.

Nur Großstädte können das breite Angebot an Lebenstilmöglichkeiten anbieten, die zukünftig den Wettbewerb zwischen den Städten entscheiden. „Cities offering the greatest opportunities to consume are thriving".[54]

These 5: Eine moderne Politik für Städte ist urban geprägt und hat die Großstadt als Leitbild, nicht den Weiler. Dies bedeutet: Ja zu verdichtetem Lebensraum und zu dichter, aber eher anonymer Kommunikation.

2.6 Generation Y und urbane Potenziale

Die unter Nachwuchsproblemen leidende US-amerikanische Weltraumbehörde NASA hat eine Powerpoint-Präsentation im Internet veröffentlicht, in der sie um die Generation Y wirbt. Denn offensichtlich kann eine Mehrheit der jüngeren Generation keinen Bezug zwischen der Arbeit der NASA und dem eigenen Leben erkennen. Knapp 40 Prozent der Y-er lehnen sogar die Mission der NASA ab. Dabei, so hebt die Weltraumagentur hervor, sei das Team der NASA geradezu prädestiniert als Arbeitsumfeld für die zwischen 1980 und 1999 geborenen Kohorten.

---

verweist er etwa auf unterschiedlichen Musikgeschmack: Während diejenigen, die Zeit und Geld investiert hätten, ihren Geschmack zu bilden (Lehrer, Hochschullehrer, Künstler) Bachs wohltemperiertes Klavier schätzen, komme in „mittleren Kreisen" (Techniker, Ingenieure, Verwaltungsangestellte) die „Rhapsody in Blue" gut an. Das volkstümliche „An der schönen blauen Donau" findet ihm zufolge seine Liebhaber dagegen bei Arbeitern, Kleinkaufleuten oder Dienstpersonal. Vgl. Bourdieu 1987, 36ff.
[54] Currid-Halkett 2017, S. 153.

Denn sie sei interkulturell besetzt und global ausgerichtet. Beides sind gemäß Studien wichtige Attraktoren für die Generation Y.[55]

Der NASA können wir leider nicht helfen – aber unsere Städte werden früher oder später vor demselben Problem stehen. Darum bringen wir an dieser Stelle noch einen weiteren Grund, wieso Städte sich künftig stärker internationalisieren werden: weil die Bürger, die in der Zukunft diese Städte bewohnen werden, genau das erwarten und verlangen. Auch hierzulande verdeutlichen Studien zur „Generation Y", dass sie stärker mit der Welt verschmolzen ist, als die Generationen vor ihr. Ohne auf eigene soziologische Studien zurückgreifen zu können, lässt sich dennoch begründet annehmen, dass eine von uns vorgeschlagene Stadtentwicklung dem neueren Lebensgefühl der Jugendlichen entgegen kommen dürfte.

Aber noch mehr wird sich ändern, und die Städte stellen sich zu langsam darauf ein. Eine Baustelle für Veränderungen betrifft die Kommunikation. Springen wir hier zunächst 15 Jahre zurück: Um das Jahr 2000 schrieb Jugendforscher Klaus Farin, dass 40 Prozent der Jugendlichen ihren Kontakt zu Gleichaltrigen immer noch auf traditionellem Wege suchen: Sie würden Mitglied eines Sportvereins, sie schlössen sich einer kirchlichen Jugendgruppe an, sie engagierten sich an ihrem Arbeitsplatz, der Freiwilligen Feuerwehr oder innenpolitischen Jugendverbänden. Die verbleibenden 60 Prozent suchten andere Zonen ohne den Einfluss von Erwachsenen, vornehmlich die Clique.[56] Diese Denkmuster dürften sich auch noch in den Köpfen vieler kommunalpolitisch Verantwortlicher finden. Doch eine Generation später wirkt dies völlig antiquiert: Smartphone, Facebook, Whatsapp, Wechat und Instagram haben eine Bresche geschlagen, die Anfang der 2000er noch nicht ersichtlich war. Und es betrifft noch eine andere Generation: Das Buch von Klaus Farin wurde zu Beginn des Jahrtausends geschrieben und stellt eine Momentaufnahme vor allem der in den 1990er Jahren sozialisierten Jugendlichen dar („Generation X').[57] Eine vergleichbare Untersuchung für die Millennials (ein anderer Name der ‚Generation Y') würde deutlich anders ausfallen, erst

---

[55] Vgl. https://www.nasa.gov/pdf/214672main_KPainting-GenY_rev11.pdf, abgerufen am 11.01.2017.
[56] Vgl. Farin 2001, S. 98.
[57] Vgl. Farin 2001, S. 89.

recht in den Städten. Der Kontakt zu Gleichaltrigen geschieht virtuell, über besagte Medien.

Was bedeutet das für die ehrenamtliche Hardware, auf der unser kommunales Gemeinwesen in vielerlei Hinsicht noch aufbaut? Was lässt sich daraus für die **kommunalen Jugendangebote** ableiten? Vielleicht liegt der gravierendste Unterschied darin, dass diese neue Generation nicht in dem Bewusstsein groß geworden ist, dass es ihnen einmal besser gehen wird als den Eltern. Selbst der schon teilweise durch Umweltkrise etc. verunsicherten Generation X war zumindest das Grundgefühl gegeben, später einen besseren Job, ein – materiell – sichereres Leben führen zu können. Der heutigen Generation mit ihrer „Statusinkonsistenz" (Klaus Hurrelmann) ist dies scheinbar nicht gegeben.[58] **Die Kommunen bieten keinen geschützten Raum, und mit ihren traditionellen Jugendangeboten kommen sie nicht weiter.**[59] Ganz zu schweigen vom Engagement der Generation Y: Ob man diese Alterskohorten für ein Engagement in der Kommune bewegen kann – da bleiben wir eher skeptisch. Calmbach u.a. sprechen zwar davon, dass diese Alterskohorte nicht zwingend politikverdrossen sei, wohl aber leidenschaftslos, und keinen Grund sähe, sich mit einem Thema zu beschäftigen, das entweder als zu weit vom Alltag entfernt angesehen würde oder als Thema, auf das man keinen Einfluss habe.[60]

Und dennoch: Wir haben diese neue Generation und keine andere. Wir werden uns auf ihre Bedürfnisse einstellen müssen. Das gilt insbesondere auch für ihre Erwartungen an einen Arbeitsplatz. Sofern der **öffentliche Dienst** ein Interesse daran hat, die Besten eines Jahrgangs für den Staatsdienst gewinnen zu wollen, wird er **Anstrengungen unternehmen müssen, die Arbeitswelt der Städte erheblich zu verändern.** Deutlichstes Kennzeichen: Die Jungen finden mehrheitlich die Grenzen zwischen Arbeit und Leben fließend, verlangen aber eine gute, sogenannte „work life balance". Überspitzt formuliert: Ein Arbeiten nach Stechuhr ist ihnen ein Graus. Ist ihnen um 19:35 Uhr noch nach Arbeit, arbeiten sie. Aber dafür muss der Arbeitgeber auch flexibel sein, wenn ein Freizeiterlebnis wochentags zur typischen Arbeitszeit bevorsteht. Jeder, der die von Perso-

---

[58] Vgl. Hurrelmann und Albrecht 2014, 37f.
[59] Vgl. Hurrelmann und Albrecht 2014, 37f.
[60] Vgl. Calmbach et al. 2012, S. 72.

nalräten und Personalämtern zerklüfteten öffentlichen Dienststellen kennt, weiß, welche Mammutaufgabe da vor uns liegt. Dennoch: Dies ist unsere sechste These. Die Verwaltung selbst muss sich ändern, will sie künftig fähige Mitarbeiter gewinnen. Was wir versucht haben, werden wir im weiteren Ablauf kenntlich machen.

These 6: Auch um sich auf die Bedürfnisse der nächsten Generation einzustellen, bedarf es einer neuen Politik in den Kommunen: mit Internationalisierung, Flexibilisierung – und weniger Rückgriff auf Engagement.

Diese sechs Thesen skizzieren bereits den groben Rahmen unseres Denkens und auch unseres später umgesetzten Programms. Doch um in der Lage zu sein, solche Thesen umzusetzen, müssen erst einmal Wahlen gewonnen werden. Davon handelt das nächste Kapitel.

3 Vorarbeit: Immer beginnt es mit Wahlgewinnen

3.1 Wahlkämpfe auf kommunaler Ebene

Vor dem Erfolg steht der Schweiß. Wer eine Stadt gestalten will, muss in unseren demokratischen Systemen zunächst ein **Mandat der Bevölkerung** erhalten. Und vor dem Wahlerfolg steht der Wahlkampf. Vor über 2500 Jahren formulierte Heraklit den Gedanken, der Krieg sei der Vater aller Dinge. Auch in unseren Tagen hat seine Aussage Bestand: Ohne unsere moderne Form des Krieges – den Wahlkampf – siegreich zu überstehen, kann kein Politiker seine Visionen und Programme umsetzen.

Viel hat sich in den 40 respektive 20 Jahren, die wir beide Politik machen und gemacht haben, verändert. Ebenso wie sich die lokale Politik als Ganzes **professionalisiert** hat, sind heute auch Wahlkämpfe auf lokaler Ebene professioneller als vor Jahrzehnten. Einen regelrechten Professionalisierungsschub gab es in der deutschen Politik Ende der 1990er Jahre, vermutlich ausgelöst durch Gerhard Schröders „Kampa", die deutliche Anleihen bei den immer schon professioneller agierenden USA genommen hatte.[61] Auch die mehr auf eine Person zugespitzten Kampagnen vor Ort für Bürgermeisterämter machen dies deutlich.

Wie wird man Oberbürgermeister? Nun, zunächst einmal gilt: Die **Deutschen neigen dazu**, ihre **Regierungen** nur dann **abzuwählen**, wenn sie wirklich unzufrieden sind. Die Briten fangen die Wahlorientierung der meisten Deutschen mit einem Sprichwort gut ein: Better the devil you know. Richtig begeistert ist man von niemandem, also lieber so lange es irgend geht auf den Amtsinhaber setzen. Wolfgang Rudzio spricht von einer „gouvernementalen Orientierung" deutscher Wähler.[62] Auf lokaler Ebene gilt dies einmal mehr. Das bedeutet für jeden Herausforderer eines nur halbwegs erfolgreichen Bürgermeisters: Er oder sie braucht ein gutes Thema, eines **mit Polarisationskraft**. Polarisierend muss und sollte nicht

---

[61] Einige der Autoren, die damals US-Methoden vorstellten und praktizierten, sind mittlerweile längst an Universitäten und in Ministerialverwaltungen abgewandert. Eine „Szene" professionalisierter Wahlkämpfer wie mit den US „Consultants" ist in Deutschland (zum Glück) nicht entstanden. Bezüglich der Literatur sollte besonders verwiesen werden auf die beiden Bücher „Kampagne!" von Marco Althaus: (Althaus, 2001) und (Althaus, et al., 2003).
[62] Vgl. Rudzio 2006, S. 188.

das heißen, was gerade im Wahljahr 2016 in den USA beobachtet werden konnte, wo die Gräben zwischen beiden Parteien mittlerweile so tief sind, dass sie kaum mehr überbrückbar scheinen. Aber: Gegen einen wieder antretenden Amtsinhaber bedarf es erkennbarer Kontraste. Und das gilt noch einmal mehr, wenn der Herausforderer (wie in unserem Fall) von außen kommt und in der Stadt kaum bekannt ist.

Steht ein solches Thema nicht zur Verfügung, wird es schwer sein zu überzeugen, warum ein Amtsinhaber nicht wiedergewählt werden sollte. In unserem Fall gab es dieses Thema – und es sollte nicht nur den Wahlkampf bestimmen, sondern anschließend die ganzen acht Jahre wie ein Damoklesschwert über dem Chefsessel im Rathaus schweben. Von Abwahlanträgen und wie man mit ihnen umgehen sollte, wird später noch die Rede sein.

Das Thema war der Bau eines innerstädtischen Einkaufszentrums. Dessen Geschichte begann mit einer Diskussion der Bädersituation in der Stadt. Neben zwei Freibädern verfügte die Stadt Oldenburg über ein Hallenbad, das mitten in der Innenstadt gelegen war. Dieses Hallenbad warf der Politik Probleme auf. Zum einen handelte es sich um einen nach heutigem ästhetischen Verständnis hässlichen Bau der 1970er Jahre – gelegen direkt neben der besten Adresse der Stadt, dem barocken, bzw. klassizistischen Schloss. Zum anderen war das Bad marode und bedurfte dringend Instandsetzungsinvestitionen. Die hervorragende Lage dieser Liegenschaft, mitten in der pulsierenden Innenstadt, bot die Möglichkeit, über eine sinnvollere Nutzung des Filetstücks nachzudenken. So kam eine Diskussion über eine Shopping Mall in der Innenstadt auf. Der Amtsvorgänger handelte mit der Hamburger ECE-Gruppe unter Alexander Otto den Bau eines über 15.000 Quadratmeter großen Einkaufszentrums aus. Seine Position wurde von unserer Seite mit dem Maximalziel „Shoppingcenter verhindern" angegriffen.

Ziel war es, den Amtsinhaber mit diesem Thema in einen zweiten Wahlgang zu zwingen. Nachdem dies gelungen war, konnte man einen **Stimmungsumschwung** in der Bevölkerung wahrnehmen. Die niedersächsische Kommunalverfassung sieht vor, einen zweiten Wahlgang zwei Wochen nach dem ersten anzusetzen, sollte kein Kandidat auf Anhieb mehr als 50 Prozent der Stimmen erreichen.[63] Nicht bereits im ersten Wahlgang gewählt worden zu sein, versetzte sowohl den Amtsinhaber, als auch seine Partei in eine Schockstarre, aus der sie bis zum zweiten Wahlgang nicht mehr heraus fanden. Plötzlich war eine Wechselstimmung zu spüren. Die Bürger reagierten anders auf den Herausforderer als noch Tage zuvor. Diese Stimmung motivierte zum Weitermachen, obwohl das Wahlergebnis auf unserer Seite zunächst ein Schlag ins Kontor war. Unsere eigene Rechnung war getragen von der Einschätzung, nicht mehr als sechs bis sieben Prozent hinter dem Amtsinhaber liegen zu dürfen, da ansonsten keine Chance bestünde, ihn in einem zweiten Wahlgang zu schlagen. Am Ende gelang es nur deshalb zu gewinnen, weil die CDU relativ stark mobilisieren konnte, weil sich ein größerer Teil der Grünen-Wähler hinter den Herausforderer stellte (was vermutlich später zur großen Enttäuschung und dann auch Entfremdung der Grünen von ‚ihrem' Kandidaten führte) und vor allem, weil die SPD weiter in ihrer Schockstarre verharrte und das Ruder nicht mehr herumreißen konnte.

Neben dem großen, alles bestimmenden Thema „Shopping-Center" gab es in Oldenburg noch ein zweites **Thema**: die Art und Weise, eine Verwaltung zu führen. Der vorherige Amtsinhaber, Dietmar Schütz (SPD), hatte nach Jahren kommunalpolitischen Stillstands viel Bewegung in die Stadt und ihre Entwicklung gebracht. Sichtbarstes Zeichen waren die Neupflasterung der Fußgängerzone und der Abriss des abgängigen innerstädtischen Hallenbads. Schütz pflegte allerdings einen anderen Politikstil als sein Vorgänger. Er war phänotypisch und von seinem Naturell der eher hemdsärmelige Machertyp. In der Verwaltung und bei engen Partnern derselben war das nicht immer auf Gegenliebe gestoßen. Neben einem kontrastierenden Hauptthema sollte sich ein Herausforderer **auch visuell und habituell vom Amtsinhaber absetzen**. Um auch hier einen Kontrast aufzuzeigen, ohne von dem abzuweichen, was die Wähler am Amtsinhaber schätzten, kreierte die begleitende Werbeagentur[64] mit dem Kandidaten Gerd Schwandner zusammen den Slogan „Zuhören. Anpa-

---

[63] Selbstverständlich üben die technischen Aspekte des Wahlrechts einen erheblichen Einfluss auf das Wahlergebnis aus. Vgl. dazu insbesondere: Nohlen 2000: 75-119.
[64] Die verantwortliche Mannheimer Medienagentur www.kuehlhaus.com, damals in Weinheim, wurde von Gerd Schwandner im Jahre 2000 mitgegründet. Seinen Vorsitz als Aufsichtsrat legt er nach der Wahl nieder.

cken.", der zweierlei leisten sollte: Zum einen sollte eine klare Absetzung vom Amtsinhaber und seinem robusten und in manchen Teilen als zu autoritär wahrgenommenen Politikstil deutlich werden. Zum anderen ging es aber darum, sich vom CDU-Vorvorgänger abzugrenzen, der als zu zögerlich galt. Denn das Zupackende war es, was die Wähler an Dietmar Schütz schätzten.

Slogans allein bewirken selbstverständlich nicht allzu viel. Sie müssen **mit politischem Handeln hinterlegt** sein. Auch in diesem Fall sollte das „Zuhören" einen deutlichen Widerhall im Handeln finden: Um in der Stadt bekannter zu werden, Themen aufzuspüren und unterhalb der Aufmerksamkeitsschwelle zu agieren (heute spricht man von „**below-the-line**"-**Kommunikation**), wurde über den Sommer 2006 eine Reihe von über 50 Gesprächen mit Multiplikatoren in der Stadt vereinbart.

Dabei spielte auch die Persönlichkeit des Herausforderers eine Rolle. Canvassing, also von Haustür zu Haustür zu gehen und sich den Bürgern vorzustellen, muss einem liegen, ansonsten wird es schwierig, glaubwürdig, offen und sympathisch zu wirken – selbst wenn man über diese Eigenschaften verfügt. Die Konzeption des Wahlkampfes sparte genau dieses Instrument moderner Wahlkampfführung aus, weil das Persönlichkeitsprofil des Kandidaten es nicht hergab.[65] Benötigt wurde in unserem Fall eine andere Spielart des „Zugs durch die Gemeinde".

Abgeleitet vom Motto „Zuhören. Anpacken" wurde eine Reihe von Gesprächspartnern – allesamt Multiplikatoren, bei denen davon auszugehen war, dass sie an einem Gespräch interessiert waren – identifiziert. Durch den nichtöffentlichen Charakter der Gespräche sollte Interesse und Vertrauen geweckt werden. Über einen Zeitraum mehrerer Monate wurden **über 50 solcher Einrichtungen und Unternehmen besucht** und Gespräche mit den Leitern und Geschäftsführern geführt. Für den externen Kandidaten wurde von der CDU-Fraktion eine Begleitung arrangiert: langjährige Ratsmitglieder, der Fraktionsvorsitzende oder der Vorsitzende der kommunalpolitischen Vereinigung.

Eine weitere Vorgehensweise war für den Einstieg wichtig, um den in der Stadt unbekannten Kandidaten zu präsentieren. Am Anfang hört die grö-

---

[65] Der Nachfolger im Amt hat das Instrument „canvassing" indessen erfolgreich eingesetzt. Ihm, dem der professionell-freundliche Smalltalk viel eher lag, wurde das Instrument zu einem nützlichen Werkzeug im Repertoire.

ßere Masse der Bürger einem Neuling noch nicht unbedingt zu. Aber die „politischen Junkies", **Meinungsführer**, Journalisten etc. **sondieren** bereits das Terrain. Hier formt sich **früh das Image des Kandidaten**. Da uns klar war, dass es ein harter Wahlkampf mit vielen Kontroversen werden würde, sollten die ersten Verlautbarungen gezielt nicht kontrovers und konfrontativ sein. Dies vor allem, um den Gegenspieler nicht frühzeitig aus der Selbstgewissheit zu reißen. Überhaupt war es die strategische Überlegung, zunächst unterhalb der Wahrnehmung des Amtsinhabers und seiner Partei Menschen einzunehmen und zu gewinnen, bevor der Wahlkampf öffentlich werden würde. So hatte die erste offizielle Pressemitteilung Anfang August 2006 die „Initiative zur Unterstützung der vom Nahost-Konflikt betroffenen Gemeinde Mateh Asher" als Thema. „Mit der Kommune im Norden Israels unterhält die Stadt Oldenburg seit mehreren Jahren eine Städtepartnerschaft." „Die Initiative Schwandners wird von der Jüdischen Gemeinde zu Oldenburg e.V. sehr begrüßt. Deren Vorsitzende Sara-Ruth Schumann bedankte sich für den Einsatz Schwandners ausdrücklich und sagte ebenfalls Hilfe zu." [66]

Wie geht man mit Themen um, die einem als Amtsinhaber wichtig wären, von denen man als Wahlkämpfer aber weiß, dass sie den Bürger wenig interessieren? In unserem Fall etwa „Internationalität". Sie spielte in den strategischen Überlegungen des Wahlkampfkonzeptes nur eine untergeordnete Rolle, obwohl genau dieses Thema später einen Schwerpunkt der Arbeit ausmachen sollte und bis heute stark mit der Amtszeit verbunden wird.[67] Die Profession des Wahlkämpfers Schwandner – damals Professor für internationales Marketing in Karlsruhe – bot immer wieder Anlass zum Gespräch über eine stärkere Internationalisierung der Stadt. Aber aktiv gespielt wurde das Thema noch nicht. Der eher ländlich geprägten Stadt war ein starkes Interesse am Internationalen nicht anzumerken. Oldenburg ist stolz auf die jahrhundertealte Geschichte seines Landes, immerhin vom 12. Jahrhundert bis zur Gleichschaltung 1933 ein eigenständiger Freistaat, der erst nach dem Zweiten Weltkrieg mit Hannover

---

[66] Alle drei Zitate sind aus der ersten Pressemitteilung entnommen. Über diese Aktivität erfolgte auch der Zugang zur Jüdischen Gemeinde in Oldenburg und begründete die sehr guten Beziehungen, die später in der Umbenennung der Straße vor der Synagoge in Leo-Trepp-Strasse auch einen sichtbaren Ausdruck fand.
[67] Vgl. Exner 2013: 66.

und Braunschweig zu Niedersachsen verschmolzen wurde. Ein besonderes Interesse an der Welt außerhalb dieser Region bestand eher nicht. Blickt man ausgerechnet in dieser Zeit, in der wir das Buch schreiben – 2016/2017 – auf die beiden politischen Schockereignisse, bekommt das skizzierte Bild Kontur: Sowohl beim „Brexit" im Juni, als auch bei der Wahl von Donald Trump im November waren es vor allen Dingen die ländlichen, international nicht oder nur schwach vernetzten Regionen, die für die Überraschung sorgten.[68] Für uns ein Grund mehr, Internationalisierung in den Mittelpunkt der politischen Arbeit zu stellen. Nur eben nicht während des Wahlkampfes.

Neben einem kontrastierenden Wahlkampfthema bedarf es eines breiteren Fundamentes. Parteien setzen auf ausführliche Kommunalwahlprogramme, die Grünen gerne auf besonders lange.[69] Ein typisches Wahlprogramm aber ist eher die Summe kleinerer Verbesserungen und praktischer Vorschläge zur Gestaltung eines Lebensumfeldes. Die (wenigen) empirischen Befunde deuten in genau diese Richtung: „Die Befunde der empirischen Analyse zeigen, dass die wichtigste Konfliktdimension, entlang derer die Parteien ihr politisches Angebot zur Kommunalwahl abbilden, nicht die ökonomische Links-Rechts Dimension ist, wie dies beispielsweise bei Landtags- und Bundestagswahlen der Fall ist, sondern der kommunalpolitische Bezug. (…) Während die Kommunalwahlprogramme von AfD und Die Linke tendenziell eher bundespolitische Themen ansprechen, berücksichtigen die Programme von CDU, SPD, Grüne und FDP den kommunalen Kontext stärker."[70] Neben der Sammlung dieses kommunalen Kontextes sollte aus unserer Sicht ein guter Wahlkampf aber auch ein **intellektuelles Fundament** haben. Auch, um im Falle eines Wahlsiegs rasch in eine strategische Stadtplanung einsteigen zu können. In unserem Fall waren es vor allen Dingen **zwei Einflüsse**, die ein Leitbild formten: Richard Florida und Pierre Bourdieu.

Florida veröffentlichte seinen bahnbrechenden Aufsatz „The Rise of the Creative Class" zunächst in der Harvard Business Review. Empirisch fundiert stellte er hier den Zusammenhang zwischen Wirtschaftswachs-

---

[68] Eine ausführliche Sozialstudie hierzu liefert der New Yorker Soziologe Michael Kimmel. Der aussagekräftige Titel seiner Publikation: „Angry White Men". Vgl. Kimmel 2016.
[69] Vgl. die Studie von Tepe et al. 2016, S. 3.
[70] Tepe et al. 2016, S. 14.

tum, Dynamik und Kreativität her und legte das Fundament für seine später berühmt gewordenen „drei T's" (Talente, Technologie, Toleranz), auf die wir noch ausführlich eingehen werden.

Bourdieu beeinflusste intellektuell maßgeblich die Forschung am damaligen Sigma-Forschungsinstitut[71] in Heidelberg (heute „Sinus") und so die bekannten „Sinus-Milieus". Die wiederum haben aus unserer Sicht eine wichtige Einsicht für Wahlkämpfer zu bieten, nämlich in welche Milieus sich die Gesellschaft aufspaltet. Hier ein soziologisches Grundverständnis zu besitzen hilft dabei abzuschätzen, wie in der eigenen Stadt politische Forderungen und Ideen aufgenommen werden.

Bourdieus Gesellschaftsanalyse und Floridas Plädoyer für tolerante Städte und Kreativität sind zunächst einmal aber nicht mehr, als theoretisches Rüstzeug. Also noch nicht das konkrete Produkt, mit dem man Wahlkampf macht. Anders, als in vielen Wahlkämpfen, waren diese beiden Kerngedanken aber ein wichtiger Schlüssel, um Programmatik und Ideen zu formulieren. Und wir behaupten: Vielen aktiven Politikern und auch den meisten Praktikern sind solche Elemente eines intellektuellen Diskurses nicht bekannt. Schade eigentlich, denn aus ihnen lassen sich neue Ideen für Städte formen. Genau das wollen wir später versuchen deutlich zu machen.

Fassen wir kurz zusammen: Folgende Punkte sind aus unserer Sicht wichtig. 1. Man muss die grundsätzlich pro-gouvernementale Orientierung deutscher Wähler kennen und 2. als Herausforderer in einem nichtoffenen Rennen auf ein kontrastierendes Thema setzen (als Amtsinhaber genau das Gegenteil tun); 3. auch visuell und habituell ist eine Absetzung vom Amtsinhaber wichtig; 4. der Herausforderer muss früh auf „below-the-line"-Kommunikation mit Meinungsführen setzen und 5. bedarf der Herausforderer neben einem Wahlkonzept eines soliden intellektuellen Fundaments.

Um die Chancen weiter zu verbessern, empfiehlt es sich ebenfalls, die wichtigsten Instrumente kommunaler Wahlkampfführung zu kennen.

---

[71] Für eine der ersten Veröffentlichungen mit klarem Bezug zur Politik vgl. Flaig et al. 1993.

3.2 Instrumentenkasten kommunaler Wahlkampfführung

Der liberale Strategieberater Peter Schröder war einer der ersten, der auf dem deutschen Markt ein Buch über **politische Strategieplanung** publizierte[72], kurz bevor der zur SPD gehörende Marco Althaus seine Kampagne!-Reihe [73] und einen etwas aufgeregteren, von amerikanischen Wahlkämpfen inspirierten Wahlkampfstil einem breiteren Publikum bekannt machte.

In den USA gibt es seit Jahren eine Fülle an **Handbüchern und Ratgebern** zu Wahlkämpfen und Wahlkampf-Methoden. Die Szene verfügt mit „Campaigns & Elections" über ein eigenes Fachmagazin und mit der American Association of Political Consultants (AAPC) über eine eigene Berufsfachgruppe.

Aus all diesen Materialien lässt sich eine **Vielzahl an Instrumenten** herausarbeiten. Wir wollen uns mit ein paar vorgestellten Instrumenten auf das Wesentliche beschränken und ansonsten auf unser Literaturverzeichnis verweisen. Wer tiefer einsteigen mag, dem sind an dieser Stelle keine Grenzen gesetzt. Die Basisausstattung eines **Instrumentenkastens sollte aber mindestens drei Elemente** enthalten:

- Werkzeuge zur Analyse der strategischen Lage;
- Werkzeuge zur Analyse des Wählermarktes;
- Kenntnis der Sozialstruktur.

Zunächst ist es sinnvoll, sich über die **strategische Lage** Gedanken zu machen. Im vorhergehenden Kapitel haben wir schon die vermutlich wichtigste Frage angedeutet: Wird es in dem bevorstehenden Wahlkampf vor allen Dingen darauf ankommen, das eigene Lager zu ermutigen, zu stärken und zur Wahl zu bewegen? Dies ist meist dann der Fall, wenn man aus der Rolle des Amtsinhabers oder des Favoriten zur Wahl steht. Auch in besonders polarisierten Wahlkämpfen ist es ein sehr wichtiges Instrument.

Oder wird es wichtiger sein, mögliche Wechselwähler davon zu überzeugen, für den eigenen Kandidaten zu stimmen? Je weniger Wahlen polari-

---

[72] Vgl. Schröder 2000.
[73] Vgl. für den ersten Band der Reihe vgl. Althaus 2001. Ein weiterer einschlägiger Titel wäre Berg 2002; oder eher wissenschaftlich ausgerichtet: Bohrmann 2000; Sarcinelli 1998.

siert sind und je stärker sich Kandidaten ähneln, desto sinnvoller ist es, die Stimmbezirke herauszufiltern, die zu einer Wechselstimmung neigen. Mit dem aus den USA adaptierten „prior electoral targeting" (zu deutsch etwa: Zielgruppenentwicklung durch Wahlergebnisanalysen) stellen wir weiter unten ein sehr einfaches Instrument vor, um dies zu bewerkstelligen.

Zunächst aber wollen wir noch zwei ganz einfache Instrumente für die strategische Analyse vorstellen: eine leicht veränderte „SWOT – Analyse" und eine „Stakeholder-Analyse".

SWOT ist die englische Abkürzung für Strengths, Weaknesses, Opportunities and Threats. Obwohl das Verfahren sich in nahezu allen Büchern über Strategie findet, sind wir immer wieder verblüfft, dass Kollegen noch nie davon gehört zu haben scheinen.

Eine Weiterentwicklung dieses Instruments hat aus unserer Sicht der Politikberater Peter Schröder geleistet, der die Analyse der Stärken und der Schwächen etwas ausdifferenziert und damit handhabbarer macht.

Schröder vertritt die Auffassung, die Schwächen müssen noch unterschieden werden, nach der Frage, wie wichtig sie sind und nach der Frage, wie veränderbar sie sind. Bei ihm sieht eine Schwächenmatrix folgendermaßen aus:

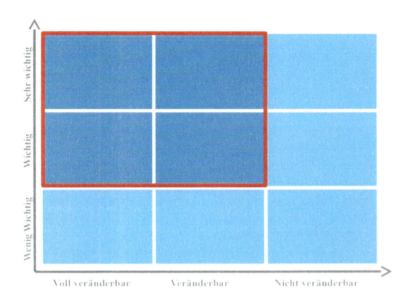

ABBILDUNG 4: SCHWÄCHENMATRIX (EIGENE DARSTELLUNG NACH PETER SCHRÖDER)

Jedem, dem Parteiarbeit geläufig ist, wird sich der praktische Nutzen schnell erschließen. Parteien – wie überhaupt alle Gruppen – neigen dazu, schier endlos über genau die Themen zu diskutieren, die entweder nicht wichtig oder nicht veränderbar sind. Das Instrument hilft durch seine Klassifizierung, die **Konzentration** auf jene Dinge zu lenken, die erstens wirklich wichtig und zweitens auch wirklich veränderbar sind. Alles andere wird ignoriert. Wir haben das Instrument in zahlreichen Strategieplanungen eingesetzt. Es funktioniert und hilft einer Organisation, sich auf die vier Felder in der oberen linken Ecke zu konzentrieren: auf alle Schwächen, die (sehr) wichtig und (voll) veränderbar sind.

Auf ein Flipchart übertragen und die Stärken und Schwächen auf Moderationskarten erfasst, kann auch in einer Gruppe Konsens über Prioritäten hergestellt werden. Das folgende, aus der eigenen Praxis gewonnene Beispiel zeigt den Einsatz im Fall einer Strategieplanung mit einer großen Arbeitsgruppe. In der Gruppe wurden zunächst alle Schwächen gesammelt, von einer kleineren „Task Force" ausgewertet und die Priorisierung vorgeschlagen, die dann final in der großen Runde bestätigt wurde. Für die Führungsebene der Organisation hat dieses Vorgehen den klaren Vorteil, sich mit Rückendeckung einer breiten Basis den beiden dominanten und den acht weiteren wichtigen Schwächen widmen zu können.

ABBILDUNG 5: BEISPIEL FÜR DIE ANWENDUNG DER SCHWÄCHEN-MATRIX

Dieselbe Betrachtung wird anschließend auch noch einmal für **Stärken** vorgenommen – wobei hier neben der Wichtigkeit als zweite Dimension die Gefährdung analysiert wird. Jeder kennt das Schlagwort „USP" (unique selling proposition). Ein Alleinstellungsmerkmal liegt aber nur dann vor, wenn andere es so schnell nicht kopieren können, wenn es eben „unique" ist. Sprich, wenn es erst einmal nicht gefährdet ist. An dieser Stelle verweisen wir für diejenigen, die tiefer einsteigen und sich das gesamte Instrumentarium noch einmal ansehen wollen, auf Peter Schröder.

Da das Buch selbst mittlerweile vergriffen ist, hat die Friedrich Naumann Stiftung eine Version im Internet veröffentlicht.[74]

Das zweite unverzichtbare Instrument, das wir vorstellen möchten, ist die **Stakeholder-Analyse**. Politik lebt von Netzwerken, von der Repräsentation von Bürgerinteressen in der öffentlichen Sphäre. Parteien und Politiker sollten fest in der Gesellschaft verankert sein. Die wiederum teilt sich in zahlreiche Gruppierungen und Verbände auf. Davon werden einige dem eigenen Ansinnen gegenüber positiv, andere negativ eingestellt sein. Gerade in Wahlkämpfen und Kampagnen sollte man eine Übersicht haben, wie unterschiedliche Stakeholder (zu deutsch etwa „Teilhaber", oder eben Einflussgruppen) auf das eigene Politikangebot reagieren. Die grundlegendste Matrix dazu sieht folgendermaßen aus:

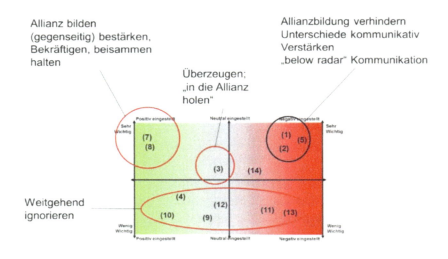

ABBILDUNG 6: STAKEHOLDER-ANALYSE (EIGENE DARSTELLUNG)

Auf der einen Achse wird eine Übersicht geschaffen, wie wichtig und einflussreich bestimmte Gruppen gegenüber einem politischen Anlass

---

[74] https://shop.freiheit.org/download/.../Peter_Schroeder_-_Politische_Strategien_1.pdf.

sind. Das obige Beispiel wurde im Rahmen einer Forschungsarbeit zum Lobbying für ein wichtiges wissenschafts- und stadtpolitisches Ziel, die Errichtung der „European Medical School" Oldenburg, entwickelt. Hinter den Nummern verbergen sich konkrete Gruppen und öffentliche Akteure, z.B. Vereine, Verbände oder Körperschaften, wie die Bundesärztekammer oder bestimmte Parteien. Sie haben bei diesem Thema eine unterschiedliche Relevanz und werden daher nach „sehr", „mittel" oder „wenig wichtig" klassifiziert. Ferner sind dieselben Akteure nach ihrer Einstellung zum Thema geordnet. Stehen sie dem Thema positiv, negativ oder eher neutral gegenüber? Am Ende ergibt sich ein Bild, das für die grundsätzliche Strategie entscheidend ist: Mit wem muss ich wie kommunizieren? Wer positiv und wichtig für mein Anliegen ist, mit dem sollte ich permanent im engen Gespräch bleiben. Wer neutral eingestellt ist, den sollte ich versuchen, zu gewinnen. Wer negativ eingestellt ist, bei dem sollte ich versuchen zu verhindern, dass er Allianzen mit anderen Kritikern bildet.

Instrumente wie diese sind mehr als intellektuelle Spielerei. Sie helfen, sich zu fokussieren.

Wichtiger noch als bestimmte Gruppen ist das Verhalten der Wähler selbst. Auch hier gibt es Instrumente, die helfen, strategischer als in der Kommunalpolitik üblich zu handeln.

Bei der **Analyse des Wählermarktes** können wir uns vor allem auf historisches Wahlverhalten stützen, das bereits eine Menge Informationen über einen Wahlkreis bietet. Auch in den USA, die über eine breitere Umfrageindustrie verfügen als Deutschland, bildet das **prior electoral targeting** gewissermaßen das Rückgrat der Analyse des Wählermarktes: „The data furnished by previous elections, of course, are the most reliable available to political marketing."[75] Nach wie vor gilt die 35 Jahre alte Feststellung „(…) even in the smallest campaign, the secret to success is repetitive, persuasive communication with your likely supporters, not casual contact with the entire universe of adults in your district".[76] Um diese „likely supporters" aufzuspüren und die in der Regel begrenzten Ressourcen effektiv einzusetzen, sollte man eine **Übersicht des bisherigen Wahlverhaltens** entwickeln. Mit heute vorliegenden Tools wie

---

[75] Maarek 1995, S. 69f.
[76] Beaudry und Schaeffer 1983, S. 8.

Excel und Tableau ist es auch für den Statistiklaien kein Problem, überschaubare Übersichten in einem vertretbaren Zeitraum zu erstellen. So lässt sich etwa eine Karte der Stimmbezirke erstellen, die sichtbar macht, wo erstens die Hochburgen der Partei liegen, wo sich zweitens die Schwachstellen befinden und in welchen Stimmbezirken die Wähler drittens zum stärksten Wechselwahlverhalten neigen.

Der erste Schritt ist mit einfacher Excel-**Tabellenkalkulation** getan. Man sucht die Wahlergebnisse verschiedener Wahlen heraus, da nur dann das Potenzial sichtbar wird. So könnte es sein, dass eine Partei in Bundestagswahlen in manchen Wahlkreisen gut abschneidet, bei Kommunalwahlen aber weniger gut; hier wäre dann Mobilisierungsbedarf. Man vergleicht mehrere Wahlen, da einzelne Wahlen statistische „Ausrutscher" darstellen können.

Die Daten müssen aber noch bereinigt werden: Bei Landes- und Bundestagswahlen stehen zumeist zwei Stimmen zur Verfügung, bei niedersächsischen Kommunalwahlen hingegen drei. Man kann also nicht mit absoluten Stimmen arbeiten. Ein sinnvoller, robuster Ansatz wäre es, die Stimmen in Prozentwerte (gemessen an den Gesamtstimmen im Stimmbezirk) umzurechnen und nur die Zweitstimmen („Parteipräferenz") bei Bundes- und Landtagswahlen zu betrachten

Mit diesen Daten können nun verschiedene Ergebnisse analytisch durchgespielt werden. Zum ersten kann für jeden Bezirk die „**base line**" dargestellt werden: das schwächste Ergebnis der Partei im Betrachtungszeitraum. Zum zweiten der Durchschnittswert, die „**average party performance**", und zum dritten die tatsächlichen Stimmergebnisse. Ausgewiesen werden sollte auch die Differenz zwischen dem besten und dem schlechtesten Wahlergebnis. Damit werden schnell die Wahlkreise deutlich, in denen die Stimmabgabe für eine Partei stark schwankt. Strategisch würde es sich lohnen, in diesen Wahlkreisen mehr Wahlkampf zu betreiben, denn stark schwankende Wahlergebnisse lassen vermuten, dass die Partei das Potenzial nicht immer ausschöpft.

Ferner sollten die Wahlkreise markiert werden, die am meisten zum Wahlergebnis der Partei beitragen. Also die „Hochburgen", die viele Stimmen bringen *und* relativ stabil und sicher für die jeweilige Partei stimmen.

Diese Grundüberlegungen sind zentral für den technischen Einsatz eines Hilfsmittels beim modernen **Canvassing** (damit ist der Gang von Haus zu Haus gemeint – entweder, um Flyer zu verteilen oder um das persönliche Gespräch zu suchen): dem **Geo-Targeting**. Denn mit einem frei erhältlichen Werkzeug wie „Tableau" lassen sich die übersichtlichen Tabellen auch grafisch mit Hilfe von Karten gut darstellen.

Welche Erkenntnisse bringen uns diese Daten? Sollte die Partei strategisch angewiesen sein zu mobilisieren, weiß sie, in welchen Stimmbezirken das vor allem geschehen muss. Kommt es auf eine Wechselstimmung an, sollte sie an die Bezirke herangehen, in denen die Ergebnisse stark schwanken. In jedem Fall vorsichtig sollte man sein, Ressourcen in Stimmbezirke zu investieren, die stets schlecht abschneiden, wenig Stimmen einbringen und auch wenig zum Wechsel neigen.

Eine noch grundlegendere Hilfe als die Analyse bisherigen Wahlverhaltens stellen **Kenntnisse der Sozialstruktur** dar. Im Rahmen der Professionalisierung von Wahlkämpfen spielt die zunehmende Fragmentierung unserer westlichen Gesellschaften ebenfalls eine zentrale Rolle. Wer heute erfolgreich Wahlkampf machen will, muss verstehen, aus welchen gesellschaftlichen Milieus sich die Gesellschaft zusammensetzt.[77] Weiter oben haben wir bereits auf den französischen Soziologen Pierre Bourdieu verwiesen (siehe S. 38). Er inspirierte Sozialforscher auf der ganzen Welt, die seine Milieu-Idee ebenso übernahmen wie den Gedanken, dass eine bestimmte Werthaltung und ein bestimmter Lebensstil miteinander korrelieren. So formen sich klar erkennbare Milieus heraus.

Den erfolgreichsten Niederschlag hat diese Milieu-Idee sicher in dem Modell des Heidelberger Forschungsinstituts Sinus gefunden. Die aktuelle Fassung dieses Modells sieht für das Jahr 2016 (alle zwei Jahre findet ein Update statt) folgendermaßen aus:

---

[77] Sinus hat das schlüssigste Gesamtkonzept für Milieustudien vorgelegt. Weitere Literatur zur Milieuforschung und der Sozialstruktur der Bundesrepublik findet sich z.B. bei Breit und Massing 2011; Geissler 1996; Wippermann 2011; Detterbeck 2011.

Die Sinus-Milieus® in Deutschland 2017
Soziale Lage und Grundorientierung

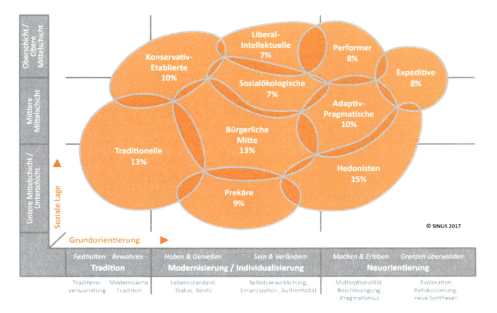

ABBILDUNG 7: SINUS MILIEUS 2016 (ABDRUCK MIT FREUNDLICHER GENEHMIGUNG DES SINUS INSTITUTES)

Das Modell vermisst die Gesellschaft entlang von zwei Achsen: Auf der vertikalen spielen die klassischen sozio-ökonomischen Faktoren eine zentrale Rolle, die zu einer Einteilung in Unter-, Mittel-, und Oberschicht führen, etwa Bildung, Einkommen, Beruf. Auf der horizontalen Achse sind Lebensstile und Werthaltungen von Relevanz (und damit implizit auch wieder Faktoren wie Bildung oder Alter): traditionelle Orientierung, moderne oder postmoderne Orientierungen. Sinus verbindet damit in einem Modell zwei aus dem Marketing bekannte, klassische Segmentierungsansätze: eine sozio-demografische Segmentierung und eine psychografische Segmentierung. Die zehn Milieus bieten sehr viele Ansatzpunkte, Politik zu entwickeln und zu vermitteln.

Wir wollen das mit einem **Beispiel unterfüttern**, um deutlich zu machen, wie zahlreich die Hinweise sind, die man aus den Sinus-Studien entnehmen kann. Nehmen wir als Beispiel das Milieu der Performer, zu denen in Deutschland etwa 5,7 Millionen Menschen zählen (rund acht Prozent der Bevölkerung). Um das Milieu zu umreißen, beschreibt Sinus es folgendermaßen: „Die multi-optionale, effizienz-orientierte Leistungselite: globalökonomisches Denken; Selbstbild als Konsum- und Stil-Avantgarde; hohe Technik und IT-Affinität; [aber mit erkennbarer, RL] Etablierungstendenz, Erosion des visionären Elans."[78] Das Durchschnittsalter des Milieus beträgt 41 Jahre. Das Bildungsniveau ist überdurchschnittlich, meist liegt ein abgeschlossenes Studium vor. Viele sind selbstständig, freiberuflich oder in leitenden Positionen tätig. Bei über 40 Prozent liegt das Haushaltsnettoeinkommen bei mehr als 3.000 Euro. Die Digitalisierung ist stark ausgeprägt – im Beruf wie in der Freizeit. Man sieht sich als global denkende, wirtschaftliche Elite. Die Wertgrundhaltung ist kompetitiv: Das Leben ist im Beruf wie im Privaten ein Wettbewerb, entsprechend liegen Glauben an den Markt und seine Leistungsfähigkeit nicht fern. Man ist mobil, flexibel und auf der Suche nach dem Besonderen. Der eigene (Konsum-)Stil wird dabei als Avantgarde wahrgenommen. Performer sind traditionsfern und kosmopolitisch (aber weit von sozial-ökologischem ‚Multikulti' entfernt). Sie sind „Macher-Typen", für die die Deutsche Bank vor einige Jahren beinahe mustergültig das Lebensmotto kreierte: „Leistung aus Leidenschaft". Will ich sie ansprechen, muss ich professionell gekonnt, seriös, dynamisch, knapp und lösungsorientiert auftreten.

Derartige Informationen über bestimmte Gruppen **helfen** an vielen Stellen, **vor allem die Kommunikation der eigenen Politik passgenau zu erarbeiten**. Insbesondere dann, wenn sie noch mit Wissen dazu verknüpft sind, wo ich diese Gruppe finde. Welche Medien sie konsumieren (hier: Online-Medien, vor allem mit Wirtschaftsthemen), welche Orte sie gerne aufsuchen (hier: hochpreisige Restaurants und Bars), welche Kultureinrichtungen sie ansprechen (hier: z.B. moderne Kunst).

In unserem Beispiel spricht der knappe, zupackende Slogan „Zuhören. Anpacken." geradezu lehrbuchartig diese Gruppe an, ebenso wie die gewählte Ästhetik und der Auftritt im Wahlkampf, Tonalität, ausgewählten

---

[78]Vgl. http://www.sinus-institut.de/fileadmin/user_data/sinus-institut/Bilder/sinus-mileus-2015/2015-09-25_Informationen_zu_den_Sinus-Milieus.pdf.

Themen etc. Die Performer waren eine der Zielgruppen, die erreicht werden sollten – und auch erfolgreich erreicht wurden.

Auch nach der erfolgreichen Wahl haben wir die Milieustudien aktiv genutzt. Wir haben als Hochschullehrer die Sinus-Milieus noch in jedem Semester eingesetzt, um den Studierenden ein Grundverständnis der deutschen Gesellschaft zu vermitteln. Und wir haben in der Zeit bei der Stadt Oldenburg **mehrfach erfolgreich mit den Sinus-Milieus gearbeitet**: Als gedankliche Grundlage für den Wahlkampf 2006; als gedankliche Grundlage für die erfolgreiche Bewerbungskampagne zur Wahl der deutschen „Stadt der Wissenschaft 2009"; in Zusammenarbeit mit dem Sinus-Milieu bei der Entwicklung einer Talente-Kampagne und bei dem niedersächsischen Städte-Projekt „About Cities", dessen Analyse auf Daten des Sinus-Institutes beruht.[79] Auch andere öffentliche, religiöse oder politische Institutionen arbeiten mit dem Sinus-Institut zusammen, etwa die katholische Kirche.[80]

Es fehlt hier der Platz, das Thema auszuführen, aber wir haben die Erfahrung gemacht, dass die Milieuskizzen umso aussagekräftiger werden, je intensiver man die einzelnen Milieus miteinander vergleicht. Erst dann bekommt man einen Eindruck, wie verschieden die Lebenswelten der Deutschen sind und wie unterschiedlich sie verteilt sind (denn unterschiedliche Orte ziehen unterschiedliche Milieus unterschiedlich stark an). Genau diese Unterscheide sollten sich Wahlkämpfer zunutze machen.

Mit den wenigen hier genannten Instrumenten verfügt man bereits über einen ersten Grundstock für eine moderne Kampagnenführung. Ein wichtiges Sonderthema, auf das noch kurz eingegangen werden soll, stellt die Mediatisierung kommunaler Wahlkämpfe dar.

Grundsätzlich sind die Techniken der Kommunikation von Parteien und Politikern mit den Wählern und die Mediatisierung von Wahlkämpfen auch in Deutschland weit fortgeschritten.[81] In deutschen Großstädten ist

---

[79] Vgl. www. aboutcities.de.
[80] Vgl. Jantzen 2013.
[81] Die Zahl der Publikationen zu dem Thema ist gewaltig. Einige Titel wurden weiter oben bereits erwähnt. Um nur einige weitere Titel der vergangenen Jahre aufzuzählen, seien genannt: Altendorfer et al. 2000; Depenheuer 2001; Holtz-Bacha 2000; Schmitt-Beck 2000.

der Wahlkampf um das Amt des Oberbürgermeisters heute kaum noch ohne professionelle Medienberater denkbar. Während des Wahlkampfs erhielt auch das Team Schwandner Unterstützung – von Thomas-Phillip Reiter, der von 2003 bis 2008 Pressesprecher des damaligen niedersächsischen Wissenschaftsministers Lutz Stratmann war. Er ließ sich (nicht unüblich) in den finalen Wochen des Wahlkampfes freistellen, um die Pressearbeit koordinieren zu können.

In mancher Hinsicht sind Kommunalwahlkämpfe härter und persönlicher, als Land- oder Bundestagswahlkämpfe. Zumindest dann, wenn man für das Amt des (Ober-)Bürgermeisters kandidiert. Zwei Kandidaturen für den Landtag in Baden-Württemberg (GS) waren bei weitem nicht so personalisiert, wie der Wahlkampf um das Amt des Oberbürgermeisters in Oldenburg.

Zu den Erfordernissen, die ein moderner Wahlkampf verlangt, gehört es, die regionale Medienlandschaft gut zu kennen. In der Stadt Oldenburg erscheint lediglich eine einzige Tageszeitung. Alle digitalen wie analogen Versuche, ihr Monopol aufzubrechen, sind in der Vergangenheit gescheitert. Beim Blick auf die Gesamtsituation in Deutschland fällt auf, dass dieser Zustand keine Ausnahme ist. Wolfgang Rudzio, der mit „Das politische System Deutschlands" ein Standardlehrwerk der Politikwissenschaft geschrieben hat, weist darauf hin, dass in lokalen Medienmonopolen die eigentliche Schieflage der deutschen Medienlandschaft zu suchen sei.[82]

Die zu beobachtende Mediatisierung hat eine starke Schattenseite. Bei Licht betrachtet ist es kein Wunder, dass die liberale, repräsentative Demokratie, der öffentliche Diskurs und die Marktwirtschaft mit ihr in die Defensive geraten: Sie beide sind als Geschöpfe des „Age of the Enlightment", in dem es um Räsonnement und nicht Emotion ging, anachronistisch geworden. In einer Zeit, in der Emotionen die öffentliche Debatte beherrschen, können diese Relikte einer anderen Zeit nur „(...) den Verstand [erreichen], aber nur unter größten Mühen das Herz."[83] Besonders problematisch – und zwar aus demokratietheoretischen Erwägungen – ist die von Medien befeuerte Dauerforderung nach Transparenz.

---

[82] Vgl. hierzu: Rudzio 2006, S. 390f.
[83] Beise 2009, S. 114.

„Der Imperativ der Transparenz verdächtigt alles, was sich nicht der Sichtbarkeit unterwirft."[84]

Wer trägt die Schuld daran? Zuallererst die Bürger selbst, an zweiter Stelle die Medien, die ihren Auftrag jenseits der reinen Unterhaltung oftmals vergessen zu haben scheinen. Um Aufklärung oder Diskurs geht es heute nicht mehr, sondern um Skandale, Emotionen und Entertainment. Gerade das Fernsehen nimmt dem öffentlichen Diskurs seine Ernsthaftigkeit[85]. Wir kommen später noch darauf zu sprechen, wie sich auch auf kommunaler Ebene das Fernsehen eher schädlich denn hilfreich auswirken könnte.

Was für das Fernsehen gilt, lässt sich vermutlich auch auf das Medium Internet übertragen.[86] Allen sogenannten „Netzaktivisten" zum Trotz ist der Nutzen des Internets für den politischen Diskurs nur mühsam zu entdecken. Gerade unter jungen Menschen – und zum Teil in manchen eher linken Mediendiskursen – werden **Internet und soziale Medien** als neue politische Werkzeuge euphorisch begrüßt.[87] Eine erste ausführliche empirische Studie von Marianne Kneuer und Saskia Richter weist ihnen jedoch den Rang zu, der ihnen gebührt: Social media ist **kein demokratisches Heilmittel, sondern ein reines Organisationstool**, mit dem sich vereinfacht Termine absprechen lassen. Diskurse lassen sich über das Internet nicht organisieren.[88]

---

[84] Han 2012, S. 24.
[85] Vgl. Postman 1988, S. 26–43.
[86] Zur Zeit der Wahlkampagne 2006 war das Internet weitgehend statistisch und social media noch kein Thema.
[87] Unter der Rubrik „besonders naiv" zu nennen: Zeh 2011.
[88] Vgl. Kneuer und Richter 2015.

4 Voraussetzungen: Gute Vision statt schlechtem Leitbild

4.1 Leitbilder waren der falsche Ansatz. Social Media ist es auch.

Grundsätzlich ist die Politik in Gemeinden **vielfältigen Beschränkungen** unterworfen.[89] Kommunen in Deutschland sind in weiten Teilen Durchführungsorgane von Bundes- und Landespolitik[90] und unterliegen zahlreichen rechtlichen Regelungen und der Aufsicht von Landeseinrichtungen. Das sollte aber nicht entmutigen, eine Stadt transformieren zu wollen. Ein **Rechtsrahmen** kann **weit ausgeschöpft** werden. Man darf von einem Hauptverwaltungsbeamten erwarten, sich an Recht und Gesetz zu halten. Dem Buchstaben des Gesetzes zu folgen, ohne Interpretationsspielräume zu nutzen, muss aber nicht sein.[91]

Ein von Gesetzen **nicht geregelter Bereich** ist – zum Glück – die Frage, wohin sich eine Stadt entwickeln möchte und wie sie sich sieht. Es gab eine Zeit, in der es „en vogue" war, kommunale Leitbilder zu entwickeln. Die Diskussion wurde von verschiedenen Stellen angestoßen. Ein zentraler Impuls kam aus dem New Public Management, das eine grundsätzlich andere Steuerung von Kommunen erreichen wollte. In den 1990er Jahren startete der große Trend in vielen Kommunen, sich ein Leitbild zuzulegen. Diese Leitbilder waren wie das berühmte Überraschungsei einer italienischen Süßwarenfirma: zwei in einem. Sie sollten sowohl eine **Vision für die Zukunft** skizzieren, als auch die **Identität einer Stadt** definieren. In der Regel wurde das Augenmerk auf zwei Dinge gerichtet: externe **Profilgewinnung** und interne **Mobilisierung**.

Schon vor fast 30 Jahren, Anfang der 1990er Jahre, stieg die Sorge vor zunehmendem Wettbewerb zwischen Städten, was den Ruf nach einem unverwechselbaren Profil erhöhte. Quasi als Gegenleistung für den aus dem wirtschaftlichen Bereich vorgetragenen Wunsch nach einem Städteprofil wurde den Bürgern gleichzeitig angeboten, die Identität (nicht das

---

[89] Vgl. Naßmacher und Naßmacher 1999, S. 16.
[90] Zum Aufgabenspektrum von Kommunen vgl. Kost und Wehling 2003: 16ff.
[91] Gerade in westlichen Demokratien wird gerne viel und nicht selten zu engmaschig „verrechtet". Der Historiker Niall Ferguson ätzt dazu, dass heute die Genehmigungsbehörden vermutlich Speisesalz als gesundheitsschädlich verbieten würden, wäre es nicht zum Glück schon im Gebrauch. Vgl. Ferguson 2014, S. 7.

Image) der eigenen Stadt festzulegen. Dazu mussten die Bürger mobilisiert werden.

Diese Mobilisierung erfolgte in der Regel in Form eines **breit angelegten Beteiligungsprozesses**. Und genau an dieser Stelle beißt sich die Katze in den eigenen Schwanz. Denn so funktioniert es nicht. Aus einem ganz einfachen Grund, der aus der Strategieplanung bekannt ist. Immer, wenn es um ein Profil oder eine Strategie geht, sollte sie spitz sein, scharf. Mit Ecken und Kanten. Eben mit Profil. Sie soll Handlungen anleiten, und dafür muss sie eine Orientierung bieten.

Je mehr Menschen mit unterschiedlichen Interessen aber beteiligt werden und daran mitarbeiten, desto stärker wird alles wieder glatt geschliffen.

Für eine Lehrveranstaltung haben wir dieses Dilemma von Leitbildprozessen in eine Grafik übertragen, die das „**Mischpult Leitbild**" verdeutlicht: Es ist wie mit Bass und Höhen. Wird beides zu stark eingeregelt, zerstört es den Klang. Starke Identifikation kann nur erreicht werden, wenn es Vielen die Möglichkeit zur Identifikation bietet. Angesichts einer fragmentierten Gesellschaft müssen identitätsstiftende Symbole, Themen etc. möglichst breit (und nichtssagend) angelegt werden, sonst finden sich schnell Menschen, die sich mit einer Sache nicht identifizieren. Mehr Profilierung geht auf Kosten des Konsens und umgekehrt.

Hier ähneln Leitbilder Parteiprogrammen, die weit formuliert sind. In Amerika würde man sagen „Motherhood and Applepie" – Dinge, gegen die niemand ist.

Wir haben bereits darauf hingewiesen: Uns schwebte etwas völlig anderes als die Umsetzung eines für die Kommunalpolitik typischen Wahlprogramms vor. Unsere Kritik ist weiter oben bereits deutlich geworden: Wahlprogramme sind in der Regel ein Sammelsurium von Details und kleineren Maßnahmen, die Parteien in dem Versuch zusammentragen, gesellschaftliche Gruppen auf sich aufmerksam zu machen. Was sie zumeist nicht sind: eine Inspiration. Und ein weitgehend monolithischer Politikentwurf. Wahlprogramme können von ihrer Analysekraft auch nicht so schonungslos sein, wie das, was uns mit der weiter unten in diesem Kapitel beschriebenen „**Change Mindmap**" vorschwebte. Klare Ziele und auch Vorstellungen für die Umsetzung passen nicht in ein Wahlprogramm. Um nur ein Beispiel zu nennen: Wir stellten fest, dass wir vor Ort einen Elitenwechsel brauchten, um unser Programm erfolgreich auf den

Weg zu bringen. Wer dies so in sein Wahlprogramm schreibt, ist auf einem guten Weg, die Wahl zu verlieren.

Aus unserer Sicht lässt sich die Kritik an Leitbildern auf zwei Kernpunkte reduzieren. Erstens: Sie stehen im Spannungsverhältnis zwischen Vision und Identität und damit zwischen Profil und Konsens. Dieser innerliche Widerspruch ist nur schwer – wenn überhaupt – aufzuheben oder zumindest auszubalancieren. Zweitens: Es fehlt am Willen und der Fähigkeit zur Konzeption.

Letztgenanntes ist bereits anderen aufgefallen. Was heute in der Politik fehlt, sind Konzeptionen und Menschen, die Konzepte entwickeln. Michelsen und Walter stellen für Demokratien ein „Defizit an Konzeptionalisten"[92] fest. Taktiker gibt es in der Politik zuhauf. Was fehlt, sind Strategen.

Vielleicht fehlen sie auch, weil Konzepte angreifbar machen. Und durch die sozialen Medien und das Internet hat sich die Angreifbarkeit insgesamt erhöht. Will man seine Vision voran bringen, darf **man keinen Pfifferling auf die Meinung „des Netzes" und seiner organisierten Lobbyisten geben**. Auch wenn wir das Internet aktiv genutzt haben und z.B. einen fast wöchentlichen Kommentar des Oberbürgermeisters einführten, war uns egal, was „das Netz" als Kommentar erwiderte.[93] Das lag an einem einfachen, in der Logik des Systems liegenden Grund: „Dank der Anonymität des Netzes tendieren Splittergruppen aller Schattierungen (auch extremistische) dazu, Strategien zur Besetzung von Diskussionsforen zu entwickeln, besonders solchen, die von den Online-Ausgaben der großen Tageszeitungen angeboten werden. Sie schreiben von zahlreichen Adressen aus, um den Eindruck zu erwecken, ihre Meinung werde von der Internetgemeinde weithin geteilt. Das Ziel ist einfach: Es geht um Bewusstseinslenkung."[94] [95] Als wir 2007 an die Umset-

---

[92] Walter und Michelsen 2013, S. 164.
[93] FAZ-Mitherausgeber Jürgen Kaube greift das Thema Medien und Wahrnehmung von Realität mit einem Bezug zu Niklas Luhmann auf: Realität werde ohnehin nicht als konsenspflichtig erlebt. Vgl. Kaube 2017.
[94] Saint Victor 2015, 79f.
[95] So beendete die Neue Züricher Zeitung im Februar 2017 auch die Möglichkeit, Artikel zu kommentieren und führte stattdessen Leser- und Autorendebatten ein.

zung unseres Vorhabens gingen, gab es noch keine Social Bots und auch keine Theorie der Filterblasen oder Echoräume. Aber auch ohne diese, das Netz als ‚demokratischen Ort' entzaubernden Begriffe war uns klar: Das „politische" Internet ist ein politisches Instrument und es wird als solches vor allem von interessierter Seite genutzt, nicht von „den" Bürgern.

Obwohl landläufig die Meinung vorherrscht, die sozialen Medien würden Demokratie von Grund auf erneuern und den bislang Unterdrückten eine Stimme geben, kommt doch die nach unserem Wissen derzeit aktuellste und umfassendste Studie zur Rolle sozialer Medien in Protestbewegungen zu dem Ergebnis, dass es vor allen Dingen echte Menschen auf tatsächlichen Plätzen – dem Tharir Platz, der Puerta del Sol, der Plaza Cataluña, dem Syntagmaplatz, dem Zuccotti Platz – sind, die letztlich herbeiführen, dass gesellschaftliche Missstände thematisiert und manchmal auch verändert werden. Die sozialen Medien spielen dabei nur die Rolle eines Handlangers, der dazu dient, den Menschen, die sich vor Ort versammeln, ein Medium zur Organisationen zu bieten. Wie Kneuer und Richter in besagter Studie schreiben, scheint die Wucht emotionaler Erregung heftiger geworden und die Kraft von Bildern zugenommen zu haben. Sie sprechen von einer möglichen „neuen Form emotionaler Erregtheit" – etwas, das Richard Sennett ‚Tyrannei der Intimität'[96] genannt hat. Aus Sicht der beiden Autorinnen war ein Zündfunke für diese Entwicklung die internationale Rezeption von Stéphane Hessels Pamphlet „empört euch!".[97] Wer über einen eher bürgerliches, vielleicht auch ein Stück konservatives Werteraster verfügt, der wird in diesem Zusammenhang Empörung auch weniger als positives Lebensgefühl, und mehr als Entgleisung wahrnehmen. Im Kern arbeiten die beiden Autorinnen die typischen Charakteristika der Instrumente Facebook und Twitter heraus. Während Facebook sich vor allen Dingen eignet, Gruppen zu formieren, sich zu organisieren und dabei umfangreichere Textkörper geschaffen

---

https://www.nzz.ch/feuilleton/in-eigener-sache-warum-wir-unsere-kommentarspalte-umbauen-ld.143568 abgerufen am 5.7.2017.
[96] Vgl. Sennett 2008.
[97] Abzurufen unter: siehe http://www.faz.net/aktuell/feuilleton/stephane-hessels-pamphlet-empoert-euch-1580627.html?printPagedArticle=true#pageIndex_2

werden, wird Twitter in erster Linie als Mobilisierungswerkzeug zur sofortigen Übermittlung von Informationen gebraucht.[98]

Ernst genommen haben wir, wenn uns Bürger direkt und ins Gesicht sagten, dass sie mit etwas unzufrieden waren. Das aber kam in acht Jahren erstaunlich selten vor.

Zugegeben: Partizipation an dieser Stelle, sei es in Form von Leitbildern oder in Form von Inputs durch Social Media, scheint uns unpassend, um eine Vision für eine Stadt zu entwickeln. Wir waren an dieser Stelle eher bei Führung, bei handwerklich guter Politik.[99]

4.2 Eine Stadt braucht handwerklich gute Führung, kein Transparenzsylvanien

„Die Gesellschaft ist immer eine dynamische Einheit zweier Faktoren, der Eliten und der Massen."[100] Nirgends kommt dies besser zum Ausdruck, als in der Kommune Rom. Auf jedem Gullydeckel ist die Formel „S.P.Q.R" zu lesen: Senatus Populusque Romanum. Senat *und* Volk Roms. Und eben nicht nur „Römisches Volk".

Der Begriff **Elite** ist viel älter als seine heutige Verwendung. Er galt zunächst für Luxuswaren wie nur von Königen bezahlbarer Vanille oder Kakao, dann für Militärs und erst seit seiner Übertragung von Gaetano Mosca um 1900 auch für die Politik.[101] Wahlsiege von Kandidaten wie Donald Trump scheinen einen Trend zu zeichnen, bei dem eine angemessene Kritik an Eliten einem bloßen Furor gewichen ist.[102] Empirisch lässt sich die maßlose Entrüstung vieler Mitbürger nicht bestätigen. Vergleicht man politische Eliten mit denen aus der Wirtschaft oder dem Militär, fällt

---

[98] Für den gesamten Passus vergleiche inhaltlich: Kneuer und Richter 2015, 23;62;139.
[99] Kaum einer hat die Vielfalt von strategischem Management so umfassend und tiefgründig beschrieben wie der Kanadier Henry Mintzberg, vgl. v.a. Mintzberg et al. 1999. Auch er hat in einem Aufsatz die Entwicklung einer guten Organisationsstrategie mit gutem Handwerk verglichen: Mintzberg 2001.
[100] Ortega y Gasset 2007, S. 8.
[101] Herwig 2005, S. 12.
[102] Zur langen Tradition von Populismus in den USA vgl. Judis 2017.

auf, dass die politischen – die am stärksten unter öffentlichem Beschuss stehen – noch die demokratischsten aller Eliten sind.[103]

Dennoch: Das Vertrauen scheint verloren gegangen zu sein. Baumann bestärkt die Auffassung von Alain Peyrefitte, das konstituierende **Merkmal der Moderne** sei Vertrauen gewesen. Vertrauen in sich selbst, **Vertrauen in die Institutionen**, Vertrauen in andere Menschen.[104] Im Feuer des Lamentos von „dauerkritischen" Menschen (die dies auch noch zur Tugend erklären), gilt das nicht mehr. Institutionen erwecken Skepsis. Sennett kritisiert von sozial-konservativer Seite aus die Euphorie der linken Programmatik der 1960er und 1970er Jahre. In der Tat habe sich die Hoffnung der Linken erfüllt – zahlreiche Institutionen seien erfolgreich **geschleift**. Das Ergebnis könne aber kaum befriedigen. Eine neue, flüchtige Moderne sei entstanden – mit nicht mehr Freiheit, sondern am Ende weniger.[105]

Ohne viel Nachdenken wird den verbliebenen Institutionen heute Transparenz als Allheilmittel gegen den Vertrauensverlust der Moderne angepriesen. Doch „[s]tatt ‚Transparenz schafft Vertrauen' sollte es eigentlich heißen: ‚Transparenz schafft Vertrauen ab.' Die Forderung nach Transparenz wird gerade dann laut, wenn es kein Vertrauen mehr gibt. In einer auf Vertrauen beruhenden Gesellschaft entsteht keine penetrante Forderung nach Transparenz. Die Transparenzgesellschaft ist eine Gesellschaft des Misstrauens und des Verdachts, (…)."[106] Das Gleichsetzen von Vertraulichkeit mit mangelnder Transparenz ist eher schädlich als positiv. Überhaupt ist **absolute Transparenz schädlich**. De Saint Victor argumentiert sehr grundsätzlich, wenn er – mit Kant im Rücken – darauf verweist, als Anführer müsse man die Wahrheit sagen, was aber nicht zwangsläufig dazu verpflichte, stets offenherzig zu sein. Er will darauf hinaus, dass ein führender Politiker nicht lügen soll, aber dass er auch nicht die moralische Pflicht hat, all das Wissen preiszugeben, über das er verfügt.[107] Er muss nicht alles transparent machen, nur um Konsens herzustellen.

---

[103] Vgl. Hartmann 2014, S. 7f.
[104] Vgl. Bauman 2003, S. 195.
[105] Sennett 2007, S. 7–15.
[106] Han 2012, S. 79.
[107] Vgl. Saint Victor 2015, 64f.

Man kann von einem Oberbürgermeister im Gegenteil erwarten zu führen. Voran zu marschieren.[108] Grundsätzlicher Widerwille gegen Führung kommt oft von grüner Seite. Beide Autoren sind ehemalige Grüne und verstehen auch das Innenleben der Partei recht gut.[109] Der Anamnese von Zygmunt Baumann können wir nur zustimmen: Grüne Politik sei aufgrund ihrer Entstehungsgeschichte in den entsprechenden Milieus der Kritischen Theorie und der Frankfurter Schule immer nahe. Damit war sie wie diese immer ein Stück anarchistisch. Jedwede Form von Macht sei ihr suspekt. Der Feind lauere stets auf Seiten der Mächtigen.[110]

Gleichzeitig kann man von denselben Oberbürgermeistern aber nicht erwarten, noch auf den allerletzten zu warten, der nicht mitkommen mag. Walter und Michelsen weisen auf das grundsätzliche Dilemma hin: Je mehr repräsentative Demokratien auf **Inklusion** von Minderheitenmeinungen setzen, desto langsamer werden sie in der Bearbeitung der Probleme, die sich ihnen stellen. Und desto mehr fallen sie im Vergleich zur Reaktionsfähigkeit anderer gesellschaftlicher Subsysteme, wie etwa der Wirtschaft, zurück.[111] Und umso stärker sinkt ihre Akzeptanz. Die Suche nach **Kompromissen** ist zeit- und ressourcenintensiv. Vielleicht überspannen wir den Bogen hier. Walter und Michelsen warnen zwar vor der Faszination eines „neoliberalen Autoritarismus chinesischer Prägung".[112] Und sofern wir über nationale Gesetze großer Reichweite sprechen, würden wir beiden zustimmen. Ja, eine Gesellschaft braucht Zeit, so etwas Fundamentales wie etwa den Mindestlohn zu diskutieren und zu entscheiden. Dass aber auch kleinste Infrastrukturmaßnahmen durch endlose Beteiligungsprozesse heute eine Ewigkeit benötigen, ist unserer Meinung nach ein anderes Kaliber. Hier sehen wir eher die Erwartungshaltung der meisten Bürger an die Leistungsfähigkeit eines Staates und einer Gebietskörperschaft als vorrangig an. Zuviel Diskussion kann Demokratie auch schaden. Ein linksliberaler Kollege an der Hochschule Osnabrück

---

[108] Oder um es mit Richard Sennett zu sagen „Von einer legitimen Autorität nimmt man an, dass sie zweierlei zu tun vermag: urteilen und Sicherheit gewähren." Sennett 1985, 188.
[109] Wer es näher kennenlernen möchte, dem sei das Standwerk zur Partei empfohlen: Raschke 1993.
[110] Vgl. Bauman 2003, S. 64.
[111] Vgl. Walter und Michelsen 2013, S. 20.
[112] Walter und Michelsen 2013, S. 109.

kommentierte in einem Gespräch zum Weihnachtsessen einmal sinngemäß, er sei immer wieder über die Debattenfaulheit der Konservativen verblüfft. Wir unsererseits über die Geschwätzigkeit der Linksliberalen. Am Ende steht die Frage: Was verankert die Demokratie in der Gesellschaft? Die Ergebnisse, die sie produziert oder der deliberative Prozess? Sollte es sich um eine Entweder-oder-Frage handeln, wäre unsere Antwort klar. Die Ergebnisse.

Manche Modernisierer von Verwaltungshandeln reklamieren, eine neue Verwaltungskultur müsse entstehen, in der die Bevölkerung als Impuls- und Ideengeber verstanden wird, um **Bürgerbeteiligung** eine „wirkliche Chance" zu geben.[113] Dieser Gedanke speist sich aus dem naiven Ideal, dass eine Vielzahl an Bürgern dazu bereit ist, weit über die eigenen Interessen hinaus zu denken, und ein Interesse daran hat, ihre Kommune jenseits von Wahlen selbst mitzugestalten. Dies darf mit Fug und Recht bezweifelt werden.[114] Zumal sich dies mit einer Neigung unserer Gesellschaften beißt, noch kleinste Details regeln zu wollen. Niall Fergusson sieht in seiner Analyse des Westens hier ein Meta-Problem und spricht von einer „Komplexitäts-Katastrophe"[115].

Wir glauben, einer guten, ergebnisorientierten Politik auf kommunaler Ebene muss zweierlei zugrunde liegen: **wissenschaftliche Inspiration und ein handwerkliches Verständnis von Politik.** „Handwerkliche Einstellung, also die Bereitschaft etwas um seiner selbst willen zu tun, verliert zunehmend an Bedeutung in Institutionen, in denen vor allem Prozesse und Netzwerke zählen."[116] Ein Handwerker wird nicht daran gemessen, wie er seine Arbeiten ausführt, sondern was die Ergebnisse seiner Arbeit sind. Unsere heutigen „flexiblen Organisationen" würden dagegen Potenzial vor Ergebnis setzen, Talent vor Resultat.[117] Wir sind überzeugt: Am Ende muss ein **Ergebnis** stehen. Idealerweise eines, das

---

[113] Vgl. Biewener et al. 2015, S. 108.

[114] Sennett kritisiert zurecht, wenngleich vergeblich, dass der „Konsument Bürger" von der Demokratie „Benutzerfreundlichkeit" erwarte, was diese Staatsform aber eben nicht biete. Im Gegenteil, sie zeichne sich dadurch aus, Anstrengungen abzuverlangen um eine Übersicht zu gewinnen, wie die Welt um den Bürger herum funktioniere. Vgl. Sennett 2007, S. 134–135.

[115] Ferguson 2014, S. 67.

[116] Sennett 2007, S. 114.

[117] Vgl. Sennett 2007, S. 84–102.

wissenschaftlich inspiriert und fundiert ist. Dabei geht es nicht unbedingt darum, endlos viele Informationen zusammenzutragen. Führung bedeutet auch, auf **Intuition** zu vertrauen. „Mehr an Information führt erwiesenermaßen nicht notwendig zu besseren Entscheidungen. Die Intuition etwa transzendiert die verfügbaren Informationen und folgt ihrer eigenen Logik."[118]

Eine solche Balance zu wahren, ist schwer. Schon vor 20 Jahren wiesen Karl-Heinz und Hiltrud Naßmacher auf das notwendige Geschick eines guten Oberbürgermeisters hin: „Ein direkt gewählter Bürgermeister hat also die Chance, zentraler Motor der kommunalen Politik zu sein, weil er als einziger überall Zugang hat bzw. Kontrolle ausüben kann. Dies verlangt natürlich eine Persönlichkeit, die gleichzeitig Innovator und Moderator sein kann, einen politisch handelnden Manager, der auch mit entsprechenden Verwaltungsfachkenntnissen ausgestattet ist."[119]

Ist ein solcher Politikstil undemokratisch? Walter und Michelsen sprechen vom paternalistisch managerhaften Gestus des Kümmerers.[120] Wir meinen entschieden ‚nein', es ist nicht undemokratisch. Lieber schließen wir uns dem langjährigen dpa-Korrespondenten Laszlo Trankovits an: „Wer glaubt, die Abwesenheit von Hierarchie und Repräsentation, von Führung und Autorität seien die Kennzeichen von Freiheit und Demokratie, gefährdet ihre Grundlagen."[121]

Kurzes Zwischenfazit: Leitbilder – nein. Anführen – ja. Soweit unsere Grundhaltung. Nun wollen wir verdeutlichen, wie wir methodisch-inhaltlich vorgegangen sind. Zunächst, indem wir die zentrale „Change Mindmap" vorstellen und wie wir sie erarbeitet haben.

4.3 Unser Ansatz: Die „Change Mindmap"

Unser Plan für acht Jahre Amtszeit entstand im Wesentlichen im Rahmen einer Klausurtagung, früh im Jahr 2007, etwa ein halbes Jahr nach Amts-

---

[118] Han 2012, S. 11.
[119] Naßmacher und Naßmacher 1999, S. 323.
[120] Vgl. Walter und Michelsen 2013, S. 31.
[121] Trankovits 2011, S. 11. Trankovits sei gedankt für eine sehr anregende Diskussion via E-Mail (RL).

antritt. Ein früherer Termin hätte für einen externen Oberbürgermeister, der die Stadt bis dahin wenig kannte, kaum Sinn gemacht – denn zu jeder Strategie gehört unabdingbar die Fähigkeit, die Lage einschätzen zu können. Erfahrungen im Wahlkampf helfen da, ersetzen aber nicht einige Wochen oder Monate im Amt. Ein späterer Termin als das Frühjahr nach Amtsantritt dagegen wäre wenig hilfreich gewesen, da die Akteure der Stadtgesellschaft recht bald zu erfahren verlangen, in welche Richtung das neue Stadtoberhaupt Impulse zu setzen gedenkt.

Besagte Klausurtagung unterschied sich in zweierlei Hinsicht sehr gravierend von der üblichen Art und Weise solcher Strategieprozesse: Es war ein Prozess, der personell nicht mit breitem Involvement arbeitete. Es handelte sich nicht um einen Leitbild-artigen Prozess mit großer Partizipation, sondern um einen Prozess, bei dem die Stadtspitze sich inhaltlich aufstellte, *bevor* sie in weitere Gespräche mit anderen Stakeholdern eintrat, um überhaupt über eine eigene Strategie zu verfügen. Es war zudem ein Prozess, der nicht auf den üblichen Dienstweg und das Organigramm der Verwaltung achtete, sondern mit dem „Küchenkabinett" des Oberbürgermeisters vereinbart war. Den drei Personen, die ihn strategisch berieten: dem Büroleiter, dem Pressesprecher und dem Wissenschaftsreferenten. Dieses Trio bildete den „inner circle". Kurz zur Auswahl dieser Personen. Sie war entlang der notwendigen Kompetenzen geschehen: Wir benötigten einen erfahrenen politischen Akteur, der zudem als Entscheider Ideen umsetzen und als analytischer Kopf bewerten konnte. Wir brauchten einen Ideen- und Stichwortgeber – gerade für das Kernthema Wissenschaft – der zudem über Gedanken für Kampagnen die Ideen auf eine breitere Basis stellen konnte. Und wir hatten ebenfalls jemand, der die Öffentlichkeit verstand und beeinflussen konnte. Und genauso wichtig war es, einen „Native" dabei zu haben, der als in der Kommunalpolitik verwurzelter Jurist einen Blick auf das lokale Machtgefüge und die rechtliche Komponente hatte.

Als Ort wählten wir das niedersächsische Bad Bederkesa, eine ca. 5.000 Einwohner große Gemeinde im Landkreis Cuxhaven. Hier mieteten wir uns für zwei Wochenendtage ein. Jeder Teilnehmer war mit einem umfangreichen Aktenordner ausgestattet, der zahlreiche, vom Wissenschaftsreferenten zusammengestellte Studien und Berichte zum Thema Stadtentwicklung enthielt. Tagesordnung, grobe Themeninhalte und Reichweite der Klausur waren im Vorfeld von allen vier Teilnehmern unter Federführung des Oberbürgermeisters abgestimmt worden. Zwei Tage lang wurde diskutiert, und es wurden alle Tragpfeiler der achtjährigen Amtszeit gegründet:

- das Stichwort „neue Urbanität" als Leitmotiv und zentralem Sinnstifter der acht Jahre und die Festlegung auf einige zentrale Themen: Wissenschaft, Tourismus, demografischer Wandel, moderne Architektur (dazu mehr unten)
- das Ansinnen, sich erfolgreich um den Titel „Stadt der Wissenschaft" zu bewerben und dieses Projekt zum Katalysator aller übrigen Themen zu machen
- die Idee eines „Elitenwechsels" mit dem gezielten Fördern neuer, jüngerer Eliten

Die im weiteren Verlauf dieses Textes besprochenen Elemente wurden allesamt auf **dieses eine Dokument zurückführbar** sein. Das Ergebnis wurde in einer Mindmap festgehalten:

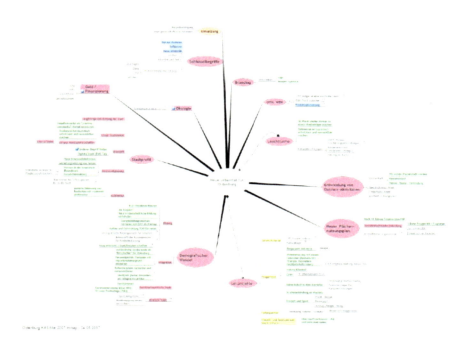

ABBILDUNG 8: CHANGE MINDMAP OLDENBURG

Erstmals öffentlich vorgestellt wurde das Arbeitsergebnis im Rahmen einer Veranstaltung der CDU-nahen Konrad-Adenauer-Stiftung im Mai 2007. Zuvor hatte es auch noch eine halbtägige Klausur mit den Dezernenten gegeben, die ihrerseits auf einen Austausch mit dem Oberbürgermeister drängten.[122]

Bevor die „Mindmap" weiter öffentlich vorgestellt wurde, sollte sie auch den drei stärksten politischen Kräften im Rat nahe gebracht werden. Im Fall der SPD der Fraktion und dem Parteivorstand; im Fall der Grünen und der CDU nur den Fraktionen. Ungewohnt war unser Vorgehen für alle drei Fraktionen, die zunächst einmal eher positiv reagierten (wobei den Grünen – in Pawlow'scher Manier zuverlässig wie erwartet – zu wenig „Ökologie" und zu wenig „Soziales" in unserem Plan enthalten war). Im Kern aber wurde deutlich: Die rot-grünen Fraktionen betrachteten das Ganze eher als luftige, nicht geerdete Idee des Oberbürgermeisters. Im Nachhinein war genau dieses Unverständnis und vielleicht auch das Belächeln dieses Vorgehens unsere große Chance. Da die **Stückwerk-Politik gewohnten Mitglieder des Rates ein solches Vorgehen nicht kannten**, nahmen sie es auch nicht ernst. Das ließ uns sehr viel Zeit, Stakeholder aus der Zivilgesellschaft auf unseren Kurs einzuschwören – ohne auf inhaltliches Störfeuer seitens der Politik Rücksicht nehmen zu müssen.[123]

Der nächste Schritt bestand darin, die Verwaltung einzubinden. Zu Beginn der Amtszeit war ein neues Weiterbildungsformat entwickelt worden, bei dem Amts- und Fachdienstleiter eingeladen wurden, sich zu bestimmten Themen – wie etwa dem demografischen Wandel, Integrationspolitik, „älter werden" – gemeinsam fortbilden zu lassen. Diese neue Plattform nutzten wir, um in das Gespräch mit den ca. 60 Amts- und Fachdienstleitungen zu suchen.

Zunächst einmal war der Effekt natürlich, dass jeder für sich aus der Vorstellung der Change-Mindmap das herauslas, was er darin sehen wollte.

---

[122] Eine Anekdote an dieser Stelle: Einer der damaligen Dezernenten berichtete dem Wissenschaftsreferenten, der die Mindmap ja originär mit erstellt hatte, unter vier Augen „ganz vertraulich" davon, wie im Wesentlichen er selbst und der Oberbürgermeister dieses Programm entwickelt hätten.

[123] Anderes Störfeuer – in Form des Versuchs eines Abwahlantrages – sollte es später noch genug geben.

Man darf sich nicht der Illusion hingeben, es handle sich bei einer Verwaltung um eine rein loyale, von Eigeninteressen nicht belastete Maschinerie. Genau dieser Eigennutz kann aber auch eine große Stärke sein und muss nicht unbedingt eine Schwäche bedeuten. Denn indem die Mindmap durch ihre assoziativ-offene Art **dem erweiterten Kreis der Führungskräfte eine Anschlussfähigkeit bot,** gelang es viel besser, diese Mitarbeiter mit ins Boot zu holen. Für den Wandel in einer Stadt ist es sogar wichtig, nicht nur im eigenen, engen Kreis diesen Wandel zu beschreiben und zu verfolgen, sondern gerade ein so mächtiges Instrument wie eine mehrtausendköpfige Kommunalverwaltung einzusetzen. Dabei kommt es auf viele Ideen und Vorschläge an. Wichtig ist, dass die Mitarbeiter den Kerngedanken weiterentwickeln und in eigene Initiativen ummünzen. Ein gutes Beispiel dafür ist der Prozess „Step 2025". Der Vorschlag hierzu kam aus dem Stadtplanungsamt. Zum Ende des Wissenschaftsjahres 2009 wollten die Kollegen den Schwung aus diesem Jahr gerne nutzen um einen (leider am Ende weitgehend gescheiterten) Stadtplanungsprozess mit aktiver Bürgerbeteiligung anzustoßen. Als entscheidend stellten sich die Kernbegriffe („Neue Urbanität") und die Analyse („Gemütliche Großstadt") heraus. Sie wurden von den Verwaltungsmitarbeitern aufgegriffen, interpretiert und in eigene Initiativen übersetzt. So weit, so gut.

Auffallend dabei war die weitgehende Sprachlosigkeit des Rates, der wesentlich mit sich selbst beschäftigt war und überhaupt nicht mitbekam, was außerhalb seiner Gremiensitzungen stattfand, und die gesetzten Themen ignorierte.

Um den wissenschaftlichen Hintergrund und das Vorgehen deutlicher werden zu lassen, wollen wir im nächsten Schritt stärker herausarbeiten, wie verschiedene Analysen die Entwicklung der Change Mindmap und damit des achtjährigen Mandats befördert haben.

5 Analyse: Neue Urbanität ist nötig

5.1 Weg von der gemütlichen Großstadt

Mit der Klausurtagung von Bad Bederkesa sollte ein erster, zentraler Schritt getan werden. Schon für die Tagungsvorbereitung hatten wir Material zusammengetragen, um die Lage der Stadt zu analysieren. Denn an den Anfang aller strategischen Überlegungen gehört eine ehrliche **Analyse**, wo die Stadt steht – und zwar im nationalen, wie im internationalen Feld. Zweier **Voraussetzungen** bedarf es für eine solche Analyse:

- Auf der einen Seite bedarf es der **richtigen „Denke"**: Stärken und Schwächen lassen sich nur mit einem wissenschaftlich inspirierten Zugang erkennen. Damit meinen wir die **Tools**, die üblicherweise in der Wirtschaft zur Unternehmensanalyse eingesetzt werden, und deren Grundlagenkenntnis man bei vielen Berufspolitikern vergebens sucht.
- Auf der anderen Seite bedarf es einer **Übersicht**: Man kann seine eigene Stadt nur dann erkennen und akkurat einschätzen, bzw. vergleichen, wenn man andere Städte in größerer Zahl gesehen und analysiert hat. Ansonsten fehlt der Vergleichsmaßstab für eine treffende Einschätzung. Daher ist bei Unternehmen eine Branchenkenntnis so gefragt: Man kann Vergleiche zu anderen Unternehmen ziehen und weiß so besser, wo man selbst steht.

Welche Blaupausen stehen für eine Stadtentwicklung zur Verfügung? Auch das Wissen über verschiedene Modelle der Stadtentwicklung hilft, den Blick für die eigene Lage zu schärfen. Gleich zu Beginn der Amtszeit war zumindest eine grundsätzliche Vorstellung vorhanden, wohin sich die Stadt entwickeln sollte.[124] Ein passendes Entwicklungsmodell für eine überschaubare Großstadt mit einer ambitionierten Universität, viel Grün und wenig Industrie findet man in zahlreichen Städten in den Vereinigten Staaten: Ann Arbor (University of Michigan), Cambridge (Harvard Uni-

---

[124] In einer Anzeige in Form eines Briefes für die Wahl am 10.9.2006 stand bereits diese Formulierung: „Oldenburg hat drei wesentliche Stärken: Im Bildungs- wie im Wirtschaftsbereich treffen wir vielfältig auf Wissenschaft, Forschung und Innovationen. Diese Stadt bietet unter anderem eine Vielfalt an kulturellen Einrichtungen und ein unverwechselbares Ambiente, das es unter allen Umständen zu erhalten gilt. Oldenburg bietet also die besten Voraussetzungen."

versity; MIT), Berkeley (University of California, Berkeley) oder New Haven (Yale University) – allesamt Städte mit wenig mehr als 100.000 Einwohnern. Allesamt interessante Rollenmodelle. Zudem Städte, die erkennbare Muster verfolgen, die sich übernehmen ließen. Etwa in Fragen von Architektur oder internationaler Ausrichtung. Im Englischen nennt sich das „**Collegestadt**".

Die BILD-Zeitung griff eine Formulierung des neu gewählten Oberbürgermeisters gleich Ende des Jahres 2006 auf – was zu einer umgehenden Kritik der in Oldenburg eher verstaubt aufgestellten FDP-Fraktion führte: „Schwandner will aus Oldenburg eine amerikanische Collegestadt machen." Was uns als realistische Einschätzung und als positives Modell diente, ist in diesem Kontext abwertend gemeint. Schade, denn das Bild passt: Die Hochschulen und wissenschaftlichen Einrichtungen werden im Nordwesten zunehmend zum Treiber der wirtschaftlichen Entwicklung. Die Wirtschaft ist hier weniger industriell und mehr durch Dienstleistungen geprägt. Die Stadt Oldenburg macht einen sehr landschaftsnahen, grünen Eindruck – durch ihre Siedlungsstruktur, die öffentlichen Gärten und das viele Stadtgrün. Also, ja: Die **Collegestadt** war und ist bis heute ein ausgezeichnetes Leitmotiv für Oldenburg. Doch wir mussten vorher wissen, wo wir stehen.

Im Fall Oldenburgs wurde uns das Bild wie angedeutet recht schnell klar. Mit der Aufstellung einer Checkliste für Bad Bederkesa wollten wir die wesentlichen Aspekte aber weiter abklopfen: Wir wollten die wirtschaftliche, wissenschaftliche, kulturelle und soziale DNA der Stadt besser verstehen („**Vierfachgenetik**"). Was wir indes nicht wollten, war, alle Zahlen und Einschätzungen auf einem großen Datenfriedhof zu beerdigen. Nachdem die rein zahlenbasierte Planungseuphorie der 1970er Jahre zum Glück verschwunden ist[125], hatten wir eher eine **textbasierte Lagebeschreibung** im Sinn. Mit kurzen Statements versuchten wir für uns selbst die Lage der Stadt einprägsam, aber eben datenbasiert zu kartieren.

- **Wirtschaftliche Genetik**: Hierzu zählen als Indikatoren die Arbeitslosenstatistik, sozialversicherungspflichtige Beschäftigung, industrieller Besatz, Zukunftsbranchen und Hightech, etc. Die *wirtschaftliche Lage* muss positiv, wenngleich zweigeteilt beurteilt werden: Auf der einen Seite stand eine – durch die genann-

---

[125] Zur „Planungsschule" vgl. Mintzberg et al. 1999, S. 64-79.

ten Zukunftsthemen der Hochschulen dynamische – Entwicklung in Wachstum und Beschäftigung. Exemplarisch sei ein seit Mitte der 2000er Jahre immer dynamischer wachsendes IT-Quartier genannt, bei dem sich zum Teil große Unternehmen um das IT-Forschungsinstitut der Universität geclustert hatten. Für eine Collegestadt eine typische Situation, die wir weiter fördern wollten. Auf der anderen Seite fehlt der Stadt nach wie vor ein Besatz an gewerblichen Unternehmen, die auch Arbeitsplätze für eher geringer qualifizierte Menschen bieten können.
- **Wissenschaftliche Genetik**: Wichtig schienen uns Anzahl der Studierenden in Relation zur Einwohnerzahl, herausragende Forschungsgebiete der Universität, Sichtbarkeit und Renommee der Hochschulen, etc. Die *wissenschaftliche Basis* wies eine starke Dynamik auf: Ehedem als linke Kaderschmiede verschrien, entwickelte sich die Carl von Ossietzky-Universität zu einem wissenschaftlichen Schwergewicht innerhalb der bundesweiten Referenzgruppe der mittelgroßen Hochschulen. Die Schwerpunkte der Universität waren für die Stadt günstig: Informatik, physikalische Medizin (hier vor allem die Hörforschung, ein in einer alternden Gesellschaft wichtiges Thema), erneuerbare Energien, Umweltwissenschaften. Alles Themen, die für die Zukunft eine kaum geringer werdende Rolle spielen dürften. Gleichfalls verfügte die Stadt über eine hochspezialisierte Fachhochschule, die z.B. in den Bereichen Geoinformatik und Audiologie, aber auch mit internationalen Leitforen – wie etwa dem ‚internationalen Rohrforum' – hervorragend aufgestellt war. Für eine Collegestadt musste das aber noch stärker ins Bewusstsein der Bürger gerückt werden, was wir dann auch taten.
- **Kulturelle Genetik**: Art und Anzahl der Kultureinrichtungen, Verhältnis Hochkultur zu Szenekultur zu Massenkultur, Anzahl staatlicher und freier Einrichtungen, Ausrichtung an Leitströmungen, internationale Ausrichtung etc. Die *kulturelle Basis* war für eine 160.000-Einwohner-Stadt exzellent: Als ehemaliges Zentrum des ehemaligen Landes Oldenburg wurde nach Gründung des Bundeslandes Niedersachsen ein Staatsvertrag abgeschlossen, der Millionenzuschüsse für diverse Landeseinrichtungen sichert (ein mehrspartiges Staatstheater, zwei Landesmuseen, eine Landesbibliothek). Die Universität hatte sich zudem seit den

1980er Jahren als Keimzelle von Kultureinrichtungen erwiesen, die man heute als Social Start-ups bezeichnen würde: Ein Kulturzentrum, verschiedene Szene-Theater, eine Marionettenbühne, eine Werkschule – vielerorts waren ehemalige (Lehramts-) Studenten aus der vorgezeichneten Beamtenlaufbahn ausgeschert und hatten sich mit Kultur als Geschäftsfeld selbstständig gemacht. Was aber für eine Collegestadt fehlte, waren weitere "Lifestyle-Angebote" zum Beispiel im Sportbereich. Hier hatten wir zwei urbane Sportarten identifiziert, die zu unserer Strategie passten. Basketball. Hier war die Stadt mit dem Bundesliga-Spitzenteam „EWE Baskets Oldenburg" bereits sehr gut aufgestellt. Es fehlte aber eine andere urbane Sportart: Marathon. Dies wollten wir fördern.

- Insgesamt sollte der zeitgenössische Kultur- und Sportbereich (hier aber fokussiert auf die beiden urbanen Sportarten Basketball und Marathon/Laufen) eine zentrale Rolle in der symbolischen Kommunikation einnehmen.
- **Soziale Genetik**: Mögliche Indikatoren waren der soziale Frieden in der Stadt, soziale Brennpunkte (die politische Aufmerksamkeit und Ressourcen binden), Identifikation der Bürger mit ihrer Stadt, Bürgerengagement für Stadt und Gemeinwohl, usw. Im *sozialen Bereich* war die Lage ruhig. Manche Ratsvertreter, vor allem aus den Reihen der Grünen, neigten dazu bestimmte ärmere Stadtviertel als soziale Brennpunkte zu bezeichnen. Von einem schwachen „Glimmpunkt" zu sprechen wäre eher angemessen: Der Stadt ging und geht es gut, echte Problemviertel waren und sind mit der Lupe zu suchen. Und vielleicht war sie an manchen Stellen für das Leitbild einer Collegestadt noch eine Spur zu bieder.[126]

Insgesamt ergab sich für uns das Bild einer Stadt mit einem großen Potential, das teilweise nicht gehoben war. Einer Stadt, die viele Stärken und wenige Schwächen bot, die aber ein bisschen wie im Dornröschenschlaf lag.

---

[126] Als der Oberbürgermeister in einem Zeitungsinterview seine Offenheit gegenüber einem Rotlichtviertel im Bahnhofsquartier signalisierte, löste dies ein ordentliches Echo in der öffentlichen Diskussion aus. Dieser Bereich war als Sanierungsgebiet ausgezeichnet und sollte als ‚creative quarter' ausgebaut werden.

Diese Analyse war Teil der oben bereits beschriebenen Klausurtagung in Bad Bederkesa. Die bereits vorgestellte Change Mindmap verdeutlichte die zentralen Zukunftsaufgaben (vgl. 4.3). Wir versuchten sie im Rahmen unserer Analyse weiter zu zentralen Handlungsfeldern zu verdichten. Und wir waren auf der Suche nach einer **einprägsamen Formel**, mit der wir Dritten schnell klar machen könnten, was wir für die Stadt erreichen wollten. Der Begriff der „Collegestadt" musste verschwinden, selbst wenn wir inhaltlich genau das meinten. Wir brauchten einen neuen Begriff. Eine Formel fanden wir: *Von der gemütlichen Großstadt zu neuer Urbanität.*

Neue Urbanität wurde unser Credo für acht Jahre, um Oldenburg voranzubringen. Denn die Stadt hatte unserer Meinung nach selbst noch gar nicht ganz begriffen, welche Potenziale in ihr schlummern – wenn denn bestimmte Akteure gemeinsam Themen voran brachten. Dazu gehörte unserer festen Überzeugung nach die Universität, die gar keine engen Verbindungen zur Politik oder der Verwaltung hatte, gleiches galt auch für die Fachhochschule. Hier konnte der neue Oberbürgermeister, der sich als ehemaliger Hochschullehrer umgehend und pro-bono um einen Lehrauftrag an der Universität bemühte, glaubwürdig Brücken bauen.

Mit der Change-Mindmap unter dem Arm zogen wir – im Sinne des Wortes – durch die Gemeinde und besprachen sie mit vielen externen und internen Sparringspartnern aus Verwaltung, Wirtschaft, Wissenschaft, Kultur und Politik. Die Diskussionen wiederum halfen uns dabei, Ideen und Ergebnisse zu zentralen Arbeitsfeldern zu verdichten, aber auch Änderungen vorzunehmen. Vier Felder schienen uns am Ende des Analyseprozesses ausschlaggebend, um der Vision einer neuen Urbanität in acht Jahren etwas näher zu kommen: Die Stadt musste den demografischen Wandel – es wird leicht vergessen, dass die demografischen Prognosen zu Beginn der Amtszeit in den Keller wiesen – gut meistern und attraktiv für junge Menschen bleiben. Sie musste junge Menschen anlocken und sie wünschen lassen, dauerhaft hier zu leben. Dazu konnten in erster Linie zwei Dinge wesentlich beitragen: mehr Internationalität und mehr moderne Architektur, die der Stadt das Zwerghafte, das Niedliche nehmen könnte. Wir wollten weg von der „gemütlichen Großstadt". Daneben gab es noch ein weiteres Thema, das wir verfolgen wollten: Die touristische Entwicklung. Die Zahlen für Städtetouristen stiegen Mitte der 2000er-Jahre, und die Billigfluglinie „Ryanair" baute ihren bremischen Standort massiv aus. Dies ließ neue Verkehrsströme aus ganz Europa erwarten. Und wir wollten daran teilhaben.

Um diese Ideen auch visuell zu kommunizieren und unseren Analyseprozess abzuschließen, übersetzten wir am Ende alles in die übersichtliche „Gemütliche Großstadt – neue Urbanität"-Grafik (siehe Abbildung 9). Die hier gezeigte Grafik ist eine Umsetzung des Oldenburger Designers Boris Niemann nach unserer Vorgabe. Darin findet sich auch noch der Hinweis zur Rolle des Projektes „Stadt der Wissenschaft" als Taktgeber und Katalysator für die übrigen Themenfelder. Dazu später mehr.

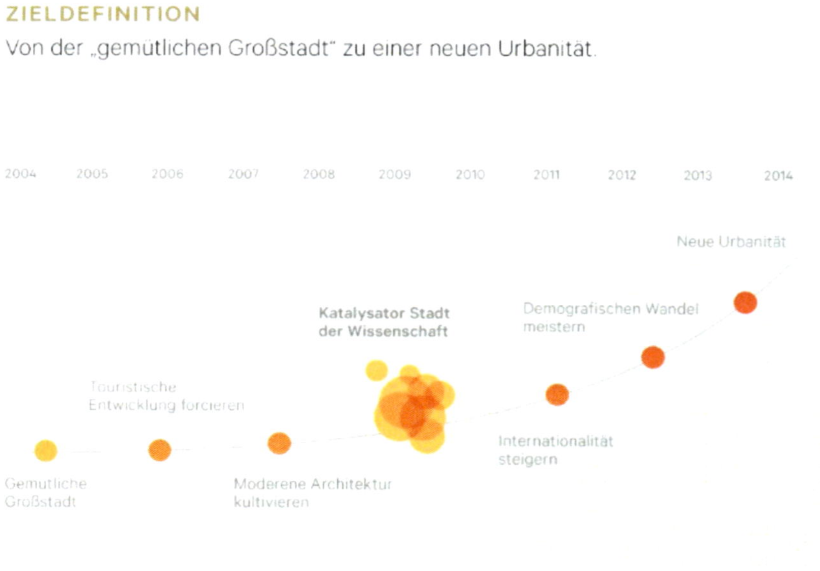

ZIELDEFINITION
Von der „gemütlichen Großstadt" zu einer neuen Urbanität.

| 2004 | 2005 | 2006 | 2007 | 2008 | 2009 | 2010 | 2011 | 2012 | 2013 | 2014 |

Neue Urbanität

Katalysator Stadt der Wissenschaft

Demografischen Wandel meistern

Touristische Entwicklung forcieren

Internationalität steigern

Gemütliche Großstadt

Moderene Architektur kultivieren

ABBILDUNG 9: HANDLUNGSFELDER UND LEITMOTIV (ABDRUCK MIT FREUNDLICHER GENEHMIGUNG VON STOCKWERK 2)

Abgeglichen werden muss ein Bild der Vorhaben am Ende einer solchen Analyse natürlich mit den **Ressourcen**, die einer Stadt zur Verfügung stehen, bzw. die eine Stadtspitze mobilisieren kann. Letzteres unterscheidet sich gravierend von ersterem: Ein Oberbürgermeister kann mehr finanzielle Ressourcen mobilisieren, als er selbst im Stadtsäckel zur Verfügung hat. In den acht Jahren an der Spitze Oldenburgs konnten wir immer wieder beobachten, dass durch Sparanstrengungen, aber auch durch politische Obstruktion eines skeptisch bis feindlich eingestellten Stadtrats die eigenen Ressourcen der Verwaltung überschaubar waren. Ein gut vernetzter Oberbürgermeister ist aber in der Lage, zusätzliche Ressourcen zu mobilisieren. Ein gutes Beispiel waren bestimmte Elemente unserer unter politischem Beschuss stehenden Internationalisierungsstrategie. Für einzelne Formate und Projekte konnte leicht eine Unterstützung beispielsweise aus der Wirtschaft organisiert werden.

Dazu später mehr. Für den Augenblick kann festgehalten werden: Wir hatten mit der Collegestadt eine grobe Leitidee, eine Entwicklungsperspektive formuliert. Die Change Mindmap und die datenbasierte aber nicht zahlenlastige Analyse in Bad Bederkesa und danach halfen uns, die Idee weiter zu verdichten und vier prioritäre Politikfelder zu definieren (Tourismus, Architektur, Internationales und demographischer Wandel). Das „College-Motiv" wurde als „Neue Urbanität" leicht umetikettiert. Wissenschaft als Kernbestandteil, als Identitätsmerkmal der Stadt sollte einen zentralen Stellenwert erhalten (siehe Kapitel 6) und an Internationalität mangelte es besonders, um der „Neuen Urbanität" näher zu kommen (siehe Kapitel 7).

Wir wollen nun verdeutlichen, wieso die Architektur, das Stadtbild eine so wichtige Rolle spielt.

5.2 Das Stadtbild prägen. Moderne Architektur als Gegenakzent zum historischen Erbe

Viele Menschen glauben, Oberfläche und Substanz seien zwei völlig voneinander getrennte Dinge. Das ist aber nicht notwendigerweise so. Indem Ästhetik nicht nur eine äußere Form beschreibt, sondern fast immer zugleich auch ein sichtbares Symbol von tieferliegenden Werten und Normen darstellt, ist sie eben mehr als nur der reine Schein. Interessanterweise sind gerade Kommunen ein gutes Beispiel dafür, dass Ästhetik eine tiefgründige Rolle spielt. Virginia Postrel verweist etwa darauf, dass in den USA über 80 Prozent der Kommunen ein Regelwerk für die äußere Gestaltung von Häusern und Stadtvierteln hätten. Bei Hausneubauten wird also eine Begutachtung des Designs (jenseits der statischen Anforderungen) verlangt.[127] Wäre dieses Thema völlig unbedeutend, würde der in den USA sowieso stärker unter dem Generalverdacht der Einmischung in das Leben der Bürger stehende Staat sich hier zurückhalten.

Oldenburg hat einige sehr interessante Stadtviertel. Coole Stadtviertel, wie wir sie in unserer Mindmap bezeichnet haben. Allen voran wären das ehemalige Diplomatenviertel des Landes Oldenburg zu nennen, das Dobbenviertel. Auch die Gegend um das IT-Quartier, das Bahnhofs- und das Ziegelhofviertel gehören in diese Kategorie. Diese Stadtviertel sind baulich reizvoll, weil die Privathäuser dort interessant sind. Jenseits des privaten Gebrauchs übernimmt Architektur im Stadtbild verschiedene Funktionen für ein Gemeinwesen. Folgende unvollständige Aufzählung erwähnt die vielleicht wichtigsten Aspekte:

- *Funktionalität*: Zuerst einmal sollte jede Architektur funktional sein, ihren Zweck erfüllen. Ein Konzertsaal mit schlechter Akustik wird auf wenig Gegenliebe stoßen, ein schlecht nutzbares Schwimmbad rasch den Zorn seiner Besucher auf sich ziehen. Ein banaler Gedanke, der aber nicht bei jedem Großprojekt immer Berücksichtigung zu finden scheint.[128]
- *Kommunikativität*: Gerade in einem städtebaulichen Kontext wird oft – ausgesprochen oder nicht – eine gewisse Kommunikativität von städtebaulichen Maßnahmen gefordert. Eine Stadt ist eben für die meisten Menschen mehr als eine Ansammlung von Häusern. Zumindest von einer „europäischen" Stadt wird erwartet, dass sie Plätze der Zusammenkunft, des Austausches oder auch nur der gepflegten Langeweile bietet.
- *Soziale Diversität*: Gehören durchmischte Stadtviertel zu einer urbanen Stadt? Manche, eher links-liberale Planer sehen das so.[129] Andere widersprechen.[130]

---

[127] Vgl. Postrel 2003, S. 125.
[128] So gelten beispielsweise die Entwürfe des spanischen Stararchitekten Santiago Calatrava als nicht immer optimal funktional.
[129] Vgl. z.B. Zukin 2012.

- *Repräsentativität*: Gerade in Deutschland, vermutlich ausgelöst durch die Baumonomanie der NS-Zeit, ernten repräsentative Gebäude oft ein Stirnrunzeln. Beim Berliner Hauptbahnhof gab es beispielsweise die Diskussion, ob denn etwas „so Gigantisches" gebaut werden müsse. Als ob es eine echte Alternative wäre, dass der zentrale Bahnhof der viertgrößten Industrienation der Welt im Herzen seines Regierungsviertels mit einer „kleinen Lösung" leben könnte. Spöttisch angemerkt, sind Kritiker repräsentativer Gebäude oft gerade diejenigen, die mit Begeisterung barocke Gebäude, oder Palazzi der Renaissance in der Toskana bewundern, deren Zweck doch eben das war: Repräsentation.

Welche Rolle aber spielt die Architektur für ein politisches Programm? Zuerst einmal stimmt zwar noch die altbekannte Aussage, dass die eher technisch-orientierte Bauplanung das wichtigste Instrument zur Steuerung der örtlichen Entwicklung darstellt.[131] Diese Aussage ist eher „hard-fact-driven" gemeint. Im Sinne von Infrastrukturen, Erreichbarkeit, Gewerbegebieten. Wir glauben aber, dass ihr zunehmend weichere Elemente einer Stadtkultur den Rang ablaufen. In Anspielung auf Abraham Maslow nennt Richard Florida eine Stadt, die zunächst einmal „nur" basale Angebote befriedigt (wie Sicherheit, Jobs etc.) die „Maslow'sche Stadt" und erklärt, dass moderne Städte hierüber hinaus gewachsen seien und dass heute Schönheit eine Rolle spiele – ausgedrückt durch **interessante Architektur oder Gärten und Parks.**[132]

Auch um das spätere Kapitel 9.3 vorzubereiten, wollen wir an dieser Stelle einen Leitgedanken der verfolgten Baupolitik verdeutlichen. Wir glauben, dass eine urbane Stadt ein vernünftiges **Spannungsverhältnis zwischen historischer und moderner Architektur benötigt**. Nehmen wir italienische Städte als Beispiel. Ja, sie sind wunderschön – und ein Jahr ohne Besuch in Italien kann sogar ein verlorenes Jahr sein. Aber seien wir

---

[130] Kloepfer vertritt die These, dass Städte niemals sozial homogen oder auch nur durchmischt waren. Aus ihrer Sicht hätten sich die Schichten und Klassen immer schon innerhalb der Städte segregiert. Reiche wohnten an anderen Orten als Arme. Vgl. Kloepfer 2008, S. 102. Unsere Position ist: Solange es sich nicht segregiert, wie in angelsächsischen Ländern, ist es vertretbar und wir haben wichtigere Probleme.
[131] Vgl. Naßmacher und Naßmacher 1999, S. 126.
[132] Vgl. Florida 2008, 174ff.

ehrlich: Wer häufig in Italien unterwegs war, hat manchmal Schwierigkeiten, das Besondere an italienischen Städten zu benennen. Irgendwie vermischen sich am Ende im Geist die immer gleiche Abfolge von Palazzi, Villen oder Plätzen. Der Grund ist schnell gefunden: Italienische Städte wirken am Ende wie museale Orte. Es gibt kaum Gegenakzente.

An anderer Stelle wird das Rad zu weit in die Gegenrichtung bewegt. China leidet derzeit eher darunter, dass auch in den sogenannten Second- und Third-Tier-Städten die traditionellen Hutongs (Stadtviertel) verschwinden und einem weiteren Wolkenkratzer weichen müssen, der wie alle anderen aussieht.

Was uns vorschwebte, lässt sich vielleicht am besten mit der Architektur verdeutlichen, wie sie in Singapur[133] zu finden ist. Auf der einen Seite ist der kleine Stadtstaat, der nicht größer ist als Hamburg, sehr bedacht auf die Pflege seiner Tradition. Das Erbe der (kurzen) Kolonialzeit wird mit zum Teil großem Aufwand gepflegt. Auf der anderen Seite ist kaum ein Staat der Welt so zukunftsversessen wie die Fünf-Millionen-Metropole nahe am Äquator. Die folgenden beiden Bilder verdeutlichen was wir meinen:

---

[133] Für einen hervorragenden Abriss der – zum Zeitpunkt der Unabhängigkeit unwahrscheinlichen – Erfolgsgeschichte Singapurs vgl. Perry 2017.

ABBILDUNG 10: MODERNE UND TRADITIONELLE ARCHITEKTUR IN SINGAPUR (PRIVATARCHIVE LISOWSKI UND SCHWANDNER)

Im oberen Bild zu sehen ist einer der ältesten Tempel der Stadt, der in den 1820er Jahren erbaute Thian Hock Keng-Tempel. In respektvollem Abstand ragen dahinter die Gebäude des modernen Bankenviertels der Stadt auf, mit immer neuen Wolkenkratzern, zum Beispiel OASIA Singapore, der komplett von Pflanzen überwuchert wird. Die Stadt verdeutlicht so, dass beides in ihr Platz hat: die Moderne, die Annehmlichkeiten und Arbeitsplätze bietet, ebenso wie die Geschichte, die an die Herkunft der Menschen erinnert. Noch deutlicher wird dies in dem Gebäude der Nationalgalerie (unteres Bild). Die neue Galerie – Teil der singapurischen Gesamtstrategie ein „creative hub" in Südostasien zu werden – verschmilzt zwei alte Gebäude durch moderne, additive Architektur miteinander: den alten Supreme Court (das ansässige Gericht zog um in ein neues Gebäude von Norman Foster) und das alte Rathaus. Das Foto zeigt exemplarisch, wie beides harmonisch verbunden werden kann: Aus dem Boden zwischen beiden alten Gebäuden „wächst" baumartig ein aus Stadt und Glas gestalteter Zwischenkörper, der beide Gebäude miteinander vernetzt, aber auch spannende Elemente der alten Gebäude herausarbeitet. Hier zum Beispiel die Kuppel des alten Supreme Courts, die leicht überspannt und durch ein „Blätterdach" beschattet wird.

In Deutschland wäre so eine atemberaubende Architektur schwer denkbar. Problem sind meist verbeamtete Denkmalschützer und das eigene Bauamt. Die Nachteile des öffentlichen Genehmigungswahns benennt Postrel schön: „When aesthetic experiments require official permission, even slightly unusal ideas tend to get screened out. (…) Innovations may offend conventional sensibilities (…)."[134] Diesem Denken eine Vision entgegen zu setzen haben wir versucht, wenngleich der Erfolg – wie im Kapitel 9.3 zu sehen sein wird – nur als „durchwachsen" zu bezeichnen ist.

Ein schönes Beispiel aus dem Oldenburg unseres Amtsvorgängers zeigt aber, wohin die Richtung gehen kann, wenn man dies denn konsequent verfolgen würde und es keine Eintagsfliege wäre: Stark kontrovers diskutiert wurde der Bau des Horst-Janssen-Museums, Oldenburgs modernstem Gebäude nach dem später errichteten „Schlauen Haus". Anfangs aufgrund seiner geschwungenen, fensterlosen Linien in der Bevölkerung ungeliebt, möchten die meisten Oldenburger es heute nicht missen. Das

---

[134] Postrel 2003, S. 135.

Verhalten damals ist als durchaus typisch anzusehen. Gerade bei modernen Bauvorhaben formiert sich rasch eine lautstarke Fraktion der Kritiker. Hält man es aus, deren Rufen nicht nachzukommen (denn die meisten Menschen sind erst einmal leidenschaftslos) findet hinterher nicht selten eine Mehrzahl der Menschen das Bauvorhaben gut. Im Fall des „HJM" in besonderem Maße – denn hier wurde mal kein „Stararchitekt" beauftragt, hier konnten die verwaltungseigenen Architekten im Hochbauamt zeigen, wozu sie in der Lage sind. Kurzum, wir wollten den in seinen Bauten in der Innenstadt und den angrenzenden Stadtteilen weitgehend klassizistisch geprägten Gebäuden eine moderne Architektur entgegen setzen

Was sich sichtbar durch urbane Architektur im Stadtbild widerspiegeln sollte, hatte ein Gegenstück im schwer fassbaren Feld immaterieller Werte: die „soft power".

5.3 Soft Power. Eine tolerante Stadtkultur braucht passende Symbole

„The most successful regions welcome all kinds of people."[135] Diese Kurzbeschreibung von Florida verdeutlicht einen wesentlichen Kern unserer Philosophie der „neuen Urbanität". In China gibt es dazu einen schönen Spruch: Je dichter der Wald, desto bunter die Vögel. Zu unserer Rechnung gehörten: Urbanität, Modernität, Diversität. Menschlicher Fortschritt hatte seinen Ursprung immer in Städten, die das enge Korsett dörflicher Nähe aufbrachen und Raum für Neues schufen. Um das zu leisten, zeichnen sich Städte durch die Fähigkeit ihrer Einwohner aus, das Anderssein des Anderen zu ignorieren.

Ein zentrales Element der angestrebten **„soft power"** unserer Neue-Urbanität-Politik war **Toleranz**. „Cities must begin to combine their goal of providing a better business environment with strategies aimed at improving their diversity and tolerance."[136]

Hier wie in anderen Feldern wurde nach **Symbolen und Bildern** gesucht, mit denen Toleranz in Oldenburg deutlich gemacht werden konnte und

---

[135] Florida 2005, S. 21.
[136] Florida 2005, S. 139.

die Signale einer soft power der Stadt aussenden. Ein passendes Symbol war der schwul-lesbische Christopher-Street-Day, bei dem Gerd Schwandner als auf konservativem Ticket ins Amt gewählter Oberbürgermeister in seiner Anerkennung deutlich weiter ging als alle vorherigen Amtsinhaber. Und zwar im wörtlichen Sinn: Er marschierte vorne weg, bzw. fuhr im ersten Wagen mit. Im Jahr 2010 auch zusammen mit Peter Rehwinkel, dem damaligen Bürgermeister von Groningen.

Nicht wenige Städte haben in den vergangenen Jahren Schwule und Lesben als „Zielgruppe entdeckt" und sich dabei auch auf Richard Florida bezogen: „Gays, as we like to say, can be thought of as canaries of the creative economy, and serve as a strong signal of a diverse, progressive environment."[137] Hierzu sind mehrere Kommentare nötig: Zunächst einmal ist die Unterstützung der Anliegen schwuler und lesbischer Menschen keine Frage der Wirtschaftsförderung, sondern ein grundlegendes, in fundamentalen Menschenrechten fußendes Recht. Zum zweiten ist die von Florida etwas zweifelhaft freundlich beschriebene „Indikatorfunktion" für die USA von größerer Bedeutung als im vergleichsweise liberaleren Europa. Dennoch war gerade dieses Thema eines derjenigen, die immer besondere Unterstützung erfahren haben. Auch wenn der CSD viele Jahre zuvor von der lesbisch-schwulen Gemeinde erkämpft worden war und in Oldenburg schon recht große Akzeptanz genoss, war es uns doch wichtig, an dieser Stelle auch diejenigen mitzunehmen, die von ihrer konservativen Ausrichtung dem CSD noch nicht viel abgewinnen konnten. Unsere Einschätzung war aber auch: Wir können die Konservativen nur gewinnen, indem wir ihnen zeitgleich signalisieren, dass auch ihre Werte und Ideale wichtig und berechtigt sind. Diversität kann ja nicht bedeuten, dass Ruder nur in eine Richtung herum zu reißen. **Symbolisch-bildliche Wertbalance** könnte man unser Bestreben etikettieren. Daher wurde genauso hier nach Bildern gesucht, die konservativeren Bürgern vermittelten, dass auch ihre Werte für die Stadt wichtig waren. Ein hierzu passendes Ereignis war z.B. das Weidenfest von Helmut Fokkena – ein für eine Großstadt bemerkenswert ländliches Schauspiel.

---

[137] Florida 2005, S. 131.

ABBILDUNG 11: DER OBERBÜRGERMEISTER BEIM WEIDENFEST UND DEM CHRISTOPHER-STREET-DAY (PRIVATARCHIV SCHWANDNER)

Andere nennenswerte Symbole waren die regelmäßigen **Besuche bei der DITIB** (Türkisch-Islamische Union der Anstalt für Religion e. V.; türkisch: Diyanet İşleri Türk İslam Birliği, abgekürzt DİTİB), die stets ohne Pressevertreter stattfanden. Hier war es selbstverständlich, z.B. beim Fastenbrechen zum Ramadan anwesend zu sein. Auch die vom Oberbürgermeister (sic!) erhobene Forderung, der Moscheebau brauche ein Minarett, war ein solches Symbol, das für die Stadtkultur von großer Bedeutung war. Hierzu später mehr.

Bilder kosten nichts, aber sie symbolisieren gegenüber allen eine bestimmte Haltung der Stadtgesellschaft. „Policy matters but so does the symbolism surrounding it."[138] Ohne ein **Grundverständnis von Ästhetik** wird dies schlecht verstanden. Ästhetik ist eben kein Luxus, sondern als universelles menschliches Bedürfnis zu bezeichnen.[139] Virginia Postrel vertritt die Auffassung, dass Ästhetik heutzutage zu wichtig geworden sei, um das Thema den Ästheten zu überlassen. Zwar würden wir beispielsweise bei Produkten nach wie vor auf Qualität und Preise achten,

---

[138] Zakaria 2008, S. 226.
[139] Vgl. Postrel 2003, S. 45.

aber aufgrund der Revolutionen in der Produktion und der Preissenkungen durch die Globalisierung hätten sich Preise und Qualität oftmals so stark angeglichen, dass Ästhetik als Grenznutzen eine wichtigere Rolle spielt.[140]

Dieser Gedanke lässt sich auch auf Städte übertragen. Auch wenn Städte nicht so direkt im Wettbewerb miteinander stehen, rivalisieren sie doch zum Teil um die Ansiedlung von Unternehmen, den Zuzug von Einwohnern oder finanzielle Schlüsselzuteilungen. Viele dieser „harten Fakten" haben sich heute angeglichen, etwa Infrastrukturen. Mit dem erwähnten Wandel in der Wirtschaft hat sich auch das Bedarfsprofil für Städte geändert: „The industrial economy emphasized big ticket amenities like professional sports, the fine arts (e.g. opera, classical music, and the theatre), and cultural destinations (e.g. museums and art exhibits). Creative economy amenities typically revolve around outdoor recreational activities and lifestyle amenities."[141] [142] [143]

Beispiel für eine solche zur soft power zählende, kulturelle "**lifestyle amenity**" ist das **Oldenburger Filmfest** unter der Leitung von Torsten Neumann. Es bot jenseits hochkultureller Einrichtungen wie den regionalen Museen oder des Staatstheaters oder der in die Jahre gekommenen Soziokultur der späten 1980er Jahre einen belebenden Kontrast. Gegründet 1994 entwickelte es sich, auch durch die energische Unterstützung der Schwandner-Administration, zu einem der „25 coolsten Filmfestivals der Welt" (Fachzeitschrift Movie Maker 2015). Gezeigt werden an den fünf Tagen des Festivals circa 50 Lang- und etliche Kurzfilme. Sonderreihen und Retrospektiven geben dem aufmerksam kuratierten Projekt Schärfe und Fokus. In der städtischen Politik war dieses Projekt heftig umstritten,

---

[140] Vg. Postrel 2003, 4f.

[141] Florida 2005, 70f. Man muss sicher auch im Blick behalten, dass es sich zum Teil auch um einen Generationenwandel handelt. Nicht alle Phänomene lassen sich – wie Florida nahe legt – durch den von ihm erstmals beschriebenen Wandel zur kreativen Klasse erklären. Die steigende Bedeutung anderer Kulturformen und Erwartungen an eine Stadt hat auch die Dimension eines Wandels der Generationen. Zudem ist es nach wie vor eine Frage der sozialen Stratifikation.

[142] Florida selbst spricht von dem, was Bremens langjähriger Marketingchef Dr. Klaus Sondergeld spöttelnd als das vierte „T" bezeichnete: Tolle Kneipen. Vgl. dazu Florida 2005, S. 75.

[143] Vgl. zu diesem Gedanken auch: Currid-Halkett 2017.

da die rot-grüne Ratsmehrheit immer und immer wieder versuchte, die Unterstützung aus dem Rathaus zu torpedieren. In jedem Haushaltsjahr wiederholte sich ein trauriges Schauspiel: Die Verwaltung schlug vor, den städtischen Zuschuss zu dem Vorhaben zu erhöhen, während Rot-Grün öffentlichkeitswirksam die Zuschusserhöhung wieder herausstrich. Im Jahr 2009 – Rot-Grün war wegen des Erfolges um „Stadt der Wissenschaft" auf der Suche nach Polarisierung – strichen die Ratsmitglieder einen geplanten Zuschuss von 40.000 Euro aus dem Etatentwurf heraus und gaben gleichzeitig dieselbe Summe für einen Froschteich aus. Diese Provokation griff das Filmfest auf und gestaltete im kommenden Jahr einen politisch-satirischen Filmfesttrailer mit dem Titel „The Aristofrogs"[144], in dem Bela B, Stacy Keach, Seymour Cassel und Catherine Flemming an unterschiedlichen Orten wie der 5th Avenue in New York oder einer Gartenlaube in Hamburg ein und denselben Witz erzählten, der sich über die Entscheidung der Oldenburger Politik lustig machte. Im Kulturausschuss führte dies im September 2010 zu einem heftigen Eklat.[145] Anders als die nachfolgende Administration, die ihr Verständnis aus dem Vermeiden jeglicher Konflikte zieht, waren wir der Meinung, für bestimmte Entwicklungen streiten zu müssen. Man darf sich dabei von der Begleitmusik nicht zu sehr irritieren lassen. Um mit leicht sarkastischem Unterton im Bild zu bleiben: Kritiker muss man auch mal quaken lassen.[146]

Bis hierhin sollte deutlich geworden sein: Neue Urbanität war unser Leitbild, Architektur und kulturelle soft power wesentliche Unterfütterung von beidem. Neben den eigenen Ideen waren wir immer auch auf der Ausschau nach zusätzlichen Anregungen. Besonders oft wurden wir dabei in den Niederlanden fündig.

---

[144] Abrufbar unter youtube.
[145] Vgl. Fricke, Klaus: „Um Frösche lässt sich's prächtig quaken", in: Nordwest-Zeitung vom 23.09.2010.
[146] Im Folgejahr 2011 spielte der Oberbürgermeister neben Deborah Kara Unger in dem Filmfesttrailer „Revertigo" selbst mit, siehe auch http://www.imdb.com/title/tt2024490/fullcredits?ref_=tt_cl_sm#cast.

5.4 Größer denken als man ist. Das Beispiel Groningen

Beim dem gemeinsamen Rundgang 2008 auf den Promotie Dagen Groningen (einer jährlich Anfang November stattfindenden Messe) mit Bürgermeister Jacques Wallage kamen wir an einem Stadtentwicklungs-Modell von Groningen mit dem geplanten Neubau der Steuerbehörde, einem Hochhaus mit 92 Metern Gesamthöhe vorbei. Auf die Frage, ob Oldenburg nicht auch ein solches Gebäude haben könnte, antwortete Wallage unverblümt: „Wissen Sie was das Problem von Oldenburg ist? Es ist größer als es aussieht!"[147]

Eher desinteressiert waren die meisten Bürger an einem der wenigen Leerstände in der Oldenburger Innenstadt vorbei gelaufen. Umso stärker fiel vielen wohl der Unterschied auf, als plötzlich besagter Leerraum durch eine diplomatische Initiative gefüllt wurde. Eine Botschaft zog im Mai 2014 ein. Die „Botschaft Groningen" in der Heiligengeiststraße in Oldenburg lockte temporär zahlreiche Besucher an. Die „jüngste Stadt der Niederlande" als Kulturstandort bekannter zu machen war das Ziel der halbjährigen Aktion. Und fast wäre der niederländische König Willem-Alexander noch vorbei gekommen, als er am 26.5.2014 Oldenburg besuchte. Es blieb aber bei einem Aufenthalt im Forschungsinstitut „Next Energy" in Oldenburg. Ein Jahr davor, im Mai 2013, eröffnete Oldenburg zusammen mit der Hansestadt Bremen die „Duitse Ambassade" in der Partnerstadt Groningen.

---

[147] „...das gerade (2011) fertiggestellte Gebäude vom Amsterdamer Architekturbüro UNstudio in Groningen wirkt auf jeden Fall zugänglicher, als es Behörden üblicherweise tun. Steuerbehörde und Amt für Studentenkreditvergabe finden ihr neues Zuhause im Gebäude von UNstudio gemeinsam mit dem Konsortium DUO2. Das 92 Meter hohe Gebäude im niederländischen Groningen ist durch eine Reihe gewellter Kurven charakterisiert, die sich um eine asymmetrische Basis und einen Turm winden. Das Gebäude ist eines der nachhaltigsten großformatigen Bürogebäude in Europa. Der Bau hat sich in sein natürliches Umfeld eingepasst - lokale Wälder, in denen seltene und geschützte Tierarten leben. So ist die Formensprache organisch und aerodynamisch. Ein großer öffentlicher Park wird um das Gebäude herum angelegt, um den Groningern einen Treffpunkt mit einem multifunktionalen Pavillon zu bieten. Das Gebäude wird 2.500 Arbeitsplätze anbieten - dazu eine Garage für 1.500 Fahrräder und 675 Autos." http://www.detail.de/blog-artikel/einladendes-finanzamt-von-unstudio-in-groningen-fertiggestellt-23757/ abgerufen am 5.7.2017.

Das Projekt war nur eines aus einer ganzen Reihe von Kooperationen zwischen Oldenburg und Groningen. An vorderster Stelle ist das Generationenprojekt des gemeinsamen Aufbaus einer medizinischen Fakultät an der Oldenburger Universität zu nennen.

In vielfacher Hinsicht war und ist Groningen für Oldenburg ein Vorbild – und könnte es für viel mehr Städte derselben Größenklasse sein. Mit etwa 200.000 Einwohnern ist Groningen etwa so groß wie Kassel oder Mainz und gut 20 Prozent größer als Oldenburg. Dennoch würde jeder, der beide Städte nacheinander besuchte, sofort den Unterschied bemerken: Groningen pulsiert stärker, ist urbaner ausgerichtet. Die Kulturszene denkt globaler, die Wirtschaft ist mehr auf neue Industrien ausgerichtet. Die fast 50.000 Studierenden machen etwa ein Viertel der Groninger Bevölkerung aus, wodurch die Stadt ausgesprochen „jung" wirkt.[148]

Sie wirkt aber nicht nur „jünger" als Oldenburg, das im deutschen Vergleich eine eher günstige demografische Prognose aufweist, sondern auch weltläufiger. Drei Beispiele sollen genügen, um den völlig anders gearteten Anspruch Groningens zu verdeutlichen:

- *Europäischer Anspruch*: Vollkommen selbstverständlich hat Groningen – wohlgemerkt die Stadt Groningen, nicht die Provinz – einen eigenen Vertreter in Brüssel. Gemeinsam mit einigen weiteren nordholländischen Städten leistet sich Groningen dort eine Vertretung. Die Stadt unterstreicht so ihren europäischen Bedeutungsanspruch. Ein Gedanke dabei: weiterhin junge Menschen aus ganz Europa in die Stadt zu ziehen.
- *City of Talent*: Während in Deutschland über den Fach- und Führungskräftemangel geklagt wird und wir selbst bei dem Versuch, eine Talente-Kampagne in Oldenburg zu starten, Zeugen wurden, wie durch immer neue Ansprüche und Überfrachtungen am Ende eine durchschnittliche Banalität entstand, marschierte Groningen einfach voran. Zunächst konzeptionell mit dem „Akkoord van Groningen", dann durch Impulse wie die Initiative „Founded in Groningen", die Start-up-Unternehmen sichtbar macht. Sowohl

---

[148] In Oldenburg dürfte die Vergleichszahl etwa zehn Prozent der Bevölkerung ausmachen; ca. 15.000 Studierende sind an der Universität Oldenburg immatrikuliert; ca. 2.000 Studierende dürften es am Oldenburger Standort der Jade Hochschule sein.

über junge Menschen aus der ganzen Welt, die sich in Groningen niedergelassen haben, als auch über ein modernes Äußeres definiert sich Groningen in zunehmendem Maße.
- *Groninger Forum*: Das voraussichtlich im Jahr 2018 fertig gestellte, schiffsähnliche Gebäude (www.groningerforum.nl) setzt bewusst, ja selbstbewusst, einen modernen Kontrapunkt am historischen „Groote Markt". In direkter Sichtweite der Martinikerk, Groningens ältester und wichtigster Kirche. Während etwa gleichzeitig in der deutschen Partnerstadt die Planung für ein zehnmal kleineres Projekt für ein modernes Gebäude in der Nähe des Oldenburger Schlosses erfolgreich von am „Ensemble" orientierten Denkmalschützern torpediert und in seiner Wirkung noch kleiner gemacht wurde, setzten die Verantwortlichen in den Niederlanden mit ihrem Plan Akzente. Die Innenstadt präsentiert sich gerade durch ihre gewagte Architektur neu und spannungsreich und wird nicht von einer musealen Glocke erstickt.

Wie gelingt den Groningern all das? Vor Jahren erwähnte der Groninger Bürgermeister Jacques Wallage uns gegenüber das Groninger „Geheimrezept": „Wir tun so und planen immer so, als wären wir eine Stadt mit 500.000 Einwohnern". Und vielleicht ist genau diese Einstellung das Erfolgsgeheimnis. Denn nach dem Motto „the sky is the limit" zu handeln ist vermutlich der beste Wirkstoff gegen Provinzialität.

Mit Begriffen wie soft power, moderner Architektur, einem ambitionierten Anspruch und der Neuen Urbanität wurde vermutlich bis hierher bereits der Rahmen unserer Aktivitäten deutlich. Zwei besonders zentrale Pfeiler wollen wir nun weiter formulieren: Die Themen „Wissenschaft" und „Internationalität".

6 It's the science, stupid!

6.1 Wissenschaft als Dreh- und Angelpunkt der Stadtentwicklung

Geachtet werden deutsche Universitäten durchaus. Mancherorts mehr, andernorts weniger. Aber geliebt werden die Hochschulen in aller Regel nicht. Und vielleicht liegt es an einer grundsätzlich mangelnden Bindung der Deutschen zu ihren akademischen Müttern, dass Universitäten weiterhin zu oft nicht als formende regionale Kraft angesehen werden. Wir Deutschen sehen die Universitäten, so Malte Herwig in polemischem Tonfall, „als kostenlose Dienstleistungsunternehmen des bürokratischen Wohlfahrtsstaates".[149]

Dabei üben die Universitäten für die Stadt eine in keiner Weise zu unterschätzende Funktion aus. In einer allmählich veraltenden Gesellschaft sind sie der Jungbrunnen, der das demografische Profil einer Stadt zukunftsfest machen kann. Und sie sind, wie bereits weiter oben argumentiert wurde, ein wichtiger Wachstumsmotor im regionalen Wirtschaftssystem. Spätestens Richard Florida konnte mit seiner Forschung diese eigentlich auf der Hand liegende Erkenntnis noch einmal untermauern.

Und auch wenn der „Hype" um Florida mittlerweile verflogen ist (und wir wissen, wovon wir sprechen, da einer von uns Verhandlungen zwischen einem deutschen Ministerium und Herrn Florida verfolgt hat und seine Konditionen für Vorträge kennt; hier kann man wirklich nur von einem Hype sprechen), gehen doch einige entscheidende Ideen auf ihn zurück. Zwei davon sind für unseren städtischen Kontext von besonderer Bedeutung: Florida widerspricht zum ersten der ökonomischen Standardtheorie, dass allein Technologie der Treiber wirtschaftlicher Entwicklung sei. Er erweitert vielmehr den Radius von Technologie um Talente und Toleranz. Zum zweiten weist er auf die besondere Rolle von Städten hin, diesen Mix der „drei T" herzustellen.[150]

Die Wirtschaft in Oldenburg hatte sehr rasch erkannt, wie zentral das Thema Wissenschaft für die Stadtentwicklung war. Und sie erkannte

---

[149] Herwig 2005, S. 29.
[150] Vgl. Florida 2005, S. 6.

rasch den Sinn der „Stadt der Wissenschaft"-Kampagne. Drei Aspekte waren hier von besonderer Bedeutung:
- Die meisten Vertreter der Wirtschaft hatten erkannt, dass die **Stadt ein neues Business-Modell brauchte.** Das Modell der Vergangenheit, Verwaltungszentrum im Nordwesten mit Fußgängerzone plus Bundeswehr, würde in Zeiten von Entbürokratisierung und angesichts des Friedens in Europa keine Zukunft haben.
- Zum zweiten war den Unternehmen klar, wie schwierig es manchmal war, wichtige Spitzenkräfte für Oldenburg zu begeistern. Die Stadt ist im Rest der Bundesrepublik weitgehend unbekannt. Für die künftige Unternehmensentwicklung ist es aber unverzichtbar, gute Leute an Bord zu haben. Aus Gründen der **Rekrutierungsfähigkeit** wollten uns die Unternehmen gerne unterstützen – in der Annahme, unser Leitgedanke einer modernen Collegestadt sei für ihre Rekrutierungsmuster attraktiv.
- Darüber hinaus übertreibt man gewiss nicht, wenn man zur Kenntnis nimmt, dass – im Gegensatz zu vielen Entscheidungsträgern in der Verwaltung und dem Rat – die allermeisten Entscheidungsträger in der lokalen Wirtschaft studiert haben.[151] Die Nähe zum Thema Wissenschaft war daher oftmals größer.

Wichtig für eine den Wandel suchende Kommunalverwaltung ist es, sich zu vergegenwärtigen, wie sie ihre Zielgruppen **über unterschiedliche Kanäle ansprechen** könnte. Für die Wirtschaft – hier sind in diesem Moment damit die großen Unternehmen der Stadt gemeint – identifizierten wir drei Kanäle, um die Botschaft von der Wichtigkeit der Wissenschaft zu transportieren: Eine Ansprache über das Stadtmarketing (die großen Unternehmen gaben jährlich nennenswerte Beträge, um die Stadt nach außen besser sichtbar zu machen) und seine Gesprächszirkel; hier insbesondere den Kreis der Marketingchefs. Während andere Oberbürgermeister dieses Gremium als nachrangig erachteten und nicht selten aus symbolischen Gründen fernblieben („nicht meine Augenhöhe"), suchten wir regelmäßig das Gespräch zu diesen Mitarbeitern, weil uns klar war,

---

[151] Auf Bundesebene ist das Bild zwischen politischen Eliten und denen aus der Wirtschaft ausgeglichener. Studiert haben etwa 80 Prozent der politischen und wirtschaftlichen Eliten. Vgl. Hoffmann-Lange 2006, S. 64.

dass die Marketingverantwortlichen ihrerseits die Vorstandschefs in dem eigenen Haus massiv beeinflussten und regelmäßig brieften. Eine weitere Ansprache über das Projekt „Stadt der Wissenschaft", für den ein Gesprächskreis der Marketingverantwortlichen geschaffen wurde. Last not least verfügt ein Oberbürgermeister natürlich über seine eigenen, direkten Kanäle zu den Entscheidern der großen Unternehmen.

Uns war es wichtig, die Botschaft von der Bedeutung der Wissenschaft immer wieder und wiederholt auf unterschiedlichen Kanälen vorzutragen.

Nun gab es durchaus vor uns Versuche, die Zusammenarbeit zwischen Stadt und Universität zu intensivieren. Der damalige Universitäts-Präsident Sigfried Grubitzsch und der damalige Oberbürgermeister Dietmar Schütz unterzeichneten etwa eine Kooperationsvereinbarung. Für Oldenburg war das zweifelsohne ein wichtiger Schritt, um die früher eher konservative Stadt mit der früher eher als „linke Kaderschmiede" verschrienen Universität zu versöhnen. Aber nachdem die Tinte unter dem Papier getrocknet war, wurde dieses geduldig. Es folgte recht wenig. Vor allem erkannte die Stadt nicht richtig, wie wichtig die Universität als neuer Motor eines neuen Business-Modells fungierte. Und die Universität nahm die Stadt vielfach weder ernst noch wahr. Ein Oberbürgermeister, der ehemals Hochschullehrer war, konnte den Brückenschlag zur Universität viel einfacher organisieren. Eine der ersten Aktivitäten nach der Wahl war zudem, einen Lehrauftrag an der Universität anzunehmen, was die Verbindung noch enger zog. Es gab so in die Universität hinein das bewusste Signal: Ich verstehe mich als Teil der Universität. Sichtbares Zeichen für die Bedeutung der Wissenschaft für die Rathauspolitik war auch die Einrichtung und Besetzung der Stabstelle Wissenschaft direkt im Rathaus mit unmittelbarem Zugang zum Oberbürgermeister.[152]

---

[152] Die Ratsmehrheit hatte für die erfolgreiche Tätigkeit dafür nur einen politischen Beschluss im Herbst 2010 übrig, die Stelle, die zeitlich befristet an die Amtszeit des Oberbürgermeisters gebunden war, wegfallen zu lassen. Siehe auch Michael Exner „Politik kündigt Lisowski mit Fernwirkung" in NWZ vom 4.9.2010: „Der 34 Jahre alte Politik- und Wirtschaftswissenschaftler Lisowski war nach der Kommunalwahl 2006 in einer kurzen Phase schwarz-grüner Eintracht ins Amt gekommen, bald aber trotz zählbarer Erfolge wie bei der Wissenschaftskampagne ins Fadenkreuz der Auseinandersetzung von SPD und Grünen mit Oberbürgermeister Gerd Schwandner geraten. Sein Vertrag ist an Schwandners Wahlperiode gekoppelt. „Das ist uns bekannt", sage SPD-

Was kann man tun, um Wissenschaft stärker in die Stadtgesellschaft zu integrieren? Vielleicht bieten sich vor allem drei Ansätze an:
- **Kenntnis und Sichtbarkeit**: Man kann über Events, Orte der Wissenschaft und Veranstaltungen die Wissenschaft stärker in die Stadt holen. Veranstaltungen, die mit niedrigen Zugangsschwellen der Allgemeinbevölkerung die Wichtigkeit des Themas aufzeigt. Gleichzeitig kann durch eine gute Öffentlichkeitsarbeit und durch Marketing Wissenschaft einen höheren Stellenwert in der städtischen Gesellschaft bekommen.[153]
- **Strukturelle Schnittstellen**: Über strukturelle Schnittstellen lässt sich die Zusammenarbeit zwischen Wissenschaft und Zivilgesellschaft dauerhaft etablieren und stärken. Das funktioniert meist in Hinblick auf die Wirtschaft (Stichwort: Cluster) sehr gut, in Bezug auf andere zivilgesellschaftliche Bereiche gibt es hier noch Nachholbedarf – etwa im Fall der Kultur oder in einer stärkeren Zusammenarbeit zwischen Stadtparlamenten und Hochschulen. Während Treffen und Konsultationen zwischen Stadtspitze und Präsidien vielerorts mittlerweile üblich sind, kommt es dagegen kaum zu einem ähnlichen Dialog zwischen Kommunalparlamenten und akademischen Senaten.
- **Veränderung des Stadtbildes**: Eine positive Entwicklung der „Bildungsexplosion" der späten 1960er und 1970er Jahre war vielfach die Gründung neuer Universitäten in Deutschland. Diese geschah indes fast ausnahmslos in außerstädtischen Bereichen. In den jungen Universitätsstädten nehmen die Hochschulen daher zumeist keine prominente Rolle im Stadtbild ein. Das hat eine psychologische Folge: Was ich nicht sehen kann, ist mir auch nicht bewusst. Insofern versuchen einige Städte gezielt durch

---

Fraktionschef Rainer Zietlow in Richtung Finanzdezernentin, „uns geht es um eine deklaratorische Erklärung, wie die Verwaltung künftig mit der Stelle umzugehen hat." Das sei keine Aussage über die Qualität des Mitarbeiters, man wolle ein „politisches Signal aussenden". https://www.nwzonline.de/oldenburg/politik-kuendigt-lisowski-mit-fernwirkung_a_1,0,796689340.html abgerufen am 6.7.2017.
[153] Vgl. dazu auch das Standardwerk zum öffentlichen Marketing in Deutschland: Wesselmann und Hohn 2012. Im englischen Sprachraum: Kotler et al. 1993.

städtebauliche Maßnahmen, die Universitäten stärker im Stadtbild zu verankern. In den alten Universitätsstädten ist das aus einem ganz einfachen Grund nicht notwendig: Die Universitäten liegen mit Gebäuden verstreut in der Innenstadt und sind im Stadtbild überall sichtbar. Das ist bei den zahlreichen Neugründungen der 1970er Jahre, wozu heute die meisten der deutschen Universitäten zählen, nicht der Fall. Meist wurden hier Campus-Konzepte am (ehemaligen) Stadtrand präferiert. Es fehlt der erlebbare Eindruck – „Diese Stadt hat eine Universität". Nicht zuletzt aus diesem Grund haben wir das Projekt „Schlaues Haus" in Oldenburg voranbringen wollen, das sich am Ende nicht ganz so entwickelt hat, wie wir uns das vorstellten – in erster Linie, weil es zu klein umgesetzt wurde und so keinerlei Ausstrahlung entfalten konnte. Das Gebäude hätte zwei bis drei Stockwerke höher ausfallen müssen. So wie es sich heute in der Zeile versteckt („Ensemble-Schutz"), kann es keinerlei Wirkung entfalten. Die Denkmalschützer konnten ihre Interessen voll durchsetzen – zum Schaden für die Zukunft und Ausstrahlung der Stadt. Zum zweiten hätte die Stadt Betreiber werden müssen. Genau das wurde aber erfolgreich von den politischen Kräften sabotiert, die sich eigentlich der Wissenschaft ganz nahe sehen.

In einer Zusammenschau mit Kollegen aus 15 anderen Städten haben wir in einer Publikation des Stifterverbandes versucht, diese Gedanken in ein klares Schema zu fassen. In der Publikation luden wir Städte, überwiegend in einer Größenordnung von um die 200.000 Einwohner – aber auch die beiden großen Städte München und Bremen ein – ihre Wissenschaftsstrategien vorzustellen.

In einem Team von zwei Wissenschaftlern und drei Praktikern unternahmen wir dann den Versuch, die selbst beschriebenen Strategien zu klassifizieren. Herausgekommen ist ein Modell, das einerseits aus unserer Sicht den Unterschied zwischen einer „echten" Wissenschaftsstadt und einem Wissenschaftsstandort beschreibt. Zum zweiten versucht das Modell herauszuarbeiten, dass die Bildung von Netzwerken in der Regel den ersten Schritt darstellt, dieses relativ junge Arbeitsfeld für Kommunen zu betreten, und dass es dann aufsetzend auf dieser Netzwerkbildung – zu vier typischen Profilausprägungen kommt: einem Cluster-Ansatz, einem Event-

Ansatz, einem baulichen Ansatz, und einem Image-Ansatz (siehe Grafik).[154]

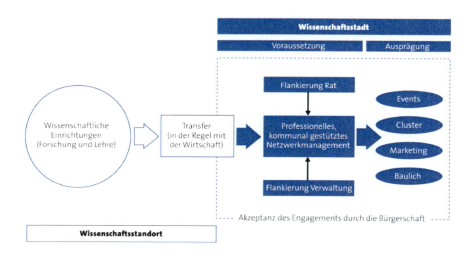

ABBILDUNG 12: ELEMENTE EINER WISSENSCHAFTSSTADT (MIT FREUNDLICHER GENEHMIGUNG DES STIFTERVERBANDES FÜR DIE DEUTSCHE WISSENSCHAFT)

Reicht das aus? Mit der Erfahrung, selbst an einer internationalen Publikation und der zugehörigen Tagung zu den „Knowledge Cities" mitgearbeitet zu haben[155], können wir mit Fug und Recht behaupten: Gekocht wird überall auf der Welt mit Wasser. Die „Zutaten" scheinen weltweit dieselben zu sein: Wirtschaftscluster, Vermarktung, bauliche Veränderungen und Events. Alles das organisiert über neue Netzwerke. Doch auch wenn die „Zutaten" sich möglicherweise nicht groß unterscheiden: Die Lust der „Köche" scheint unterschiedlich ausgeprägt zu sein. Denn zugleich wurde uns im Rahmen der internationalen Konferenz in Melbourne auch deutlich, wie vehement überall auf der Welt eifrig an lokalen und regionalen Konzepten gearbeitet wird. Auf Deutschland wartet dabei

---

[154] Die Grafik findet sich in: Lisowski 2011, S. 20.
[155] Vgl. Yigitcanlar et al. 2012 und Wesselmann et al. 2012.

niemand, und unsere Städte und Konzepte gelten der Welt auch keineswegs als Vorbilder. Bei besagter Konferenz beispielsweise ging der Blick viel stärker Richtung Asien.[156]

6.2 Jungbrunnen für die Stadt: Demografische Potenziale

Der traditionelle Ansatz vieler Wirtschaftsförderungen war es, neben Infrastrukturen Raum und steuerliche Anreize zu bieten, um Neuansiedlungen zu ermöglichen. Eine Annahme, deren Sinnhaftigkeit schon Hiltrud Nassmacher Ender der 1980er Jahre in einer empirisch belegten Studie erheblich in Frage stellen konnte.[157]

Diese **Standardtheorie der Wirtschaftsförderung** hat einen schweren Schlag bekommen. Orte („Locations") sind nach wie vor wichtig, heute aber aus einem anderen Grund als gute Straßen und niedrige Steuern. Unternehmen und wissenschaftliche Einrichtungen ballen sich hier themenbedingt zusammen, sie clustern sich, weil sie vor Ort auf ein Reservoir talentierter Menschen zurückgreifen können.

Aus diesem Grund veranstalten viele Wirtschaftsförderungen „get togethers", bringen Wissenschaftler und Unternehmen zusammen. Das schadet nicht. Aber der Zusammenhang ist für die Städte sogar noch etwas komplizierter, denn der einfache Technologietransfer zwischen Universität und Wirtschaft wird sich nicht rasch und automatisch in höherem Wachstum niederschlagen. Vielmehr geht es darum, dass Kommunen sich darauf fokussieren, den Universitäten zu helfen, die weltweit klügsten Köpfe anzuziehen.[158] Und vor allem die jüngeren Menschen haben immer größere Spielräume, sich ihre Heimat auszusuchen. Denn insbesondere bei den besser gebildeten und wohlhabenderen Menschen ist die Bereitschaft, sich geografisch zu verändern, hoch. Der Ort muss stimmen: „the powerful role that location plays in people's class position."[159]

Warum eine Stadt an talentierten, gegebenenfalls noch einkommensschwachen, jungen Menschen interessiert sein sollte, wird deutlich, wenn man wie bei einem Unternehmer den **Steuerbürger als Stammkunden**

---

[156] Vgl. Yigitcanlar et al. 2012.
[157] Vgl. Naßmacher 1987.
[158] Vgl. Florida 2005, S. 144.
[159] Florida 2008, S. 73.

ansieht. Über sein gesamtes „Wirtschaftsleben" gerechnet, bringt jeder junge Mensch einer Stadt Erträge ein – und zwar auf Dauer. Solange die Bevölkerung nicht wieder wächst – sei es durch Migration, steigende Geburten- oder sinkende Sterberaten – sollten die Städte ein Eigeninteresse haben, junge Menschen zu sich zu ziehen. Denn das Altern der Bevölkerung macht sich allmählich bemerkbar: Ohne Zuwanderung hat nach Zahlen des Bundesamtes für Statistik seit 2005 die Bevölkerung um jährlich durchschnittlich 153.000 Menschen abgenommen. Das bedeutet: Jedes Jahr können wir eine Stadt der Größe Darmstadts von der Landkarte radieren. Und mit ihr die Beiträge zur Sozialversicherung, Steuern, Gebühren und zu Abgaben.

Und es fehlen Menschen, die sich wirtschaftlich auf eigene Beine stellen wollen. Die reich werden möchten, die ein eigenes Unternehmen aufbauen wollen. Warum sind es **eher jüngere Menschen**, die Start-ups gründen? Auch wenn die Psychologie weit davon entfernt ist, ein akkurates Modell „des Menschen" und seiner Entwicklung skizzieren zu können, haben sich doch die so genannten „Big Five" als relativ konstante und wissenschaftlich fundierte Charakterelemente herauskristallisiert: Intro- oder Extravertiertheit, Labilität oder Stabilität, Gewissenhaftigkeit, soziale Verträglichkeit und Offenheit für Neues. Die beiden letztgenannten Eigenschaften scheinen ab einem Lebensalter von etwa 40 Jahren abzunehmen, während die Gewissenhaftigkeit zunimmt. Erfolgreiche Unternehmensgründer scheinen aber eher Menschen zu sein, die sehr offen für Neues sind (neue Produkte, neue Märkte, neue Prozesse), die sich mit anderen Menschen vernetzen, um ihre Angebote erfolgreich platzieren zu können, und die eine Spur verwegener und weniger penibel als etwas Ältere sind. Kurzum: Jüngere Menschen sind tendenziell wagemutiger, offener und damit auch tendenziell kreativer.

Manche Städte haben dies erkannt. Oldenburgs engster Partner auf internationaler Bühne, die niederländische Stadt Groningen etwa hat die „City of Talent" Kampagne gestartet. Zurück geht alles auf den „Akkoord van Groningen", einen überparteilichen Beschluss zwischen Kommune und Wissenschaftseinrichtungen, gemeinsam den Standort für junge Menschen attraktiv zu machen. Die Website www.cityoftalent.nl bietet eine sofortige Orientierung für die gesuchten Talente: Ondernemen | Werken | Wonen | Studeren. Das pulsierende Klima der Stadt wird hervorgehoben, Groningen insgesamt als Business Hub gründungsinteressierten jungen

Menschen vorgestellt. Es ist „nur" ein Webauftritt – aber die dahinter geschaffenen politischen Strukturen machen klar: Groningen meint es sehr ernst mit dem Bestreben, junge Menschen in die Stadt zu ziehen. Hier sieht Groningen seine Zukunft. Verglichen mit diesem Auftritt sind die meisten Präsentationen deutscher Städte eher altbacken.

Warum? **Fehlender Wille bei den politisch Handelnden**: Zunächst ist meistens kein Wille der politisch Handelnden vorhanden, einer etwaigen Einsicht auch politische Taten folgen zu lassen. Und das fängt bei der richtigen Familienpolitik an, die sich sinnvollerweise eben nicht in Sozialtransfers niederschlagen sollte. Erst 2016 plakatierte die „LINKE" in dem die Stadt Oldenburg umgebenden Landkreis Ammerland mit dem Slogan, Kinder seien immer noch Luxus und implizierte: Es bedarf staatlicher Stütze. Doch genau der an ihre Kernklientel gerichtete Slogan geht an der Wahrheit vorbei: Kinderreich sind vor allem reiche und arme Menschen, während für Vertreter der Mittelschicht Kinder in Konkurrenz zur Karriere (und damit zu Wohlstand) stehen. Für arme Menschen sind Kinder angesichts direkter Sozialtransfers sogar ein Einkommensfaktor.[160]

Alle Probleme löst eine Orientierung an jungen Menschen indes nicht. Zum Beispiel hilft es vermutlich wenig bei der Weiterentwicklung eines demokratischen Gemeinwesens. Denn dass von der Generation Y auch Impulse für die Stadt selbst kommen könnten, gilt manchen Kennern der Kohorte als unwahrscheinlich. „Nur wenige Ypsiloner denken altruistisch. Sie sind Egotaktiker. Sie interessieren sich nicht dafür, eine bessere Welt zu schaffen, sondern bemühen sich um ihr eigenes Leben."[161] Außerdem ist unklar: Wenn wir die Talente wollen, **was ist mit den ‚Leftovers'?** Am Ende bleibt eine Schwachstelle der gesamten Strategie, auf die es bisher keine überzeugende Antwort gibt: Was machen wir mit denjenigen, die nicht mithalten können? Inge Kloepfer schrieb 2008 davon, dass eine moderne junge Unterschicht bis 2020 nicht verschwunden sein werde. Und früh verwies sie auf ein grundsätzliches Problem: Was tut eine Gesellschaft, in der es immer mehr um (praktisch anwendbares) Wissen geht mit den Menschen, die mit Bildung nicht erreicht werden, oder

---

[160] Vgl. Kloepfer 2008, 166f.
[161] Hurrelmann und Albrecht 2014, S. 139.

gar: nicht erreicht werden können?[162] Viel klarer als diejenigen, die die Globalisierung zum Sündenbock erklären, erkennt Sennett das eigentliche Problem: „Diese technologischen Möglichkeiten bedeuten, dass die Integration der Massen – das soziale Element des sozialen Kapitalismus – verdorren kann. Gerade die schwächsten Mitglieder der Gesellschaft, Menschen, die arbeiten wollen, aber über keine spezialisierten Qualifikationen verfügen, stehen in Gefahr herauszufallen."[163]

6.3 Triple T: Technologie gehört eben auch dazu

Welche Rolle Technologie heute bei einer urbanen Stadtpolitik spielt, wollen wir anhand der Transformation eines ganzen Quartiers illustrieren. Dessen Geschichte beginnt in den frühen 1920er Jahren, als der umsichtige Oberbürgermeister der Stadt, der später von den Nationalsozialisten entmachtete Dr. Theodor Görlitz (DDP), nach einer Möglichkeit suchte, die nach dem Krieg darbende Wirtschaft der Landeshauptstadt Oldenburg wieder zu stärken. Unterstützt wurde von ihm der Plan für eine riesige Fleischwarenfabrik, die später einmal der größte fleischverarbeitende Betrieb Europas sein sollte. Bis 1988 wurden hier Fleischwaren produziert, dann schlossen sich die Fabrikhallen. Die Stadtverwaltung hatte keine rechte Idee, was sie mit der großen Industriebrache mitten in der Stadt anfangen sollte.

Aber es kam schnell ein Gedanke auf: Die noch junge Universität Oldenburg interessierte sich für das Gelände und wollte dort, neben den bestehenden Gebäuden ein neues An-Institut der Hochschule gründen: das Informatik-Institut OFFIS. So erfolgte im Dezember 1991 der Beschluss, zu bauen.

Was seitdem geschehen ist, lässt sich am besten in der von Claus Spitzer-Ewersmann und Olaf Peters herausgegebenen Publikation „Alte Fleiwa – Quartier des Wandels" nachlesen.[164] Informationstechnologie wurde zum Ankerpunkt für die Entwicklung des Quartiers. Bits statt Würstchen. Mittlerweile arbeiten über tausend hochbezahlte Mitarbeiter auf dem

---

[162] Vgl. Kloepfer 2008, S. 16.
[163] Sennett 2007, S. 39.
[164] Vgl. Spitzer-Ewersmann und Peters 2011.

Areal der Alten Fleiwa – und bestätigen damit Entwicklungen, die wir in vielen Industrieländern beobachten konnten.

Am Beispiel mehrerer US-Städte verdeutlicht beispielsweise Richard Florida, dass sich High-Tech-Firmen vielfach um den Campus einer Universität ansiedeln, bevor sie später (nach einer Reifephase), in andere Regionen umziehen.[165] Dieses Ansiedlungsmuster kann auch für Oldenburg beobachtet werden: Um das später so genannte „Quartier 101" siedelte sich beispielsweise mit der BTC AG ein Hightech-Unternehmen an, das heute hunderte hochqualifizierter Arbeitsplätze anbietet.

Dies verdeutlicht einen Kern unserer Überlegungen: Wie ein Unternehmen, braucht eine Stadt ein „**Business Modell**". Der politischen Führung muss klar sein, womit in der Stadt Geld verdient wird, um die eigene Politik besser darauf abstellen zu können, diese Branchen oder Cluster gezielt zu unterstützen. Für Oldenburg mussten wir 2007 feststellen, dass dies keineswegs klar war. Die Fokussierung auf das Thema Technologie war nicht erfolgt. Ursprünglich hatte die Stadt ein Geschäftsmodell, das sich mit „Soldaten plus Behörden plus Banken und Versicherungen" umschreiben ließ. Letztere ausgenommen, waren diese Bereiche aber alles andere als zukunftsfest. Oldenburg war einmal – nach Koblenz – die westdeutsche Garnisonsstadt Nummer zwei, wovon die vielen brach liegenden Konversionsflächen auch heute noch erzählen. Nach dem Wegfall des Eisernen Vorhangs in Europa standen die Zeichen der Zeit aber auf Entspannung und damit wurde die Zahl der stationierten Soldaten kleiner und kleiner. Von ehemals Tausenden Soldaten sind einige wenige hundert Menschen geblieben.

Und auch „Branche Nummer 2", die zahlreichen Behörden des ehemaligen Verwaltungssitzes, sollten – Stichwort Entbürokratisierung – abgebaut werden. Dass sich dieser Wandel selbstverständlich auf den lokalen Arbeitsmarkt niederschlägt, war längst nicht jedem bewusst. Ebenso wenig wie die einzig realistische Konsequenz: Wissenschaft als Treiber für neue wirtschaftliche Impulse.

Die Erfolge stellten sich nach einiger Zeit ein: Neben den beschriebenen Gründungen von OFFIS und der BTC AG erfolgte 2010 die massive Erweiterung des Technologie- und Gründerzentrums (TGO) zu Niedersachsens größtem Gründerzentrum. Überhaupt gelang es in zunehmendem

---

[165] Vgl. Florida 2005, 81f.

Maße, Oldenburg als wichtigen Ort für Unternehmensgründungen zu positionieren.

Auch in der Wissenschaft ging es mit dem Aufbau hochattraktiver Arbeitsplätze in der Forschung voran: Mit dem heutigen DLR-Forschungszentrum Next Energy, dessen Gründung maßgeblich der EWE AG und seinem langjährigem Vorstandsvorsitzenden Prof. Dr. Werner Brinker zu verdanken ist, konnte ein neues Schwergewicht in der Speichertechnologie gebildet werden; die Fraunhofer-Gruppe schuf einen Oldenburger Standort des Fraunhofer-Instituts für Fertigungstechnik und Angewandte Materialforschung (IFAM). Am Oldenburger Hörzentrum wurde eine Projektgruppe Hör-, Sprach- und Audiotechnologie des Fraunhofer IDMT-Institutes gebildet, und – aller guten Dinge sind drei – auf dem Campus der Universität wurde noch das IWES angesiedelt, das Fraunhofer-Institut für Windenergie und Energiesystemtechnik. Die Max-Plank-Gesellschaft schuf eine Forschungsgruppe Marine Isotopengeochemie an der Universität Oldenburg. Der letzte große Forschungsverbund, die Helmholtz-Gesellschaft, genehmigte die Bildung des Helmholtz-Instituts für Funktionelle Marine Biodiversität an der Universität Oldenburg (HIFMB). Alles das war das Ergebnis jahre- und jahrzehntelanger Forschungsarbeit von Oldenburger Wissenschaftlern, flankiert von der Unterstützung durch die Wirtschaft. Der Aufbau von all diesen Einrichtungen in einem sehr kurzen Zeitraum von wenigen Jahren, macht die enorme Dynamik deutlich, die das Thema Forschung und Technologie bekam.

Insofern verwundert es nicht, dass auch in den überregionalen Medien die Entwicklung an der Hunte registriert wurde. Im Jahr 2009 wurde Oldenburg als Deutschlands wirtschaftsfreundlichste Stadt gerankt; ein Jahr später zur elften Stadt im bundesweiten Dynamik-Ranking, wiederum ein Jahr später rutschte die Stadt auf Platz 3 beim Dynamik-Ranking vor.

Diese Liste ließe sich fortsetzen. Aber vermutlich ist auch so die Botschaft deutlich geworden: Mit einem Fokus auf „Technologie" verabschiedete die Stadt sich von ihrem überkommenen Geschäftsmodell und baute durch das Engagement vieler Menschen peu à peu neue, zukunftsträchtige Forschungs- und Wirtschaftsbereiche auf. Ein Bespiel für genau die Transformation, die Richard Florida im Sinn hatte.

7 Internationalisierung in Wirtschaft und Kultur

7.1 Die Welt im Blick: Neue Wege statt eingeschlafener Partnerschaften

Die Bezichtigung ist schnell gestrickt. „Der Herr Oberbürgermeister möchte gerne ins Ausland fahren", so lautet der Vorwurf gegen ein internationales Engagement der Verwaltung. Insbesondere, wenn das Engagement sich auf Länder jenseits der Europäischen Union erstrecken soll. In den meisten Fällen stammt die konkrete Anschuldigung von politisch interessierter Seite. Darum: erst einmal ignorieren. Und dennoch ist die Grundfrage legitim, denn „[d]ass Städte außenpolitische Akteure sind und sein wollen, mag auf den ersten Blick überraschen".[166] Wieso also macht eine kommunale Außenpolitik überhaupt Sinn? Wir sehen fünf zentrale Gründe:

1. Ein internationales Engagement der Kommune **unterstützt** Firmen vor Ort. Der **deutsche Mittelstand** ist das Rückgrat unserer Gesellschaft. Und er ist internationalisiert. Gerade in Ländern, in denen der Staat eine wichtige Rolle spielt, wie etwa in asiatischen, leistet eine aktive kommunale Außenpolitik einen wichtigen Beitrag zur Wirtschaftsförderung. Im Fall Oldenburgs werden wir das am Beispiel der „Business Days" aufzeigen.
2. Ein internationales Engagement der Kommune **bereichert kulturell**. Wie kein zweiter Gesellschaftsbereich ist die Kultur auf den Austausch von Ideen angewiesen. Das Fremde, das Andere und das Unbekannte liefern kreativen Humus für neue Ideen. Kommunen und ihre Kultureinrichtungen können diesen Austausch systematisch fördern und fordern. Wiederum am Oldenburger Beispiel verdeutlichen wir dies mit der Veranstaltungsreihe „Begegnungen" (siehe Kapitel 7.2).
3. Ein internationales Engagement der Kommune **nimmt die Angst vor dem Fremden** und leistet einen Beitrag zur Verständigung. Dieser Gedanke galt bei den unbestritten wertvollen Partnerschaften innerhalb Europas nach dem Zweiten Weltkrieg. Wieso sollte er nicht 60 Jahre später in einer globalisierten Welt außerhalb Europas gelten?

---

[166] Ude 2012, S. 4.

4. Ein internationales Engagement der Kommune **hilft jungen Menschen eine globale Sichtweise** zu entwickeln. Je weiter die Globalisierung voran schreitet, desto wichtiger wird Globalität im eigenen Lebenslauf. Eine international ausgerichtete Stadt kann diesen Grundgedanken besser transportieren als ein verschlafenes Nest, das im eigenen Saft schmort.
5. Ein internationales Engagement der Kommune unterstützt **Menschen vor Ort**. Durch den typisch deutschen Staatsaufbau mit seinem System der Organleihe haben wir im weltweiten Vergleich extrem leistungsfähige Kommunalverwaltungen. Beispiele von Good Goverance und „peer learning" können Partnerkommunen stärken und so letztlich Menschen vor Ort, insbesondere in sich entwickelnden Ländern helfen.

Der langjährige Präsident des Deutschen Städtetags, Münchens Oberbürgermeister Christian Ude, fasst den Nutzen für die eigene Stadt treffend zusammen: „Die deutschen Städte stehen heute in einem globalen Standortwettbewerb. Sie konkurrieren nicht mehr nur untereinander in Deutschland, sondern europa- und weltweit. In dieser Situation kommt es darauf an, international aufgestellt und geprägt zu sein."[167]

Die internationale Ausrichtung Oldenburgs neu zu gestalten war ein **Kernanliegen** unserer Amtszeit. Wir haben dabei die **Verbindungen Oldenburgs zu seinen Partnerstädten als Portfolio betrachtet** und entsprechend eine Analyse und Bewertung dieser Verbindungen vorgenommen. Zum einen schwebten uns Kontakte zu neuen Zielländern vor. Fünf waren in unserer engeren Auswahl (USA, China, Türkei, Südafrika, Vietnam); zu zweien davon entwickelten sich am Ende dauerhaft stabile neue Beziehungen. Zum anderen wollten wir die bestehenden Verbindungen kritisch auf ihren Nutzen für die Stadt hinterfragen. Wichtig ist es uns, hier die **eingesetzte Systematik** vorzustellen. Unsere **Hauptkritik an den meisten internationalen Beziehungen** deutscher Städte ist eben ein **fehlendes Ordnungssystem bei der Auswahl** und der regelmäßigen Neubewertung internationaler Partner. Über die Einschätzungen, die wir vorgenommen haben, lässt sich sicher trefflich streiten (aber dies wäre immerhin ein Streit, der auf einem höheren Niveau liegt).

---

[167] Ude 2012, S. 6.

Beim Blick auf das zur Amtsübernahme 2006 bestehende Portfolio der Oldenburger Kommunalpartnerschaften wurden uns zwei Dinge unmittelbar deutlich:
- der Kontakt zum niederländischen Groningen stand außerhalb jeglicher Kritik und sollte weiter gestärkt werden, da Groningen selbst eine äußerst attraktive Stadt ist (von der wir später viel gelernt haben) und da zu keiner anderen Stadt auf so vielen Ebenen lebendige Verbindungen bestanden. So gab es einen fast wöchentlichen Austausch zwischen den Wirtschaftsförderern. Zudem war es die einzige ausländische Partnerstadt, die man binnen 90 Minuten unkompliziert erreichen konnte;
- aus Sondergründen sollte der Kontakt zu Mateh Asher in Israel in jedem Fall gehalten werden (wenngleich nicht ausgebaut). Mindestens aus staatspolitischer Räson, zudem aber auch aus persönlicher Überzeugung[168] und da es in Oldenburg eine kleine, aber wichtige und aktive jüdische Gemeinde und eine engagierte deutsch-israelische Gesellschaft gab[169].

Bei den übrigen Partnerschaften – Taastrup in Dänemark, Machaschtkala in Russland, Cholet in Frankreich und dem Landkreis Rügen (ein Ergebnis der Wiedervereinigung) – war unsere erste Einschätzung, mit ihnen

---

[168] Einer der Autoren (GS) hatte bereits als Jugendlicher in den 1960er Jahren enge Kontakte zur Jüdischen Gemeinde Aachen, vor allem zu dem langjährigen Vorsitzenden Simon Schlachet (1912-1997).

[169] Wichtige Höhepunkte der Zusammenarbeit mit der jüdischen Gemeinde waren die persönlichen Treffen mit dem Ehrenbürger der Stadt und letztem Landesrabbiner Leo Trepp (1913-2010), der Besuch der damaligen Präsidentin des Zentralrats der Juden Deutschlands Charlotte Knobloch 2008 mit Eintragung ins Goldene Buch der Stadt, die Feier zum 20-jährigen Bestehen im Jahre 2012 (vgl. Jüdische Allgemeine Zeitung vom 19.06.2012), die Umbenennung der Strasse vor der Synagoge in Leo-Trepp-Strasse im März 2013 und die Errichtung und Einweihung des Shoah Mahnmal am 10. November 2013 in der Peterstrasse, gegenüber des Holocaust-Denkmals. Auch der Nachfolger von Charlotte Knobloch als Präsident des Zentralrates Dieter Graumann hat sich im Rahmen des Festaktes zum 20-Jährigen Bestehen der Jüdischen Gemeinde Oldenburg 2012 in das Goldene Buch der Stadt Oldenburg eingetragen Die Verleihung des Großen Stadtsiegels der Stadt Oldenburg an die langjährige Vorsitzende der JGO Sara-Ruth Schumann im Januar 2014. Zudem war der Oberbürgermeisterwährend der Amtszeit jährlich mehrfach zu Besuch bei der JGO.

nicht gut für die Zukunft gerüstet zu sein. Die Einschätzung bestätigte sich in einer für die Strategieklausur (siehe Kapitel 4.3) erarbeiteten **Analyse**. Wir näherten uns dieser Einschätzung mit folgenden **Leitfragen**:

- Was ist die **wirtschaftliche Bedeutung** des Ziellandes und der jeweiligen Region?
- Welche **wissenschaftliche Bedeutung** haben das Zielland und die jeweilige Region?
- Kann man von einer hohen **kulturellen Bedeutung** des Ziellandes und der jeweiligen Region ausgehen?
- Gibt es irgendwelche plausiblen **Sondereffekte**, wie etwa im Fall Mateh Ashers?

Im Folgenden stellen wir anhand einiger Beispiele unser Vorgehen vor. Bewertet wurden die schon bestehenden Partnerschaften und deren Zielländer, aber auch die fünf zusätzlichen Ideen, auf die wir uns für die Strategieklausur vorbereitet hatten. Diese Länder waren uns durch positive Berichterstattung zu ihrer dynamischen Entwicklung in Wirtschaft, Wissenschaft und Kultur aus internationalen Medien, hier insbesondere dem „ECONOMIST", vertraut.

Für das **Thema Wirtschaft** zunächst einmal folgendes Bild (Zahlen wurden 2016 aktualisiert und auf den neuesten Stand gebracht, da seit der Analyse von damals zehn Jahre vergangen sind):

	Land	Rang Exporte[170]	Rang Importe[171]	Bevölkerungsgröße[172]	Rang DI in BRD[173]	Rang deutsche DI[174]	Eigene Bewertung	
							Sonderthemen	Dynamik
Ideen	USA	1	4	4	1	1	Weltmacht	+
Ideen	China	5	1	1	9	8	Weltmacht	++
Ideen	Türkei	14	17	20	20	17	Energie	+
Ideen	Südafrika	28	30	26	19	29	Afrika	+
Ideen	Vietnam	52	26	15	NN	NN		+
Bestehend	Niederlande	4	2	67	4	2	Grenzregion	+
Bestehend	Frankreich	2	3	22	11	47		-
Bestehend	Russland	16	12	10	28	14	Kriminalität	-
Bestehend	Dänemark	18	20	116	12	43		-

TABELLE 1: LÄNDERRANKING AUS WIRTSCHAFTLICHER SICHT. DIE ZAHLEN GEBEN DEN STELLENWERT DES JEWEILIGEN LANDES IM VERGLEICH ZU ALLEN ANDEREN LÄNDERN AUF DER WELT, BZW. IN BEZUG ZU DEUTSCHLAND WIEDER.

---

[170] Vgl. Statistisches Bundesamt, 2016; Zahlenbasis: 2016.
[171] Vgl. Statistisches Bundesamt, 2016; Zahlenbasis: 2016.
[172] Vgl. CIA World Fact Book, 2016: Zahlenbasis: 2016.
[173] Vgl. Statista: Direktinvestitionen ausgewählter Länder weltweit in Deutschland im Jahr 2015, Zahlenquelle: Deutsche Bundesbank, 2016. Hinweis: Es handelt sich nicht um Bestände, sondern um Transaktionen in dem Bezugsjahr.
[174] Vgl. Statista: Direktinvestitionen in ausgewählte Länder weltweit im Jahr 2015, Zahlenquelle: Deutsche Bundesbank, 2016. Hinweis: Es handelt sich nicht um Bestände, sondern um Transaktionen in dem Bezugsjahr.

Dieses zunächst einmal holzschnittartige Bild gibt erste Anhaltspunkte, bedurfte im nächsten Schritt aber der **qualitativen Interpretation durch eine Betrachtung der Partnerstadt** und ihrer Region. Zwar zeigt die Verteilung grüner, neutraler und roter Felder schon eine gewisse Tendenz – eine positive Bewertung der USA, Chinas und der Niederlande – aber wir wollten auch die im ersten Schritt eher negativ eingeschätzten Länder wie Russland, Frankreich, Dänemark, Türkei, Vietnam und Südafrika genauer analysieren.

Beispiel Russland: Bei den Importen nach Deutschland nimmt Russland einen oberen Platz in der Liste ein. Dies signalisiert Wichtigkeit. Schaut man aber genauer hin, handelt sich dabei zu einem großen Teil um eine einzige Produktgruppe: Energieträger. Für den Energiestandort Oldenburg ist Erdgas sicher ein hochinteressantes Produkt. Aber die Region Dagestan, in der Machatschkala liegt, hat als Standort für Erdölförderung und Raffinerien zwar einen Bezug zum Thema Energie, aber eben nicht zum Erdgas, das für Oldenburg interessant wäre. Die wirtschaftliche Bedeutung war gering einzuschätzen. Anders, als bei Groningen, dem Sitz der wichtigen „Gasunie", die 15.500 Kilometer europäische Erdgasleitungen kontrolliert.

Ähnlich sind wir im Fall der **wissenschaftlichen Bedeutung** vorgegangen:

	Land	Anteil weltweiten Publikationen > 5%[175]	Anteil an weltweiten Zitaten > 5%[176]	Anteil F&E am GDP > 2,0%[177]	Partnerhochschulen Uni OL	Kernpartnerschaften Uni OL
Ideen	USA	Ja	Ja	Ja	Ja	Nein
	China	Ja	Nein*	Ja	Ja	Ja
	Türkei	Nein	Nein	Nein	Ja+	Nein
	Südafrika	Nein	Nein	Nein	Ja+	Ja
	Vietnam	Nein	Nein	Nein	Nein	Nein
Bestehend	Niederlande	Nein	Nein	Nein	Ja+	Ja
	Frankreich	Nein	Ja	Ja	Ja+	Nein
	Russland	Nein	Nein	Nein	Ja	Nein
	Dänemark	Nein	Nein	Ja	Ja+	Nein

TABELLE 2: LÄNDERRANKING ZUM THEMA WISSENSCHAFT. HINWEISE:
* CHINA WAR DAMALS DURCH DIE INTENSIVEN BEMÜHUNGEN ABER STARK IM KOMMEN. NACH EINER ANDEREN STATISTIK, DEN ESSENTIAL SCIENCE INDICATORS DATABASE VON THOMSON REUTERS LAGEN DIE CHINESEN BEI DEUTLICH ÜBER 5%.
+ FÜR DIESE LÄNDER GIBT ES VON DER EU ÜBER ERASMUS-PROGRAMME BESONDERE HILFESTLLUNGEN.

---

[175] Vgl. Statista: Anteil an den weltweiten wissenschaftlichen Publikationen nach Ländern zwischen 1999 und 2008, Zahlenbasis: Royal Society.
[176] Vgl. Statista: Anteil an den weltweiten wissenschaftlichen Publikationen nach Ländern zwischen 1999 und 2008, Zahlenbasis: Royal Society.
[177] Vgl. World Bank 2016: World Development Indicators, Research and development expenditure (% of GDP), Series Code: GB.XPD.RSDV.GD.ZS.

Auch im Fall Wissenschaft haben wir anschließend wieder eine Feinanalyse für bestimmte Länder vorgenommen. Dabei haben wir vor allen Dingen berücksichtigt, zu welchen Ländern, bzw. Hochschulen die Jade-Hochschule und die Universität Oldenburg – als „Flaggschiffeinrichtung" des lokalen und regionalen Wissenschaftssystems – verfügt. Bei der Auswahl der oben stehenden Länder wurde uns klar, dass es sich auf zwei Zielregionen zuspitzte: die Niederlande und Südafrika. Dabei sind die Niederlande – und hier zielgenau Groningen – für die Universität Oldenburg der wichtigste internationale Partner. Der Oldenburger Aufbau der ersten neuen Medizinischen Fakultät in Deutschland seit Jahrzehnten, zusammen mit der Rijksuniversiteit Groningen und seinem Universitair Medisch Centrum Groningen (UMCG), liefert einen treffenden Beleg. In Südafrika ist die Nelson Mandela Metropolitan University in Port Elizabeth (NMMU) die wichtigste Kooperation der Oldenburger Universität auf dem afrikanischen Kontinent und eine der bedeutendsten für die Oldenburger Universität weltweit.

Zur Towson University in Baltimore County gibt es ebenfalls starke Bezüge, was uns am Ende veranlasste, Verbindungen zu Baltimore County zu suchen, was vor allem an dem sehr starken Engagement von Professor Dr. Armin Mruck lag. Leider stellte sich nach zwei Besuchen aus Baltimore in Oldenburg und einem von Oldenburger Seite in Baltimore die Verbindung als nicht ausreichend belastbar heraus, weswegen die neuen Kontakte bedauernswerterweise noch während der Amtszeit Schwandner wieder im Sande verliefen. Insbesondere der Wechsel von County Executive James T. Smith Jr. zu Kevin Kamenetz war wohl ein ausschlaggebender Grund. Der Neue im Spitzenamt war an internationalen Verbindungen deutlich weniger interessiert als sein Vorgänger.

Für den **Bereich Kultur** hat uns vor allen Dingen interessiert:

- Ist das jeweilige Land kulturell in einem internationalen Maßstab von Interesse? Dieser Aspekt ist wichtig, um Themen interkultureller Zusammenarbeit identifizieren zu können. Hier waren aus unserer Sicht besonders interessant: China, mit fünftausend Jahren Kulturgeschichte; die USA, als *der* Ort für Popkultur weltweit; die Türkei als ein Jahrtausende alter Kulturraum, in dem sich antike, westliche und islamische Kultur mischen. Und Südafrika, das über eine herausfordernde Mischung westlicher und tribal-afrikanischer Kultur mit zahlreichen jungen Künstlern ver-

fügte. Im Fall von Vietnam waren wir uns unschlüssig in der Bewertung, zumal das Land stark von der chinesischen Kultur beeinflusst war.
- Verfügen die bereits bestehenden Partnerschaften über interessante Institutionen im Kulturbereich? Soll eine Zusammenarbeit erfolgreich werden, bedarf es starker Partner auf beiden Seiten. Für Taastrup, Machatschkala und Cholet (einzig ein Textilmuseum war auszumachen) war unsere Einschätzung negativ. Für die Niederlande sehr positiv (allen voran das Groningen Museum mit seinem von der weltweit bekannten Architektengruppe Coop Himmelb(l)au geplanten Ausstellunggebäude).

Zu guter Letzt spielte die Frage von **Sondereffekten** eine Rolle: Gab es bestimmte Gründe, die für oder gegen eine Partnerschaft sprachen? Zuerst kam bei Machatschkala ein wichtiger Sonderaspekt zum Tragen: Es gab eine Reisewarnung des Auswärtigen Amtes in die Region Dagestan, die bis heute – fast zehn Jahre später – anhält.[178] Amüsante Anekdote am Rande: Als wir einem Partnerschaftstreffen auf Drängen aus der Politik schließlich doch noch zustimmten, wurde kurz vorher der Bürgermeister von Machatschkala, Said Amirow, wegen dringendem Mordverdacht festgenommen.[179] Die Reise wurde abgesagt. Im Fall von Taastrup verblüffte uns die Situation, dass niemand in der Verwaltung mehr so recht erklären konnte, wie die Verbindung ursprünglich zustande gekommen war. Geschweige denn, dass es überhaupt je einen zivilgesellschaftlichen Austausch gegeben hätte. Im Fall Cholets gab es früher einen regen Austausch von Schulen, Vereinen, Privatpersonen. Er schien uns über die Jahre aber deutlich eingeschlafen zu sein. Dieser Blick war deckungsgleich mit unserer Einschätzung deutsch-französischer Partnerschaften: Sie waren nach dem Krieg essentiell und unverzichtbar, um die ehemaligen Erzfeinde zu versöhnen und Europa Frieden zu schenken. Je stärker die jungen Europäer sich aber als eben dies sehen – als Europäer, die es zudem wie selbstverständlich gewohnt sind, in andere europäische Länder zu reisen – darf ein Fragezeichen gesetzt werden, ob ein hohes Engagement seitens der Kommune noch gerechtfertigt ist. Für Groningen

---

[178] Vgl. Auswärtiges Amt, Russische Föderation: Reise- und Sicherheitshinweise, Stand 30.11.2016.
[179] Vgl. Nordwest-Zeitung vom 04.06.2013. Laut Berichten im Internet wurde er zu einer lebenslangen Freiheitsstrafe verurteilt.

sprach eindeutig der Sondereffekt der Nähe. Mit einer Autofahrt von etwa 90 Minuten war die Stadt erreichbar; viele Oldenburger kommen nach Groningen zum Shoppen und vice versa. Viele Einrichtungen und Unternehmen kooperieren; Groninger Polizisten patrouillieren zur Weihnachtszeit in Oldenburg. Kurzum: Es gab jede Menge hieb- und stichfester Beweise für eine echte, lebendige Partnerschaft zu unseren niederländischen Nachbarn. Groningen war als Partner unumstößlich gesetzt.

Das **beschriebene Vorgehen** verdeutlicht, wie wir systematisch zu unserem Ergebnis kamen.[180] Ein solches Vorgehen stellt aus unserer Sicht **ein auf andere Städte übertragbares Instrumentarium** dar, die bestehenden Verbindungen einer Kommune auf ihre Sinnhaftigkeit abzuklopfen. Hier unsere finale Bewertung:

Taastrup: Wie entstand die Verbindung? Boshafte Zungen witzelten, früher sei das wohl mal ein Urlaubsort für SPD-Ratsherrn gewesen. Wir haben in der Analyse jedenfalls keine guten Voraussetzungen für eine Zusammenarbeit gesehen. Die Stadt verfügt über keine nennenswerte Wirtschaftsbasis, sie ist wissenschaftlich und kulturell uninteressant, da sie keine erwähnenswerten Einrichtungen zu bieten hat. Sicher ist Taastrup eine schöne und lebenswerte Gemeinde, aber kein Partner für eine strategische Zusammenarbeit.

Cholet: Wir waren der Meinung, die Partnerschaft zu Cholet habe sich überholt. Kulturell, wissenschaftlich, wirtschaftlich – Cholet hat in keinem Fall einer Großstadt wie Oldenburg viel zu bieten. Uns schien es wichtiger, die vorhandenen Ressourcen auf andere Partner auszurichten.

Machatschkala: Zunächst kamen wir zu der Bewertung, dass Russland – wirtschaftlich, kulturell und wissenschaftlich – überbewertet ist. Ein Indikator macht dies deutlich: Das gesamte Volkseinkommen der riesigen „Weltmacht Russland" ist nur etwas höher als das (durch die Wirtschaftskrise stark geschwächte) Spaniens und geringer als das Italiens, dessen Wirtschaft seit fast einem Jahrzehnt stagniert. Wirtschaft? Uninteressant. Kultur? Wenig zu bieten. Wissenschaft? Belanglos. Die Reisewarnung des Auswärtigen Amtes und der Haftbefehl gegen den Bürgermeister, der wegen Mordes gesucht wurde, gaben dann den Ausschlag.

---

[180] Wenngleich für Manager geschrieben, ist doch das Buch von Harald Hungenberg aus unserer Sicht bis heute eines der inspirierendsten über strategisches Planen, vgl. Hungenberg 2001.

Rügen: Als deutsche Stadt taugte Rügen überhaupt nicht für eine Internationalisierung und wurden daher von uns nicht weiter beachtet. Direkt nach der Wende war es sinnvoll, Amtshilfe in den neuen Ländern zu leisten. Aber dieses Argument ist heute entfallen.

Zu den potenziell neuen Partnern entwickelten wir auf der Grundlage unserer Analyse ein klares Ranking:

1. **China** – interessant auf allen Gebieten: Wirtschaft, Wissenschaft und Kultur.[181] Alle Analysen sprechen für Asiens wichtigstes Land. „Die europäische Welt des industriellen Kapitalismus und der Nationalstaaten ist folglich sehr rezenten Datums und verkörpert eine Umkehrung seit langer Zeit bestehender historischer Entwicklungslinien zugunsten Asiens – für wie lange noch, ist unklar."[182] Da China ein eigener Kontinent mit der mehrfachen Größe Europas ist, folgt zu diesem Land weiter unten ein eigenes Kapitel.
2. **USA** – interessant auf allen Gebieten: Wirtschaft, Wissenschaft und Kultur. Die Kontakte zu den USA verliefen – leider – wie beschrieben noch während der Amtszeit wieder im Sande, obgleich eine Zusammenarbeit weiterhin absolut Sinn machen würde. Aber zu einer Partnerschaft gehören nun einmal immer zwei Interessierte.
3. **Südafrika** – interessant auf den Gebieten Wissenschaft und Kultur. Hier hat sich eine feste und dauerhafte Partnerschaft zu Buffalo City entwickelt, mit zahlreichen gemeinsamen Projekten wie Ausstellungen, Kulturbegegnungen, Wirtschaftsfördertragen und auch dem Austausch von Hospitanten der jeweils anderen Kommunalverwaltung. Seitens Buffalo City bestand z.B. ein großes Interesse, unsere Geoinformations-Datenverarbeitung besser kennen zu lernen. Derzeit ist ein festes Partnerschaftsabkommen mit Buffalo City im Gespräch.[183]

---

[181] Dies gilt auch für die Beziehungen zwischen unserem Bundesland Niedersachen und der Volksrepublik. Eine gute Übersicht der vielen Verbindungen findet sich in: Gaida 2017.
[182] Marks 2006, S. 19.
[183] Hier sei kurz die Geschichte, wie es zu den Kontakten kam erzählt. Der damalige stellvertretende Generalinspekteur der Bundeswehr Generalleutnant Johann-Georg Dora (wohnhaft in Oldenburg) besuchte mehrfach mit dem Botschafter

4. **Türkei** – interessant auf den Gebieten Wirtschaft und Kultur. Auch hier entstanden erste Kontakte zur Erdgas-Stadt Bursa an der kleinasiatischen Küste, die sich aber während der Amtszeit nicht mehr zu einer vertraglichen Zusammenarbeit verfestigen konnten. Wir haben das „Türkei-Thema" dann eher intern bespielt, nämlich über eine enge Zusammenarbeit mit der türkischen Gemeinde in Oldenburg (siehe Kapitel 7.2).[184]

Südafrikas Sonwabo „Eddie" Funde Oldenburg und das Rathaus. Bei den Gesprächen wurde die Möglichkeit einer kommunalen Beziehung zwischen seiner Heimatprovinz Eastern Cape und Oldenburg erörtert. Eine Provinzpartnerschaft zwischen Niedersachsen und dem Eastern Cape besteht seit 1994. Bei einem Besuch der Ministerpräsidentin Noxolo Kiviet, Wirtschaftsminister Mcebisi Jonas (mit dem wir in der Folgezeit auch gut zusammen arbeiteten) und der Bürgermeisterin Zukiswa Ncitha im Juli 2011 verabredeten wir dann die ersten Schritte. Auch mit Botschafter Makhenkesi Arnold Stofile (1944-2016), ehemaliger Premier des Eastern Cape, bestanden in der Folgezeit enge Kontakte. Angemerkt sei, dass Mcebisi Jonas später weltweit Aufmerksamkeit erlangte, als er, in der Position des stellvertretenden Finanzministers Südafrikas, in einem Interview mit der Financial Times offenbarte, dass die Gupta-Familie ihm einen Posten im Kabinett Zuma angeboten hat (siehe Financial Times vom 16.03.2016). Schließlich wurden Minister Gordhan und Jonas Ende März 2017 entlassen. Außerdem erhielten wir stets eine sehr gute Unterstützung durch den deutschen Botschafter in Südafrika Dr. Horst Freitag, der das Engagement Oldenburgs immer als vorbildlich für eine deutsche Kommune empfahl.

[184] Die ersten konkreten Überlegungen zu einer kommunalen Beziehung zu einer türkischen Stadt ergaben sich 2009. Ausgangspunkt war das Engagement der EWE in der Türkei, v.a. in Bursa mit der Übernahme von letztlich 80 Prozent der Anteile an Bursagaz. Da 10 Prozent der Anteile von Bursagaz von der Stadt Bursa gehalten werden und dies in etwa dem Anteil der Stadt Oldenburg an der EWE AG entspricht, machten Kontakte aus unserer Sicht Sinn. Eine mögliche Beziehung zu Bursa wurde erstmals im Januar 2010 bei einer Festveranstaltung zum 20-jährigen Bestehen der Partnerschaft mit Groningen angesprochen. Umgehend erfolgte eine heftige Kritik daran durch einige Ratsmitglieder, so dass wir in der Folgezeit unser Engagement unterhalb der Wahrnehmungsschwelle zielgerichtet ausgebaut haben und im Rahmen der Vorbereitung zu den „Türkei-Begegnungen" die Kontakte mit Bursa enger geknüpft haben. Eine große Unterstützung erhielten wir dabei, neben der EWE AG, auch durch die Botschaft der Türkei, insbesondere Botschafter Karslioglu und Generalkonsul Mehmet Günay in Hannover, den beiden an dieser Stelle gedankt wird.

5. **Vietnam** – am ehesten interessant auf dem Gebiet Wirtschaft, da sich das Land gerade in einer ähnlichen Entwicklung wie China Anfang der 1980er Jahre befindet. Dennoch entschieden wir uns bei diesem Land gegen die Aufnahme neuer Beziehungen, da uns die Gesamtanalyse am wenigsten überzeugte.

Einen **taktischen Fehler** begingen wir im weiteren Verlauf. Anstatt die zu kappenden Verbindungen einfach sang- und klanglos zu missachten, machten wir im Sinne von „Strategy is to chose what not to do" öffentlich deutlich, welche Beziehungen wir nicht weiter verfolgen wollten. Was unmittelbar eine Reaktion der oppositionell eingestellten Ratsfraktionen und der längst verrenteten „Ehemaligen" hervorrief, die vor langer Zeit diese Partnerschaften einmal ins Leben gerufen hatten.[185]

Zu guter Letzt noch der Hinweis, dass sich mit Kingston upon Thames Verbindungen zu einer englischen Stadt entwickelten.[186] Da Kingston im Rahmen unserer Analyse keine große Rolle spielte – wir wussten den Status der sich entwickelnden Zusammenarbeit seinerzeit noch nicht einzuschätzen – sparen wir die Stadt für die Beschreibung unseres Vorgehens an dieser Stelle aus.

Nachdem wir also eine Auswahl der strategischen Neuausrichtung getroffen hatten, wollten diese internationalen Beziehungen mit Leben gefüllt werden, vor allem in der Kultur und den wirtschaftlichen Beziehungen.

7.2 Die Wirtschaft einbinden und die Kultur bereichern: Business days und „Begegnungen"

Wir sind fest davon überzeugt, dass eine moderne Großstadt und auch ein modern aufgestellter Landkreis es sich heute nicht mehr erlauben können, keine **Internationalisierungsstrategie** zu entwickeln. Ein internationales Selbstverständnis für eine Stadt wird aber verblüffend oft vom eigenen Leben der Bürger abgespalten. Oldenburg ist hier ein treffliches Beispiel: Trotz mehrerer Partnerstädte in Europa, trotz eines internationalen Flug-

---

[185] Vgl. z.B. für den Fall Machatschkala: Nordwest-Zeitung vom 15.12.2011.
[186] Die Anbahnung einer klassischen Städtepartnerschaft mit Kingston hatte eine fünfzehnjährige Vorgeschichte. Die offizielle Partnerschaftsurkunde wurde am 2.10.2010 unterzeichnet.

hafens in 30 Autofahrtminuten Entfernung, trotz einer vermutlich hohen Reisebegeisterung der Bürger als Privatmenschen wird der Bezug von Internationalität zur Kommune nicht hergestellt.

Auch im professionellen Bereich gab es Nachholbedarf: Selbst Oldenburgs „Flagship Company", Deutschlands fünftgrößter Energieversorger, die EWE AG, begann erst um das Jahr 2005 mit einer Internationalisierung – Richtung Polen und in die Türkei –, die deswegen später eines der Zielländer unserer Internationalisierung werden sollte.

Die Wirtschaftsstruktur einer Region spielt vermutlich auch eine Rolle für die vorhandene oder fehlende internationale Ausrichtung der Bevölkerung. Konkret fällt uns der Vergleich zwischen Baden-Württemberg und Niedersachsen auf. Gerade im Nordwesten Niedersachsens sind der Wirtschaftsbesatz und die Wertschöpfungsketten regional und national ausgerichtet. Viele der produzierenden Unternehmen in **Baden-Württemberg sind dagegen international orientierte Weltmarktführer** in speziellen Nischen.[187] Wenn ein Unternehmen gezwungen ist, sich täglich mit Kunden und Konkurrenz aus anderen Ländern der Welt auseinander zu setzen, dann trägt dies auch insgesamt zu einer globaleren Ausrichtung bei.

Grundsätzlich muss man auch feststellen, dass die wirtschaftlichen und gesellschaftlichen Verbindungen in Süddeutschland stärker auf andere Länder ausgerichtet sind – vor allen Dingen die bevölkerungsreichen Ländern Italien und Frankreich, während in Norddeutschland eine Orientierung in die bevölkerungsarmen Länder Skandinaviens weniger starke Bindungen entstehen ließ.[188] Ein Phänomen des 20. Jahrhunderts verstärkte die Bindungen von Deutschlands Süden zu den Südeuropäischen Ländern noch: der Tourismus. Die **Tourismusströme** nach Italien,

---

[187] Man kann dies auch gut – mit Zahlen hinterlegt – erkennen bei einem Blick auf die Exporte. Sie fallen in Süddeutschland noch heute etwa 44 Prozent höher aus als im Norden Deutschlands. Vgl. ECONOMIST vom 19.8.2017.

[188] Man darf nicht vergessen, dass Deutschland und Italien über weitere Strecken des Mittelalters eine gemeinsame Geschichte eint. Der Name unseres Landes war eintausend Jahre lang „Heiliges RÖMISCHES Reich Deutscher Nation". Deutsche Kaiser waren Könige in Italien; italienische Könige waren deutsche Kaiser. Zu Skandinavien hatten einige Hansestädte enge Verbindungen. Und Oldenburg war – aus unserer Sicht leider – nie eine Hansestadt.

Frankreich und später auch Spanien sind völlig andere, als die ins deutlich unbedeutendere Dänemark oder nach Schweden. Insofern: Wenn man über Mentalitätsunterschiede nachdenkt, sind süddeutsche Städte und Regionen prinzipiell stärker auf eine Welt außerhalb der eigenen Grenzen vorbereitet.[189]

Stärker als bisher in der Stadtgeschichte üblich, wollten wir die Wirtschaft als wichtigen Partner in die Internationalisierungsstrategie einbinden. Das wollten wir vor allem auch vor Ort tun und entwickelten dafür das **Format der „Business Days" im Rahmen der Kulturreihe „Begegnungen"**. Die gemeinsam mit der Landessparkasse zu Oldenburg organisierten „Business Days" sollten der regionalen Wirtschaft die Geschäftschancen in den jeweiligen Zielländern verdeutlichen. Vor Ort tätige Unternehmer oder Experten berichteten über Marktchancen in den Ländern. Angesichts hoher Wachstumsraten in den BRICS-Ländern, zu denen man bezogen auf die Dynamik auch die Türkei zählen könnte, spannende Themen.

Die Begegnungen: Die Reihe „Begegnungen" waren das zentrale Format, mit dem die Internationalisierungsstrategie den eigenen Bürgern näher gebracht werden sollte. Die Idee dahinter lautete, den Menschen einen vielfältigen und spannenden Einblick in das kulturelle Leben und den Alltag der Menschen im Zielland zu bieten. Zeitgenössische bildende Kunst[190], Literatur und Musik, Film, Diskussionen und Informationsveranstaltungen, wissenschaftliche Vorträge und gastronomische Angebote sollten die Gegenwart der jeweiligen Länder vorstellen. Die ersten Begegnungen behandelten 2010 das Zielland China. Im Jahr 2012 folgte Südafrika und 2014 die Türkei. Alle drei Länder lagen im Rahmen unserer strategischen Überlegungen.

---

[189] Vielleicht ist es daher kein zu großes Wunder, dass Landstriche, die lange Zeit relativ abgeschnitten waren, bzw. es heute noch sind, national-völkischen Ideen in dieser Generation stärker aufgeschlossen gegenüber stehen. Wir denken da beispielsweise an die sächsische Schweiz.
[190] So gelang es z.B. die südafrikanische Photokünstlerin Zanele Muholi mit ihren Documenta-Arbeiten 2012 direkt von Kassel nach Oldenburg zu holen.

ABBILDUNG 13: LOGOS DER "BEGEGNUNGEN-REIHE" (MIT FREUNDLICHER GENEHMIGUNG DER STADT OLDENBURG)

Der neue Oberbürgermeister setzte die geschaffene Reihe übrigens fort und im Jahr 2017 mit dem Zielland Polen auch neue Akzente.

Gerade die „Begegnungen" boten neben **Einblicken in die zeitgenössische Kultur** des jeweiligen Landes die Möglichkeit, wieder zahlreiche Partner aus der Zivilgesellschaft einzubinden. Um nur ein Beispiel zu nennen: Eine Schule in Oldenburg entwickelte den offiziellen Trailer zum Projekt.[191] Zugleich ermöglichte das Format, dem eigenen Kulturamt und seinen hervorragenden Mitarbeitern eine starke Eigenaktivität. Es wurden weniger Mittel verwaltet und Bescheide an Kulturträger gegeben, als vielmehr aktiv ein Programm entwickelt und organisiert. Dabei wurden alle üblichen Sparten des zeitgenössischen Kulturbetriebs – von der Literatur über den Film bis zum Tanz – integriert. Zurückhaltend waren wir allein trotz (oder vielleicht gerade wegen) Vorerfahrungen in Karlsruhe mit rein elektronischer Kunst. Mit der Medienkunst (in Oldenburg vertreten durch das ‚Edith-Ruß-Haus') hat sich ein neuer, seltsamer Typus von Kunst ergeben. Während bisher die Leistung der Kultur vor allen Dingen darin bestand, flüchtige Phänomene in dauerhafte Objekte zu übertragen ist bei dieser neuen Kultur scheinbar genau das Gegenteil der Fall[192], wodurch sie unserer Einschätzung nach auch eine geringere Halbwertszeit für den Kulturbetrieb haben wird.

---

[191] Vgl. https://youtu.be/OVpc5Qto3YU.
[192] Vgl. Bauman 2003, S. 150.

An der Entscheidung, die **Türkei** 2014 in den Mittelpunkt zu stellen, gab es natürlich auch viel Kritik.[193] Nach dem Referendum des Jahres 2017 dürfte diese keineswegs leiser geworden sein. Doch auch wenn man völlig zurecht mit Sorge betrachten kann, dass die ehemals so positive Entwicklung der Türkei unter dem jungen Ministerpräsidenten Erdogan mittlerweile in ein autoritäres Regime umgeschlagen ist, sehen wir es dennoch so, dass die tendenziell selbstgerechte Inszenierung mancher „Satiriker" einer ernsthaften Auseinandersetzung mehr schadet als nutzt. Wieder einmal sehen wir uns dort, wo Ian Buruma seinen Standpunkt festmacht: „auf empörende oder beleidigende Aussagen folgt oft die Beteuerung, alles sei nur spaßhaft gemeint gewesen, aber dann haben die vergifteten Pfeile ihr Ziel schon getroffen. Ironie ist eine großartige Lizenz für Verantwortungslosigkeit. (…) die destruktive Gewalt der Ironie kann in einer kleinen Gesellschaft, in der jeder die Spielregeln kennt, abgefedert werden. Richtet sie sich jedoch gegen Außenstehende, die weniger spielerisch mit Worten umgehen, kann die Wirkung verheerend sein."[194]

Für die eigene Stadtgesellschaft war die kulturelle Beschäftigung mit der Türkei aus unserer Sicht sehr hilfreich. Denn in Oldenburg gelang es, durch die sich nicht nur in den „Begegnungen" ausdrückende Wertschätzung der türkischen Gemeinde und hier auch der religiösen DITIP, ein in vielen Kommunen **schwieriges Thema vollkommen geräuschlos und ohne Hass und Ärger** zu lösen: den **Bau eines Minaretts** für die muslimische Gemeinde. Drei Aspekte scheinen uns dabei besonders wichtig gewesen zu sein: Die fortgesetzte, öffentlich bekundete Wertschätzung des Oberbürgermeisters (Teilnahme am traditionellen Fastenbrechen ohne Anwesenheit der Presse; Ernennung des türkischen Botschafters zum „Kohlkönig" (siehe Kapitel 8.5); Ernennung einer Deutsch-Türkin zur Integrationsbeauftragten; Türkei-Begegnungen); die konkrete Form des Minaretts (die Gemeinde konnte für eine sehr moderne Interpretation gewonnen werden; das Minarett erinnert eher an eine große, nachts beleuch-

---

[193] Der Oberbürgermeister erwiderte dann, dass es sich „um Türkei-Begegnungen und nicht um Erdogan-Festspiele handeln würde". Beispielhaft sei nur auf eine Veranstaltung im Rahmen der Türkei-Begegnungen hingewiesen: Das Edith-Russ-Haus für Medienkunst präsentierte vom 18. Mai bis zum 31. August 2014 die erste Einzelausstellung von Şükran Moral – B[R]YZANZ in Deutschland, die bundesweit besprochen wurde.
[194] Buruma 2007, S. 109.

tete Skulptur) und eine schnelle Einbindung der Ratsmitglieder, denen in Anwesenheit wichtiger Partner erstmals die Pläne vorgestellt wurden.[195]

ABBILDUNG 14: NEUES MINARETT IN OLDENBURG BEI TAG UND BEI NACHT (PRIVATARCHIV SCHWANDNER)

Vielleicht helfen die beschriebenen, ernst gemeinten Versuche der Einbindung muslimischer Gemeinden in die Stadtgesellschaft auch gegen latenten Extremismus. Natürlich gibt kein Patentrezept gegen Radikale.

---

[195] Die erste Präsentation des Minarett-Entwurfes erfolgte im Rahmen der Feier zum dreißigjährigen Bestehen des DITIB Oldenburg im September 2012. Danach begann das Fundraising für den Bau. Besonders möchten wir hier Stefan Könner, Geschäftsführer GSG OLDENBURG Bau- und Wohngesellschaft mbH danken, der in allen Phasen das Projekt unterstützte und ohne ihn der Bau auch nicht möglich gewesen wäre. Das Minarett wurde dann am 24.1.2014 mit rund 400 Gästen, darunter auch Generalkonsul Mehmet Günay, eingeweiht. Die FAZ berichtete darüber am 10.2.2014 mit der Schlagzeile „Oldenburg Minarett als Leuchtturm".

Gilles Kepel, der als einer der besten Kenner des Islam im Westen gilt, arbeitet in seinem Buch „Spirale des Terrors" heraus, dass die niederländische Antwort der multikulturellen Integration nicht gut funktioniert habe, ebenso wenig die britische des Kommunitarismus und die dänische, die mit der Dominanz des Lutherismus als staatsintegrierender Religion die Assimilation fordert. Alle Modelle, so Kepel, seien gescheitert. Dann aber lobt er das strikt laizistische Frankreich, dem die kulturelle Integration gelungen sei und das seine Muslime zu echten Staatsbürgern gemacht habe.[196] Nun schrieb Kepel dies bevor die wiederholten Anschläge in Frankreich das Land zum traurigen Spitzenreiter der islamistischen Anschläge in Europa gemacht hat. Vorsicht ist bei Hoffnungen auf eine gelungene Integration geboten. Es wegen der Zweifel aber gar nicht erst zu versuchen, bringt auch keinen Fortschritt.

Mit dem **Ergebnis** der siebenjährigen Bemühungen sind wir zufrieden. Eine Anekdote verdeutlich dies vielleicht: Etwa ein halbes Jahr vor Ende der Amtszeit, liefen der Oberbürgermeister und seine Ehefrau durch die Stadt. Auf einem Platz fand die Veranstaltung einer christlichen Gruppe statt, in die beide zufällig hinein liefen. Sofort fiel auf, dass es überwiegend Schwarze waren, die die Veranstaltung besuchten. Gerd und Annette Schwandner wurden erkannt und vom Organisator, einem in geschliffen Hochdeutsch sprechenden Schwarzen, angesprochen. „Wissen Sie was, Herr Oberbürgermeister? Ihnen ist doch eine globale Ausrichtung wichtig. Und ich mache Ihre Stadt mit dieser Veranstaltung etwas bunter." Diese Aussage verdeutlichte, wie ein solches Mühen um mehr Internationalität auch ankommt: Viele fühlen sich ermutigt, stärker in die Öffentlichkeit zu gehen und dort ihren Platz zu reklamieren.

Wir sind insofern felsenfest vom positiven Beitrag der „Begegnungen" überzeugt. Selbstkritisch müssen wir bei deren Konzept vielleicht einwenden, dass man es noch stärker auf Alltagsbegegnungen hin hätte ausrichten können.[197] Aber Formate wie diese helfen, die Stadt zu internationalisieren und **Internationalität zu wahren**. Das ist heute wichtiger als noch vor zehn Jahren, denn kulturell verschieben sich Gewichte. Die meisten Sozialwissenschaftler sind es gewohnt, in sozi-ökonomischen Dimensionen zu denken. Daher verstehen sie vermutlich vielfach die ak-

---

[196] Vgl. Kepel 2009, S. 216–294.
[197] Zur Bedeutung von Alltagskultur vgl. Bourdieu 1987.

tuelle Entwicklung (Stichworte AfD, Trump, Populismus von links und rechts) nicht, denn vieles davon hat nicht zwingend eine sozioökonomische, sondern eine kulturelle Dimension. Es sammelt sich eine Gegenbewegung der 20 Prozent, die die Verängstigten der Modernisierung und der Globalisierung darstellen. Vornehmlich aus der (unteren) Mittelschicht. Und anders als in den 1970er Jahren fokussiert sich die Sorge in den reifen Wohlstandsgesellschaften Westeuropas in erster Linie entlang der kulturellen Achse. Wer Interviews mit AfD oder Pegida-Anhängern anschaut, kann diese Angst und Sorge, das Unverständnis und das Gefühl, es werde ihnen „ihr Land gestohlen", regelrecht mit den Händen greifen. Einige haben früh davor gewarnt. Was sich am Ende im Brexit wiedergespiegelt hat, findet sich schon acht Jahre zuvor bei Richard Florida: „(…), fueled by concerns among lower-skilled suburban and rural workers who understandably fear globalization and integration. They may live in the advanced world, but they are also being left behind."[198]

7.3 Sonderfall China: Wieso es eines „China Desks" bedarf

„Oldenburg liegt an der Hunte, nicht am Gelben Fluss", so in etwa lautete der überschaubar geistreiche Kommentar eines Oldenburger Ratsherrn bezogen auf die vom Rathaus gestartete China-Initiative. Zugleich gab er einen Vorgeschmack. Die Stadt würde mit dem Aufbau partnerschaftlicher Verbindungen nach China „fremdeln". Genau so war es dann auch. Wobei das Thema in den beiden gesellschaftlichen Bereichen, die es immer schon gewohnt waren, über einen lokalen Kontext hinaus zu denken, recht schnell verfing. Sowohl die Wirtschaft, als auch die Wissenschaft begleiteten die schon im Juli 2007 gestartete „China-Initiative" sehr positiv.

Ist der Einwand des Ratsherrn ungerechtfertigt? Sollte sich eine deutsche Großstadt auf einer strategischen Ebene mit China befassen? Wir meinen ja, weil nur schwerlich bezweifelt werden kann, dass das 21. Jahrhundert

---

[198] Vgl. Florida 2008, S. 35. Und er führte, Jahre vor der AfD und Donald Trump aus, dass es niemals zu wenig „narzistische politische Eiferer" gäbe, die diese Lage für ihre Zwecke ausschlachteten.

ein „asiatisches Jahrhundert" sein wird.[199] Die Welt war in den vergangenen 100 Jahren ungewöhnlich bi- und unipolar. Das wird sich wieder ändern und der Zustand wird eher früheren Zeiten ähneln. Noch vor 500 Jahren lebten die Menschen in einer polyzentrischen Welt. Fünfzehn hochentwickelte Zivilisationen (außerhalb Europas und Asiens einzig die Reiche der Azteken und Inka) tauschten in drei großen, regional verfassten und international über bestimmte Routen miteinander vernetzten Handelsräumen Waren und Güter aus.[200] Und erstaunlich ist, dass im 18. Jahrhundert Chinas hoch entwickelte Marktwirtschaft nicht in einen industriellen Durchbruch mündete. Europa gelang es, mit Maschinen und Düngern aus der begrenzenden alten „biologischen Ordnung" (Marks) auszubrechen und zu neuen Höhen zu gelangen.[201]

Sicher, noch gibt es eine Kluft zwischen den westlichen Industrieländern und den sich rasch entwickelnden Ländern im Osten des eurasischen Kontinents. Und die Aufholjagd ist lang. Milanovic errechnete einen Wert von 8,6 Prozent, mit der die Wirtschaft Chinas wachsen muss, damit die absoluten Einkommensunterschiede zu den USA sich nicht vergrößerten, wenn die USA gleichzeitig um nur ein Prozent jährlich wachsen würden. Er findet das schöne Bild, die Chinesen müssten sehr schnell laufen, nur um auf der Stelle zu treten.[202]

Wie stark die Schwellenländer noch immer hinterher hinken, wird auch bei einem Größenvergleich deutlich: Thailand hat mehr Einwohner als Großbritannien oder Frankreich. Zugleich ist aber die Kaufkraft aller Thais zusammengenommen geringer als die der Einwohner des kleinen US-Bundesstaates Massachusetts.[203]

Aber: Die Dynamik auf der Welt liegt seit über 20 Jahren in Asien, nicht in Europa und auch nicht mehr in den USA. Für den *Financial Times* Washington Kolumnisten und Korrespondenten Edward Luce ist klar,

---

[199] Hier sei auf die Arbeiten von Winchester 1991, Sandschneider 2007, Mahbubani 2008 hingewiesen, die uns in unserer Einschätzung bekräftigten. Ebenso die Bücher von Frank Siren. Für aktuellere Einschätzungen sei auf die neueren Arbeiten von Rachman 2016, Auslin 2017 und Luce 2017 hingewiesen.
[200] Marks 2006, S. 34–49; eine Einschätzung die Jürgen Osterhammel teilt, vgl. Osterhammel 2007, S. 42.
[201] Vgl. Marks 2006, S. 126.
[202] Vgl. Milanovic 2017, S. 113.
[203] Vgl. Krugman 2009, S. 95.

dass „ The world's centre of gravity, meanwhile, is shifting inexorably towards the east."[204]

Aus unserer Sicht helfen Vergleiche, wie die gerade angestellten, sogar argumentativ im Fall von Kommunalpartnerschaften. Denn sie erinnern daran, dass auch Millionenstädte – wie in unserem Fall die späteren Partnerstädte Xi'an oder Tianjin – zu bestimmten Themen sinnvolle Verbindungen zu kleineren Städten wie Oldenburg aufnehmen können. Auch wenn es aus ihrer Sicht und an den Einwohnerzahlen gemessen „Zwergstädte" sind.

Dabei schätzen viele Deutsche das „Mitte-Reich" (Chinas Eigenbezeichnung in wörtlicher Übersetzung) weiterhin falsch ein. China wird nach wie vor von vielen als Werkbank der Welt verstanden. Dabei wandelt sich das Land rapide zu einer Größe auch im Feld der Wissenschaft. Vielen ist entgangen, wie weit China schon vorgedrungen ist. Bis ins All: Mit der Tiangong 2 (天宫二号) ist China neben dem internationalen Gemeinschaftsprojekt ISS derzeit die einzige Nation mit einer Weltraumstation im Orbit unseres Planeten. China wird die Welt verändern. Steht „Made in China" heute noch für Billigwaren und störanfällige Produkte, wird sich dieser Eindruck in zehn bis dreißig Jahren komplett verändert haben. Und auch die Seh- und Geschmackweisen der Welt werden chinesischer werden, denn anders als z.B. Russland hat China viel „soft power". Einen kleinen Vorgeschmack kann man bereits erkennen: Die Globalisierung wird auch zu einer Veränderung der Seh- und Kaufgewohnheiten führen („Made by Chinese")[205]. Postrel verweist zum Beispiel darauf, dass Globalisierung, Migration und vermehrtes Reisen zu neuen Einflüssen führten. Beispielsweise habe sich Feng Shui durch eine heute dreimal größere chinesische Population in den USA rasant vermehrt.[206]

Wie sind wir in Oldenburg beim Aufbau eines „China Desk" vorgegangen? Man kann die Entwicklung in sechs Schritten nachzeichnen:

---

[204] Luce 2017, S. 141.
[205] Im 18. Jahrhundert stand China mit dem Export von Seide und Porzellan als weltweit gefragte Luxusartikel schon einmal für hochwertige Güter. Vgl. Osterhammel und Petersson 2007, S. 23.
[206] Vgl. Postrel 2003, S. 59.

- **Auftakt und Bestandsaufnahme**: In einem ersten Treffen im Mai 2007 luden wir alle Interessierten zum „China Roundtable" ein. Dort präsentierten wir ein Poster, dessen Inhalt uns selbst überraschte: Auf einer chinesischen Landkarte hatte die Wirtschaftsförderung zuvor alle uns bekannten Standorte in China markiert, an denen Oldenburgische Unternehmen aktiv waren. Sowohl Anzahl als auch Bandbreite waren für alle Teilnehmer verblüffend.
- **Aufbau einer Kontaktstelle mit Muttersprachlern**. Zweierlei war klar: Zum einen brauchte es eines Muttersprachlers, der die Kontaktstelle aufbauen und leiten sollte. Mit Wei Zuo, der damaligen Präsidentin des chinesischen Studierendenvereins, wurden wir in der Idealbesetzung rasch fündig. Zum anderen musste das „China-Desk" klug in bestehende Strukturen eingebettet werden, um aktiv werden zu können. Wir entschieden uns für eine Einbettung in die Wirtschaftsförderung bei räumlicher Ansiedlung in der Nähe zum Oberbürgermeister. Dies sollte vor allem bei Delegationsbesuchen die Ernsthaftigkeit des Anliegens unterstreichen.
- **Entwicklung einer Strategie**: Speziell für die Zusammenarbeit mit China haben wir ein „Four Track" Raster und die Idee der „strategischen Partnerschaften" festgelegt. Strategische Partnerschaften bedeuteten für uns eine flexible Form der Zusammenarbeit ohne offizielle Freundschaftsbeschlüsse beider Stadtparlamente. Wir wollten uns so flexible Handlungsoptionen bewahren – auch, um ggf. eingegangene Partnerschaften ohne Nachhaltigkeit wieder stoppen zu können. Das „Four Track" Raster legte mit Kultur, Wissenschaft und Wirtschaft drei Themenfelder fest, die jeweils durch administrative Kontakte als viertem Pfad ergänzt werden sollten. Jedes der Themen konnte den Einstieg für eine Zusammenarbeit darstellen; idealerweise sollten zu einer Partnerstadt Kontakte in allen Bereichen aufgebaut werden.
- **Heimische Partner finden und binden**: Hier haben wir auf den Aufbau von Netzwerken gesetzt. Ein Beispiel: Die Schaffung des „UNO"-Netzwerkes (Umwelt-Technologienetzwerk Oldenburg), das aus der Idee für eine Roadshow in China entstand. Grundlage war eine Ausschreibung des Bundesministeriums für Bildung und Forschung, das den Austausch im Bereich Umwelttechnologien fördern wollte. Das China-Desk bildete den Knotenpunkt einer

speziell zu diesem Zweck geschmiedeten Allianz von kleinen und mittleren Umwelt-Technologiefirmen und Wissenschaftlern: „Speaking in terms of marketing we can regard the China Desk as being a node or a hub for creating the new network." [207]
- **Chinesische Zielstädte identifizieren**: Wichtig war für uns das Thema Wissenschaft und wissensbasierte Industrien. Kunzmann nennt Beispiele für die Konzentration von Wissensindustrien in China. Nach Beijing und Shanghai weise Xi'an die höchste Konzentration relevanter Wissenschafts-Cluster auf. Xi'an ist seiner Einschätzung nach einer der fünf erfolgreichsten High-Tech-Standorte in China (Xi'an, Beijing, Shanghai, Shenzhen und Wuhan).[208] Kein Wunder also, dass sich die intensivsten Beziehungen zu Xi'an ergaben.
- **Anlässe suchen und schaffen**: Gleich der erste Anlass für einen Austausch wies uns einen Weg für ein erfolgreiches Vorgehen in China. Über unsere niederländischen Freunde erhielten wir eine Einladung zum „EuroAsia Economic Forum" in Xi'an.[209] Dort im Rahmen des „Mayors Forum" zu sprechen führte rasch zu einer Multiplikation von Einladungen und damit auch Kontakten. Messeauftritte und Konferenzteilnahmen bildeten einen verlässlichen Rahmen für die Weiterentwicklung einer „Sichtbarkeit" in China.

Die Rolle der Wissenschaft für unsere Gesamtstrategie haben wir bereits betont. Entsprechend sollte es eine Querverstrebung zwischen den China-

---

[207] Lisowski und Zuo 2012, S. 116. Zur grundsätzlichen Bedeutung von Unternehmensnetzwerken vgl. Zanni und Bellavista 2012.

[208] Vgl. Kunzmann 2008, S. 62–63.

[209] Ohnehin hatten wir unseren Groninger Freunden den Einstieg in China zu verdanken. Im Juli 2007, wenige Tage nach Gründung des China-Desk, waren wir Teilnehmer einer Groninger Delegationsreise, angeführt von Wethouder Jap Dijkstra, nach Tianjin und Xian. Beides waren seit Jahren bereits Partnerstädte von Groningen. Im Rahmen dieser Reise wurden dann auch tri-laterale Abkommen, die in englisch und chinesisch verfasst waren, unterzeichnet. Bei der Rückkehr wurden diese Ergebnisse umgehend dem Rat in Oldenburg mitgeteilt. Dabei kritisierten Ratsmitglieder, dass die Schriftstücke nicht auf deutsch waren. Aus den Niederlanden hörten wir keine Kritik wegen der fehlenden holländischen Fassung.

Aktivitäten und der Gesamtstrategie der Stadt geben. Dies macht vor dem Hintergrund der Gesamtentwicklung absolut Sinn. Bislang ist China in den meisten Wissenschaftsstädten zwar eher durch die Zahl der chinesischen Studierenden aufgefallen, doch das Bild wird sich ändern: „Mit dem Aufstieg von China zu einer bedeutsamen Wissenschaftsnation kommt ein zusätzlicher Akteur in das weltweite Netz der Wissensstandorte, der lange Zeit nur als 'Lieferant' von hochqualifizierten oder selbst zahlenden Studierenden betrachtet wurde. Dies wird China auch noch für eine Weile tun, aber die Qualifikation dieser Studierenden und Wissenschaftler wird in den nächsten beiden Jahrzehnten immer größer werden und damit werden auch deren Ansprüche an Wissensstandorte außerhalb Chinas steigen, die finanzielles oder auch nur akademisches Interesse haben, sie anzuziehen und zu beschäftigen."[210] Kunzmann spricht sich entsprechend für die Prüfung gezielter deutsch-chinesischer Wissenschaftsparks aus. In diesem Zuge müsse nachgedacht werden über eine bessere Außenpolitik deutscher Städte; Maßnahmen zur Schaffung von Vertrauen (Stichwort Technologietransfer); Überholung der strengen deutschen Migrationsbestimmungen.[211] Wasser auf unsere Mühlen! Und zumindest auf den ersten der drei von Kunzmann genannten Aspekte hat eine Stadtverwaltung Einfluss. Diesen Einfluss haben wir auch genutzt. Für die Umsetzung einer kühnen Idee Kunzmanns hat die Amtszeit allerdings nicht mehr gereicht: „Es könnte auch Sinn machen, zu erkunden, ob nicht an zwei oder drei hochschulnahen Standorten in Deutschland Wissenschaftsparks in Kooperation mit chinesischen Technologieparks errichtet werden. (...) Gerade Unternehmen in diesen Wissenschaftsparks könnten die ersten Arbeitsplätze für chinesische Absolventen technologischer Studiengänge sein."[212] Kunzmann skizziert drei generelle Muster, sich aus deutscher Sicht mit dem Aufstieg Chinas zu einer ernst zu nehmenden Wissenschaftsmacht zu befassen:[213]

- **Szenario „Nichts tun"**: Die bisher international bekannten Hochschulstandorte in Deutschland werden weiterhin ausländische Studierende – auch aus China – anziehen. Die übrigen werden eine eher regionale Versorgung mit Absolventen über-

---

[210] Kunzmann 2008, S. 65
[211] Vgl. hierzu: Kunzmann 2008, S. 69.
[212] Kunzmann 2008, S. 69.
[213] Vgl. zum Folgenden: Kunzmann 2008, S. 66–69.

nehmen (außer, sie haben sich hochspezialisierte Nischen geschaffen). Bei den gezielt an ausländischen Universitäten geschmiedeten Alumni-Netzwerken werden sie aber keine Rolle mehr spielen.
- Szenario „**Wettbewerb aufnehmen**": Exzellenzstandorte werden gezielt ihre Stärken stärken und den internationalen Wettbewerb aufnehmen, da Standortentscheidungen chinesischer Studierender und junger Wissenschaftler in Zukunft in erster Linie vom Image eines Wissensstandortes abhängen werden.
- Szenario „**Strategisch umarmen**": China wird bald mit Problemen einer verringerten Industrialisierung umgehen müssen. Dabei kann das Land von Deutschland lernen. Gezielte Kooperationen müssten angestrebt werden. Als Beispiele nennt er gezielte Angebote für chinesische Zielgruppen in Aus- und Weiterbildung und sonstige Kooperationen mit China.

Am ehesten entsprechend dem letzten Szenario erfolgte die „Krönung" der Bemühungen um China in den letzten beiden Jahren: Das Klinikum Oldenburg – einer der Gründungspartner der European Medical School – gründete mit dem Universitätsklinikum Dalian das erste **Deutsch-chinesische Krebszentrum**. Und kurz nach dem Ende der Amtszeit gelang mit der Umsiedlung der Forschungsabteilung der Agrartechnologiefirma Muyang von Dänemark nach Oldenburg ein zweiter Glücksgriff.

Gerade der Aufbau des Krebszentrums war ein Meilenstein in der Entwicklung der Zusammenarbeit. Er verlief allerdings nicht immer in ruhigem Fahrwasser. Während der Zeit gab es auch **heikle Situationen**, mit denen umgegangen werden musste. Beispielsweise entschied sich der Stadtrat an einer Stelle, der chinesischen Botschaft einen Resolutionsentwurf zum schwierigen Thema China und Demokratie[214] übermitteln zu lassen. Selbstverständlich erfüllt eine unter den Grundsätzen von good governance geführte Verwaltung solche Entscheidungen eines Parlamentes, selbst wenn man als Amtsträger die Dinge anders bewertet. So wurde das Schreiben des Rates von einer hochrangigen Mitarbeiterin und der Leiterin des Chinabüros persönlich nach Berlin in die Botschaft gebracht. Der Brief des Rates erreichte also sicher die chinesische Botschaft. Dort

---

[214] Wer sich über das politische System Chinas informieren möchte, schlägt nach bei: Heilmann 2004.

allerdings erging es ihm möglicherweise wie dem Brief des englischen Königs George III. an Kaiser Qianlong. Des Kaisers Antwort auf die Bitte des Königs um Handelsbeziehungen: „Unser himmlisches Reich verfügt in Hülle und Fülle über alles und leidet innerhalb seiner Grenzen keinerlei Mangel."[215]

Eine ernsthafte Debatte zur Rolle von Demokratie auf der Welt hätte spannend sein und dem Stadtrat zu einer intellektuellen Glanzstunde verhelfen können. Doch sie blieb aus. Schade eigentlich, denn der Kontakt mit China könnte ja auch ein Anreiz sein, das eigene politisch-moralische Korsett zu überdenken. Jonathan Haidt weist ja zu Recht darauf hin, dass diejenigen Menschen, die er WEIRD nennt (Western, Educated, Industrialized, Rich, Democratic) die ungewöhnlichste, seltenste und unrepräsentativste Menschengruppe auf dem Planeten sei: „The moral domain varies by culture. It is unusally narrow in Western, educated, and individualistic cultures. Sociocentric cultures broaden the moral domain to encompass and regulate more aspects of life."[216]

Auf vier weitere China-Aktivitäten möchten wir an dieser Stelle noch eingehen.

Auf Grund der engen Beziehungen zu Groningen und deren engen Kontakte nach China, präsentierten wir uns gemeinsam auf dem „Bremen, Bremerhaven, Oldenburg Pavillon"[217] auf der Expo 2010 in Shanghai im September 2010. Die Groninger Delegation wurde dabei von Bürgermeister Dr. Peter Rehwinkel geleitet, mit dem die Zusammenarbeit noch weiter intensiviert werden konnte.

2011 waren wir der exklusive Teilnehmer für Deutschland bei der Weltgartenbauausstellung in Xian. Unser Garten erhielt sehr viel Aufmerksamkeit[218] und wurde als einziger ausländischer Garten mit einer Silber-

---

[215] Zit. nach Marks 2006, S. 137.
[216] Haidt 2013, S. 30.
[217] Leider wurde in der öffentlichen Kommunikation der Pavillon einseitig lediglich als Bremer Pavillon wahr genommen, dabei wäre er ohne ein beträchtliches finanzielles Engagement durch die EWE AG gar nicht möglich gewesen und ein Raum des Pavillon war auch exklusiv nur mit Oldenburger Themen „bespielt".
[218] Als zentrales Bildmotiv hatten wir eine Reihe von in gerader Linie stehenden 12 Gartenzwergen aufgestellt. Diese „Zwerge" waren jedoch 1,50 Meter groß waren und wurden ein millionenfaches fotografiertes Bildmotiv (Selfies). Hier

medaille geehrt und Wei Zuo bekam eine Auszeichnung als beste Managerin. Für die städtischen Mitarbeiter Oldenburgs war es dabei eine gute Möglichkeit zu zeigen, was sie fachlich auch über eine solche Entfernung können. In China hat sich dieser Erfolg rasch herum gesprochen, so dass wir gleich im Anschluss von der Stadt Qingdao eingeladen wurden, bei der 2014 stattfindenden Weltgartenbauausstellung teilzunehmen und die entstehende Kosten weitgehend selbst zu übernehmen. Die Region Oldenburg, was nicht so sehr bekannt ist außerhalb der Fachkreise, ist eine der führenden Baumschulregionen Europas (inklusive dem Marktführer).

Die Beziehungen der Stadt Oldenburg zu Qingdao und Xian wurden auch nach der Amtszeit fortgesetzt. Nach einem einstimmigen Ratsbeschluss Oldenburgs im September 2016 erfolgte die offizielle Unterzeichnung der Städte-Partnerschaft zwischen Oldenburg und Xian im September 2017.

Das China-Engagement Oldenburgs wurde die ganzen Jahre sehr stark von der Chinesischen Botschaft in Berlin, hier vor allem von LI Nianping, der aus Xian stammt, unterstützt. Li Nianping[219] war auch mehrfach beim Grünkohlessen in Berlin als Gast. Im März 2011 besuchte Botschafter Wu Hongbo eineinhalb Tage Oldenburg. Ein ständiger Kontakt mit häufigen Besuchen in Oldenburg war auch der ehemalige Generalkonsul Yang Huqun.

Ohnehin war es so, dass das China-Engagement außerhalb Oldenburgs rasch gewürdigt wurde. Davon zeugen die Einladungen zu Konferenzen des Städtetags und Auswärtigem Amt im Herbst 2008 nach Potsdam, die offizielle Teilnahme des Oberbürgermeisters als einem von zwei Vertretern (neben OB Schramma aus Köln) bei einem Freundschaftstreffen in Beijing im November 2008, bei dem Xi Jinping als Hauptredner sprach. Im November 2009 kam es dann im Rahmen einer Konferenz in Xian zu einer weiteren Begegnung mit Xi Jinping. Die Gelegenheit für ein Ge-

---

nahmen wir uns ironisch selbst auf die Schippe und paraphrasierten gleichzeitig eine Art Gartenzwerg-Armee als Referenz an die Terrakotta-Armee in Xian.
[219] LI Nianping ist derzeit der Botschafter Chinas in Kolumbien.

spräch unter vier Augen wie 1999 mit George W. Bush ergab sich leider nicht.[220]

Im Jahr 2014 wagten wir gemeinsam mit Vertretern der Europäischen Kommission, des Deutschen Städtetages und anderer Kommunen mit der Veranstaltung **„China 2.0"** einen Ausblick auf kommunale Kooperationen mit China.[221] Ein Ergebnis: Für europäische Firmen bieten sich in China weiterhin viele Möglichkeiten erfolgreich aktiv zu werden. Denn nach wie vor sind in China gewaltige politische Anstrengungen am Werk. Ein Beispiel: Die Regierung will nach einer Erklärung von Ministerpräsident Li Keqiang bis 2020 etwa einhundert Millionen Menschen aus ländlichen Regionen in Städte umsiedeln, weil sich Städte für ein in weiten Teilen immer noch armes Land besser mit modernen Infrastrukturen versorgen lassen als disperse ländliche Gebiete. Dieses Programm der chinesischen Regierung, das viele Anknüpfungspunkte für westliche High-Tech-Firmen bietet, wird von vielen eher links stehenden Politikern kritisch beäugt. Collier verweist irritiert darauf, dass paradoxerweise diejenigen, die meist einer Migration von Menschen aus Entwicklungs- in Industrieländer positiv gegenüber stünden, sich der Migration vom Land in die Stadt reserviert gegenüber verhielten: „Es hat den Anschein, als sollten die Bauern in ihrem ländlichen Idyll eingefroren werden."[222]

---

[220] Dafür wurde im Oktober 2013 die Verleihung der Ehrenbürgerwürde durch die Stadt Xian an den Oberbürgermeister zum persönlichen Höhepunkt der China-Aktivitäten.
[221] Eine kurze Bewertung der China-Aktivitäten findet sich auch in: Lisowski und Schwandner 2017, S. 42-47.
[222] Zu diesem Gedanken und Zitat vgl. Collier 2016, S. 229.

8 Headquarter Espressobar. Das strategische Zentrum

8.1 Ein strategisches Zentrum schaffen

Frühjahr 2007. Nahe dem Ratshausplatz hat die Espressobar „Fabi" Hochkonjunktur. Der neue Laden setzt auf italienisches Flair mit hervorragendem Espresso und italienischem Colazione. Jeden Werktagmorgen treffen sich hier vier Herren mit Namen Schwandner, Sagurna, Klaukien und Lisowski. Jeden Morgen besprechen sie die Lage der Stadt. Ohne vorformulierte Agenda, dafür mit Espresso und Brioche. Die Funktionen der vier: Oberbürgermeister, Büroleiter des Oberbürgermeisters, Pressesprecher und Wissenschaftsreferent. „Schwandners Boygroup" nennen die Grünen despektierlich die Runde, die vor allem eines erreichen will: die festgelegte Strategie für die Stadt umzusetzen und auf Kurs zu bleiben. Später, nach Schließung des „Fabi" wurde das Café **Centrale** San Marco in dann geänderter Besetzung mit Schwandner, Lisowski, Andrea Reschke und Andreas van Hooven zum ‚abhörsicheren' Besprechungsort.[223]

Die strukturelle Gestaltung von Organisationen hat eine gravierende Auswirkung auf deren Fähigkeit, Strategien umzusetzen. Und das ist entscheidend. Denn oftmals ist es gar nicht so schwer, eine gute Strategie zu entwickeln. Schwieriger ist es, sie auch zum Laufen zu bringen. Dafür braucht es neben einem **strategischen Zentrum** auch einer gut geführten Verwaltung, die versteht, wohin man will. Die dann auch eigene Ideen in den durch die Strategie gesteckten Rahmen einbringt. Und die offen für einen Wandel ist. Die klassisch hierarchische Verwaltung nach dem Weber'schen Bürokratiemodell ist dafür nur teilweise geeignet. Sicher, Bürokratie war zu Zeiten Max Webers kein Schimpfwort: „Bureaucracy to Weber was far from the dirty word it has become today. It described the most advanced form of organization humans had achieved and the one best suited for progress in a capitalist society."[224] Auch Richard Sennett sieht in Webers Bürokratiemodell einen positiven Kern. Sie liefere Stabi-

---

[223] Heute wäre unsere Wahl sicher das „Sapori d'Italia", das es seit 2013 gibt.
[224] Naim 2014, S. 40. Im Sozialismus ebenso und noch mehr, möchte man spöttisch anfügen.

lität und Sicherheit.[225] Ob aber die öffentlichen deutschen Verwaltungen heute noch so positiv gesehen werden können, ist fraglich. Häufig liefern sie eher den Eindruck, Initiative, Motivation und Eigenverantwortung der Mitarbeiter zu lähmen. Sie wirken träge, grau und tendieren unter dem übermäßigen Einfluss von Personalräten und Gewerkschaftsfunktionären nicht selten mehr zur Mittelmäßigkeit als zur Meritokratie.

Zurück zum Oldenburger Beispiel: Insgesamt hatten der SPD-Amtsvorgänger und seine Mitarbeiter eine **gut aufgestellte Verwaltung** hinterlassen. Die Struktur, die inhaltliche Gliederung und die Prozessabläufe waren gut definiert und sehr leistungsfähig. Auch das kann übrigens als Zeichen gewertet werden, den Mitarbeitern mehr Freiraum bei der Gestaltung zentraler Aufgaben zu lassen. Denn die Aufbauorganisation der Kommunalverwaltung war wesentlich Ende der 1990er Jahre von ihren damals jungen Führungskräften konzipiert worden, während der Amtszeit des ersten direkt gewählten Oberbürgermeisters (eines inzwischen verstorbenen CDU-Mannes). Obgleich wir auf eine größtenteils wohl organisierte Verwaltung stießen, war die **Schaffung einiger neuer Strukturen** fester Bestandteil unseres Vorhabens. Klar war schon im Jahr 2006, dass es drei zentrale Veränderungen geben sollte:

- Das **Büro des Oberbürgermeisters** sollte eine Aufwertung im Stil des französischen Kabinettssystems bekommen. Mit einer Leiterin (im ersten Jahr einem Leiter), die stärker politisch und strategisch agiert, als dies die bis dahin vorliegende Stellenbeschreibung es ermöglichte. Dazu wurde die Einheit „Büro des Oberbürgermeisters" aus dem Amt für Personal- und Verwaltungsmanagement herausgelöst und in ein eigenständiges Amt überführt;
- Zwei **Stabsstellen** und zwei **Beauftragte** sollten an der Verwaltungsspitze wissenschaftlich fundierten Input zu zentralen Aufgabenstellungen liefern und weniger tagespolitisch agieren, sondern eher langfristig-strategisch überlegen. Gesucht wurden Mitarbeiter, die eine politische und sektoren-bezogene Analyse erstellen konnten, was einzelne Entscheidungen für die Gesamtstra-

---

[225] Vgl. Sennett 2007, S. 19–35. Sennett zitiert auch Bennett Harrison, wenn er von einem heute „ungeduldigen Kapital" spricht, bei dem sich der Fokus von der Dividende zum Aktienkurs verschoben habe.

tegie bedeuten würden. Inhaltlich handelte es sich um eine Stabsstelle Wissenschaft (die einzige, die noch vor dem Platzen der schwarz-grünen-Ratskoalition wenige Woche nach der Kommunalwahl ermöglicht werden konnte) und eine Stabsstelle Regionalökonomie, die nicht mehr umgesetzt werden konnte, sowie um einen Integrations- und einen Demografiebeauftragen. Um den wissenschaftlichen Input stärker an die Verwaltungsspitze zu binden, wurden diese Stabsstellen und auch die Beauftragten bei weitgehender Eigenständigkeit dem Büro des Oberbürgermeisters zugeordnet. Sie berichteten dem Oberbürgermeister direkt. Diese Zuordnung stellte sich als Glücksgriff heraus: So formte sich im Alten Rathaus schnell ein **strategisches Zentrum**, das vielleicht nicht mehr dem Weber'schen Modell eines klar hierarchisch gegliederten Verwaltungsaufbaus mit seinen überschaubaren funktionalen Silos entsprach, aber ausgesprochen schlagkräftig agierte.
- Neben diesen Änderungen wurde letztlich nur noch eine weitere **Personalentscheidung** getroffen: Der damalige Leiter des **Pressebüros** – ein enger Vertrauter des Vorgängers – musste seinen Posten gegen eine andere Führungsfunktion räumen.[226] Jeder neu ins Amt gewählte Oberbürgermeister sollte die in Deutschland zum Glück weitgehend unpolitische Verwaltung möglichst unangetastet belassen. Drei Ausnahmen machen Sinn: Der Pressesprecher, der Bürochef und die Chefsekretärin[227] sollten ausgewechselt und ggf. mit Vertrauenspersonen des neuen Amtsinhabers besetzt werden. Alle drei Stellen arbeiten auf das Engste mit dem neuen Verwaltungschef zusammen. Und bei allen dreien muss sich der neue Chef blind darauf verlassen können, dass keinerlei Interna durchsickern. Hier würde man Menschen, die vor-

---

[226] Die Ironie der Geschichte ist: Geschadet hat es ihm auf lange Sicht nicht. Zunächst bewarb sich Jürgen Krogmann sehr erfolgreich um ein Landtagsmandat, um von dieser Position aus nach der Pensionierung von Gerd Schwandner im Jahr 2015 auf den Amtssessel im Rathaus zu wechseln. Eine Entwicklung die bei anders verlaufender Geschichte nicht sehr wahrscheinlich gewesen wäre.

[227] Hier wurde gezielt eine Mitarbeiterin mit Bezug zu den Niederlanden gesucht und eine Deutsch-Holländerin eingestellt. Später, durch einen Personalwechsel, hatte die Chefsekretärin einen russischen Migrationshintergrund.

her für jemand anderes diesen Job gemacht haben, auch in Loyalitätskonflikte bringen.

Diese Personen formten das „Strategische Zentrum" für die geplanten Veränderungen – auch jenseits der Amtsträger. Im Falle des Büroleiters und des Pressesprechers erfolgte – zum Teil durch den Rat erzwungen – ein Wechsel der Personen währen der achtjährigen Amtszeit. Die Runde als solche, als strategisches Zentrum der Verwaltung, blieb aber bestehen und funktionierte hervorragend.

8.2 Der Rat ist stärker Veto-Spieler, nicht Partner für Strategie

Stellen Sie sich einen Menschen vor, der in abgerissener Kleidung vor Ihnen steht. Die Hosen zerschlissen. Das Hemd lange nicht gewechselt. Insgesamt scheint die Kleidung aus einer Zeit zu stammen, in der ABBA gerade erst die Charts stürmte. Von so einem Menschen würden wir leicht sagen: Er hat die Selbstachtung verloren. Seltsam, dass wir diesen Gedanken eher nicht auf Institutionen, die ebenso gepflegt werden wollen,[228] anwenden.

Wie wenig der Rat der Stadt Oldenburg auf sich selbst zu geben schein, ist exemplarisch am Oldenburger **„Ratssaal"** abzulesen. In einem **völlig gesichtslosen Mehrzweckraum** tagt einmal monatlich das höchste Gremium der Stadt und Repräsentant seiner Bürger. Das Ganze hat den Charme einer Selbstfindungsgruppe der frühen 1980er Jahre. Anders als in manchen Gemeinden des Umlandes hat der Oldenburger Stadtrat bis heute keinen funktionalen und dem Anlass angemessenen Raum für sich herrichten lassen. „Kleider machen Leute" – und was für Menschen gilt, kann auch für Einrichtungen gelten. Auch wenn die Zeiten der nationalen architektonischen Glorifizierung (man denke an Roms Vittoriano, den „Altare della Patria") glücklicherweise vorbei sind, täte etwas mehr Selbstachtung gewiss nicht schlecht. Selbst die meisten Hochschulen haben einen repräsentativen Raum, in dem Senat oder Hochschulrat tagen und der weitgehend für diese Zwecke reserviert ist.

---

[228] Zur Notwendigkeit Institutionen zu pflegen vgl. Fukuyama 2014.

Bei so **wenig Achtung des Gremiums vor sich selbst** wundert auch der Umgang mit dem Vermächtnis der Oberbürgermeister und Oberstadtdirektoren der Stadt nicht. Anstatt im Rathaus an repräsentativer Stelle gezeigt, finden sich die Bilder der ehemaligen höchsten Würdenträger des Gemeinwesens schamhaft in einem Durchgangs- und Rüstraum mit Umkleide, kurz vor einer Teeküche.

Schwenken wir um von dieser Form zum Inhalt, verwundert es vielleicht nicht, dass **wenig Impulse in Oldenburg vom Stadtrat ausgehen.** Was allerdings weder eine Oldenburger Besonderheit, noch ein neues Phänomen darstellt. Grundsätzlich kommen aus den Räten selten relevante Initiativen. Zumindest stammen politische Impulse aus der Verwaltung und meist stimmen die Räte den Verwaltungsimpulsen einfach zu. Naßmacher und Naßmacher weisen auf die wenigen empirischen Studien hin, nach denen geschätzt wird, dass etwa 80 bis 90 Prozent aller Verwaltungsvorlagen unverändert vom Rat oder den Ausschüssen (viele Kommunalverfassungen sehen – anders als in Niedersachsen – beschließende Ausschüsse vor) beschlossen werden.[229] Wenn das vielleicht auch nicht unbedingt als demokratietheoretisch gefährlich bezeichnet zu werden braucht, reicht es doch, um einen Augenblick inne zu halten. Sollten nicht die Räte die „Schule der Demokratie" sein?

Der Rat scheint oft sehr rat-los und ohne eigene Ideen zu sein. Manchmal wird diese Ratlosigkeit bei Sitzungen mit Externen deutlich, also Treffen, bei denen die ratlosen Ratsherren (und -frauen) nicht nur unter sich sind. Ein Beispiel: Bei einem wichtigen Gespräch zwischen Förderern des Stadtmarketings und den Fraktionsvorsitzenden ging der Vorstandsvorsitzende eines der größten Unternehmen vor Ort mit den anwesenden Fraktionssprechern hart ins Gericht. Er fragte sie, was denn ihre Vorstellung seien, wohin sie die Stadt entwickeln wollten. Wenn sie denn schon den Kurs des Oberbürgermeisters ablehnten, sollten sie doch eine Alternative anbieten können. Das Ergebnis: betretenes Schweigen. Nur von einer Fraktionssprecherin kam die Antwort, sie erwarte mehr Vielfalt. Von dem Wirtschaftsvertreter kam der dezent überhörte Hinweis, dass ein einzelnes Schlagwort wohl kaum eine konzeptionelle Gesamtpolitik ersetzen könnte.

---

[229] Vgl. Naßmacher und Naßmacher 1999, S. 313.

In den meisten uns bekannten Fällen sind gerade die Räte noch viel weniger als die Verwaltungen in der Lage, weiterreichende Strategiekonzeptionen zu entwickeln. In der **kommunalen Politik** herrscht in der Regel ein **reines „Konfliktmanagement"** (Naßmacher) vor: Das tagesaktuelle Thema wird nicht selten mit aufgeregtem Gestus begleitet. Man kann vieles am New Public Management (NPM)[230] kritisieren und auch zurecht. Naßmacher und Naßmacher kontrastieren das sogenannte „Neue Steuerungsmodell", das insbesondere von der KGSt propagiert wurde mit dem auf Einzelfallinterventionen beruhenden, eher traditionellen „Konfliktmanagement", das es im politischen Raum auf allen Ebenen gibt. Ihr Wohlwollen gegenüber einem strengeren Blick auf die Finanzen ist gepaart mit einer Skepsis gegenüber einer „Vermanagement-isierung" von Politik.[231] Aber eine NPM-Grundidee ist schon interessant: Anstelle des täglichen Krisenmanagements wird ein Politikverständnis gefordert, das längerfristige Planungen und die Entwicklung von Visionen befördert. In Deutschland hat sich das NPM allerdings leider in der Tat vornehmlich im Finanzcontrolling niedergeschlagen. Während wir aus britischen Städten durchaus Modelle kennen, in denen der Stadtrat über ihn beratende Strategie-Einheiten verfügt und entsprechend recht rege in der Planung und Diskussion von Zukunftsfragen ist[232], herrscht bei uns weiter der tägliche, operative Eingriff vor.

Die mangelnde Fähigkeit von Kommunen, perspektivisch zu planen, hat aus unserer Sicht mehrere Ursachen:

- Fehlende Zukunftsperspektiven in den **Wahlkämpfen**: Schon die Programme der Parteien sind – entgegen der Behauptungen der Wahlkämpfer – keine langfristigen Perspektivpapiere, sondern üblicherweise ein Sammelsurium an Forderungen und Ideen mittlerer Reichweite (drei Jahre), nicht selten mehr notdürftig als konzeptionell stringent auf die jeweilige parteipolitische Sicht zurechtgebürstet.
- Das zunehmend auf **Kurzfristigkeit ausgerichtete Setting demokratischer Institutionen**: Kürzere Rats- und Bürgermeister-

---

[230] Ein gelungener Kurzabriss des NPM findet sich in: Bogumil und Holtkamp 2013, S. 78-90.
[231] Vgl. Naßmacher und Naßmacher 1999, S. 77–84.
[232] Beispielhaft sei Nottingham genannt: http://www.nottinghamcity.gov.uk/planning-and-building-control/planning-policy/, abgerufen am 17.12.2016.

positionen, kombiniert mit Elementen direkter Demokratie und immer hektischer agierender sozialer wie echter Medien verketten Politik im tagtäglichen Troubleshooting. Dieser Druck ist sowieso traditionell stark. Kommunalpolitik in Deutschland ist es eher nicht gewöhnt, in Konzepten zu denken.
- Letztlich hängt es vermutlich auch mit der **Wirkmächtigkeit der jeweiligen Stadtgeschichte** zusammen. Die Städte sind sehr stolz auf den Blick in ihre Vergangenheit („775 Jahre Stadt Hannover")[233]. Entsprechend wird viel gefeiert und historisiert. Leider scheint dies den rückwärtsgewandten Blick der Beteiligten zu prägen und macht er schwerer, nach vorne zu schauen. Wir haben durch zahllose Reisen in den asiatischen Raum[234] den Eindruck gewonnen, dass dieser Blick zurück, das Fixieren der Vergangenheit ein dem Westen üblicher Wesenszug ist. Daher wundert uns die Dynamik asiatischer Städte und der dort ausgelöste, wahre Bauboom nicht, der von westlichen Medienmachern zumeist mit einem dramatischen Unterton von der Zerstörung der Geschichte präsentiert wird. Während bei uns Denkmalschutz über den Erhalt der Bausubstanz geschieht, ist es in Asien oft mehr eine Frage des Wesens einer Anlage. Der Tempel kann auch aus nur fünfzig Jahre alten Hölzern bestehen, solange er seinem Wesen nach erhalten bleibt (bei uns diskreditieren verbeamtete Denkmalschützer diesen Gedanken gerne als „Puppenstuben-Denkmalschutz").
- Grundsätzlich haben wir den Eindruck – der von vielen Kollegen geteilt wird – dass die **Qualität der Räte massiv nachgelassen** hat. Das stimmt nicht in jedem Einzelfall, aber insgesamt betrachtet. Nachdenklich machte ein Mittagessen im Oktober 2007 mit Ole von Beust, dem seinerzeit Ersten Bürgermeister der Freien und Hansestadt Hamburg im Hamburger Rathaus. Von Beust plauderte für die Hamburger Parteien aus dem Nähkästchen. Ihm sei aufgefallen, dass sie sich mehr und mehr aus Juris-

---

[233] Als bissige Nebenbemerkung sei der Hinweis erlaubt, dass die meisten chinesischen Städte über das, was wir als „alt" empfinden nur milde lächeln können.
[234] Für Kanada, die USA und Australien gilt ähnliches. Die Frontier-Mentalität ermutigt zu einem Blick nach vorne. In die Zukunft. Nicht zurück in die Vergangenheit.

ten rekrutieren, die für eine Beschäftigung in ihrem eigentlichen Bereich zu schlecht seien und als Ausweichbewegung in die Politik gingen.
- Dieser Gedanke paart sich mit einer alten deutschen Malaise. Es gibt **zu wenig politische Quereinsteiger**, gerade in der Kommunalpolitik. Wirklich hilfreich wären Menschen, die im Beruf eine erfolgreiche Karriere absolviert haben (oder dabei sind), und die von dieser Basis zumindest für eine Zeit mitarbeiten. Ideal wären eine oder zwei Ratsperioden. Das würde neue Impulse bringen und zugleich verhindern, dass Kommunalpolitik vor allem zum Rekrutierungskanal für junge Berufspolitiker wird. Wenn wir den Rat der Stadt Oldenburg Mitte der 2000er Jahre vergleichen mit dem Rat der kleineren Stadt Pforzheim Ende der 1970er bis Mitte der 1980er Jahre, fällt unmittelbar auf: Selbstverständlich war für die FDP ein großer Unternehmer im Stadtrat vertreten, nicht wie in Oldenburg ein Kleinstunternehmer. Selbstverständlich war für die CDU ein Großindustrieller vertreten, nicht ein einfacher Angestellter. Und selbstverständlich war für die SPD der Kreissekretär des DGB Ratsmitglied und nicht ein einfaches Gewerkschaftsmitglied. Insgesamt **Menschen, die außer sich selbst auch noch etwas anderes repräsentiert haben.** Warum sind diese Menschen nicht mehr für die Kommunalpolitik zu gewinnen? Seit Jahren machen nicht wenige Medienvertreter politische Arbeit verächtlich und verkaufen dies sogar („Vierte Gewalt") als Beitrag zur Demokratie.
- Apropos negativer Medieneinfluss: Nicht hilfreich für eine eher konzeptionell ausgerichtete Arbeit des Stadtrates waren die gut gemeinten, aber **in ihrer Wirkung eher destruktiven Live-Übertragungen des lokalen Fernsehsenders** „O Eins".[235] Sie führten zu dem sich immer stärker zuspitzenden Phänomen von endlosem „Schaulaufen" vor der Kamera. Nicht selten adressieren die Sprecher im Rat die – vermeintlichen – Massen vor den

---

[235] Dies ist keine Kritik an dem Sender O Eins. Zumal der Sender eine wichtige Rolle in der Medienlandschaft Oldenburgs spielt und während der Amtszeit auch im Rahmen der Sanierung des Bahnhofsviertels zu einem Kreativ-Quartier einen technisch sehr gut ausgestatteten Neubau erhielt, in direkter Nachbarschaft der „Kulturetage", die quasi den Nukleus bildete.

Bildschirmen, anstatt ihre Kollegen im Rat anzusprechen, mit denen sie ja nach unserem Verständnis von Demokratie mit den schärfsten Argumenten (und möglichst ruhigem Ton) um die besten Lösungen ringen sollten. Tatsächlich sprachen uns viele andere Hauptverwaltungsbeamte nach Ratssitzungen an, die sich die Übertragung angeschaut hatten. Stets mit einem Ton des Bedauerns, dass die Qualität der Sitzungen und der Auseinandersetzung massiv unter der Übertragung leide. Unser Eindruck ist derselbe, wie Oberreuter ihn schon um die Jahrtausendwende befürchtete. Er sorgte sich um die Potenz des politischen Führungspersonals, wenn diese im Rahmen der politischen Sozialisation ein Politikbild erfahren habe, bei dem es primär um die mediale Darstellung von Politik und weniger um das mühsame Problemlösen hinter den Kulissen ging.[236]

Fasst man alle diese Anekdoten, Einzelbefunde, Ideen und Beobachtungen zusammen, verdichteten sie sich zu einem Gesamteindruck. Die Räte sind heute weit davon entfernt, eine Schule der Demokratie zu sein oder auch nur ein Korrektiv zur Verwaltung. Sie sind kein Riemen, der die Interessen der Gesellschaft in staatliche Einrichtungen trägt. **Sie sind eine Vetomacht.** Sie machen das Leben der „Mächtigen" schwerer. Und sie machen es den „Mächtigen" schwerer, das Leben aller zu gestalten. Wohin das führen kann, davor warnt Moses Naim: „A world where players have enough power to block everyone else's initiatives but no one has the power to impose it's preferred course of action is a world where decisions are not taken, taken too late, or watered down to the point of ineffectiveness."[237] Naim behauptet nicht, dass neue, mächtige Gegner erwachsen sind. Er spricht eher von „Micropowers", die sich dadurch auszeichnen, das Leben der Menschen *nicht* gestalten, sondern lediglich ein Veto einzulegen oder sich einmischen zu können. Ohne konstruktives Ergebnis.[238]

Was könnte getan werden? Aus unserer Sicht reicht es nicht aus, nur an einer Stelle – wie etwa dem Verantwortungsbewusstsein – zu werkeln. Nötig wäre eine Mischung aus verschiedenen Impulsen:

---

[236] Vgl. Oberreuther 2001, 150f.
[237] Naim 2014, S. 18.
[238] Vgl. Naim 2014, S. 17.

- Die **Räte** könnten deutlich **verkleinert** werden und die Kompensationen könnten deutlich erhöht werden – in der Annahme, so den Wettbewerb um Ratsplätze zu verschärfen und durch diesen Wettbewerb mehr und bessere Leute zu gewinnen, in Räten mitzuwirken.
- Das **System** könnte insgesamt **flexibilisiert** werden: Engagement in der Politik ist nach wie vor ein Karriereknick – außer in Berufen, in denen es keine Karrieren in dem Sinne gibt, weil Laufbahnen vorgezeichnet sind, etwa im öffentlichen Dienst. Firmen müssten sich eine andere Denkhaltung angewöhnen: Wenn jemand fünf Jahre Politik macht, gewinnt er neue Einblicke, versteht besser, wie mit Medien oder der Bevölkerung umgegangen werden muss und wird so zu einem noch wertvolleren Mitarbeiter.
- Die **Medien** könnten ihren über die Jahre immer schärfer gewordenen **Ton drosseln**, in der Einsicht, dass nur derjenige sich engagiert, der dieses Engagement geschätzt sieht.
- Dies gilt gerade auch für das Internet: Das **Internet** hat an vielen Stellen mehr Schaden angerichtet, als Nutzen gestiftet. Offenbar sind wir Menschen nicht in der Lage, uns selbst zu beschränken und zu beherrschen, wenn wir anonym Hasstiraden ablassen können. Der Rücktritt eines ganzen SPD-Vorstandes in Bocholt kurz vor Weihnachten 2016 verdeutlicht, dass dies bis auf die unterste politische Ebene reicht. **Gesetzgeberische Maßnahmen** – auch gegen selbsternannte „Netzaktivisten" – sind nötig, um das Internet als Pranger auszuhebeln.
- Die **gesellschaftliche Anerkennung** müsste verstärkt werden. Hier sind z.B. auch durch die Stadt unterstützte kulturelle Einrichtungen etc. gefragt, die einen Beitrag leisten könnten, Ratsvertreter aufzuwerten, allein, indem sie sie sichtbarer machen.
- Die **Mentalität** müsste sich ändern: Wer beruflich oder zivilgesellschaftlich erfolgreich ist oder war, müsste stärker das Gefühl der Selbstverpflichtung empfinden, der Gesellschaft etwas zurück zu geben. Das funktioniert natürlich nur, wenn eine gesellschaftliche Anerkennung dieses Engagements gegeben ist.

Vielleicht ist eine solche Kraftanstrengung nötig, um unsere gerade in diesen Jahren 2015 und 2016 immer stärker unter Beschuss geratene repräsentative Demokratie wieder zu stabilisieren.

Im eher autokratischen Asien wird an dieser Stelle nach unserer Wahrnehmung entgegen der traditionellen Lehrmeinung von den innovationsstarken Demokratien und den verkrusteten Autokratien stärker experimentiert. In China werden wichtige Führungskader grundsätzlich und systematisch in verschiedene Positionen in Politik, Verwaltung oder auch Unternehmen geschoben – in verschiedenen Regionen, damit sie Erfahrungen in verschiedenen gesellschaftlichen Bereichen sammeln. Auch in den USA funktioniert der Austausch deutlich besser. Nimmt man nur einmal den Lebenslauf von Larry Summers als Beispiel, wird dies schnell deutlich: Summers war zunächst Professor in Harvard, wurde dann Chefökonom der Weltbank, dann Finanzminister unter Clinton und schließlich wieder Präsident einer Universität. Europa diskutiert dagegen viel lieber über Abklingbecken und Auszeiten für „zu entsorgende Politiker", als handele es sich um gefährlichen Restmüll. Man mag von Summers halten, was man will (wir halten eher wenig von ihm) – das er sich auskennt in verschiedenen Welten, dürfte man ihm kaum absprechen können. In den USA gehört es aber auch einfach zu einer erfolgreichen Erwerbsbiografie dazu, sich im Rahmen von „Community Engagement" für die Gemeinschaft einzusetzen.

Last not least: Immer wieder klingt auch an, dass es den Städten (Stichwort Dialog und Responsivität) darum gehen muss, ihr eigenes Personal zu trainieren. Dabei wird aber kaum an den Rat gedacht. Anders etwas in Stockholm: Mit einem Budget des „Kompetensfonden" sollen die „council staff competences" erhöht werden, also die Qualifikation der ehrenamtlichen Verwaltungsmitarbeiter (vulgo: Ratsmitglieder).[239]

8.3 Dezernentenrunden sind das operative, nicht das strategische Zentrum

Der **Unterschied zwischen der strategischen und der operativen Ebene** muss zunächst klar sein.[240] Hinterlegt man die beiden Begriffe mit einem Zeithorizont, so würden die meisten Praktiker wie Wissenschaftler bei Strategie von einem weiter in die Zukunft gerichteten Plan oder Maß-

---

[239] Vgl. PriceWaterhouseCoopers o.J., S. 151.
[240] Eine eigene Diskussion der Begriffe und ihrer Differenzierung findet sich hier: Lisowski 2006: 33-42.

nahmenbündel sprechen. Vielleicht irgendetwas zwischen fünf und zehn Jahren. Die operative Ebene ist dagegen näher an das Tagesgeschäft gerückt, in einem Zeithorizont von einigen Monaten bis zu einem Jahr. Darunter wäre die taktische Ebene angesiedelt.[241]

Dezernenten oder Beigeordnete können nur schwer die Rolle des strategischen Zentrums ausfüllen. Denn in der Regel sind die Dezernate von Kommunalverwaltungen parteipolitisch besetzt.[242] Dort, wo es gut und friedlich läuft, möchte man hinzufügen: Nach dem Schlüssel: Reihum darf jede Partei Personen benennen. Was dem Interessensausgleich gut tun kann – jeder hat „seinen Dezernenten" – tut der Strategiefähigkeit weniger gut. Denn eine Strategie lebt davon „spitz" zu sein. Versucht sie, wie bei einem vagen Leitbild alle unterschiedlichen Interessen zu vereinen, dann verliert sie ihre gestalterische Kraft. Die von uns entwickelte Strategie für die Stadt wurde daher ohne Mitwirkung der Dezernenten entwickelt und ihnen erst nach der Klausurtagung von Bad Bederkesa vorgestellt. Die Dezernenten als operatives, nicht als strategisches Zentrum anzusehen, muss nicht automatisch negativ sein und Gegenkräfte herauf beschwören. Beim Oldenburger Beispiel war das Gegenteil der Fall. Auf zentrale Themen der Strategie, wie die „Change Mindmap" und „Stadt der Wissenschaft", reagierten die Dezernenten erst einmal recht positiv, auch wenn verhalten Unwohlsein laut wurde, in den Prozess der Entwicklung nicht stärker eingebunden worden zu sein. Zu laut wurde es nicht, denn am Anfang der neuen achtjährigen Amtszeit wollte es sich auch kein Dezernent mit dem neuen Oberbürgermeister verderben. Er muss ja schließlich nach der niedersächsischen Kommunalverfassung die Dezernenten für eine Wahl vorschlagen.

Vielmehr fanden die Dezernenten nach und nach ihre **Anknüpfpunkte** in der entwickelten Strategie. Insbesondere das Kulturdezernat nahm mit Interesse wahr, dass die Cultural Fabric der Stadt immer wieder betont und hervorgehoben wurde. Die **weitaus stärkere Bedeutung von Kultur** durch den Oberbürgermeister hatte mehrere Facetten. So wurde der Etat

---

[241] Der Begriff der „Operationen" wurde vermutlich von Helmuth von Moltke eingeführt, der diesen Zwischenbegriff nutzte, um in einer Zeit der unübersichtlicher werdenden Massenheere auf ein weiteres Strukturelement zurückgreifen zu können.
[242] Ein Gutes hatte die Lage allerdings: Dezidiert in die Tiefe parteipolitisch versäulte Dezernate – wie etwa in Bremen – gab es nicht.

Jahr für Jahr aufgestockt. Eröffnungen von Ausstellungen erfolgten häufig durch den Oberbürgermeister. Es wurde eine jährlich Grafikserie in kleiner Auflage gestartet, bei der Künstler mit Oldenburg-Bezug, wie Thomas Schütte und Michael Ramsauer (beide in Oldenburg geboren), gebeten wurden, ein Blatt zu gestalten. Diese Arbeiten waren dann die hochwertigen Geschenke zum Beispiel für Botschafter und Grünkohl-Könige. Um das Zeitgenössische, Moderne zu verstärken wurde bei offiziellen Anlässen nicht klassische Musik gespielt, sondern zum Beispiel „Schlagwerk Nordwest" mit jungen Schlagzeugern unter der Leitung von Axel Fries als Musiker verpflichtet. Das bedeutet auch einen stärkeren Bezug zur Pop-Kultur zum Beispiel durch Metaphern in Reden oder Treffen des Oberbürgermeisters mit Sängern wie Suzanne Vega (in der Kulturetage) oder Robert Hodgson von Supertramp im Rathaus. Nach dem Wechsel des Kulturdezernenten Ende 2010 wurden das Kulturamt und das Amt für Museen in das Dezernat des Oberbürgermeisters übernommen. Zudem war der Oberbürgermeister Mitglied im Kulturausschuss des Deutschen Städtetags.

Auch wenn sie eher schlecht das strategische Zentrum bilden können, so ist die Runde der Dezernenten aber für jede Verwaltungsspitze absolut unverzichtbar. Wie in vielen anderen Städten auch, sitzen die Dezernenten in Oldenburg einmal in der Woche mit dem Oberbürgermeister zusammen, um wichtige Anliegen zu besprechen. Diese „Deko" (**Dezernentenkonferenz**) war aus unserer Sicht das operative Zentrum der Stadtverwaltung. Und diese Runde der Dezernenten sollte anders geführt werden als zuvor.

Dabei musste diese „Deko" erst einmal von ihrer Arbeitsart, ihrer **Organisationskultur umgekrempelt** werden. Eine **Um-Interpretation bestehender Strukturen** kann dabei **hilfreicher** sein, als massive **Umstrukturierungen**. Die Runde war zuvor im Wesentlichen eine Einrichtung, durch die Dezernenten und handverlesene Amtsleiter die Meinung des Oberbürgermeisters erfuhren und sich Entscheidungen von diesem abholten. Der Stil hier wurde massiv geändert. Sie sollte künftig mehr ein Kollegialorgan werden und weniger als Befehlsempfänger des Oberbürgermeisters dastehen.[243] Immer wieder wurden Ämter und Fachdienste

---

[243] Eine der Dezernentinnen berichtete uns später, sie habe am Anfang Probleme mit der neuen Vorgehensweise gehabt. Die Verlagerung von Durchführungs-

eingeladen, in der Deko vorzutragen, was der Führung ein vollständigeres Bild der Lage in der Kommune verschaffte. Hier war nach unserem Verständnis der Raum, die drängenden, wichtigen Fragen koordiniert zu besprechen. Ziel der Umgestaltung war es, dass alle Dezernenten über alle wichtigen Themen informiert sind. **Verhindert werden sollten bilaterale Gespräche und Vereinbarungen** ohne Kenntnis der anderen Dezernenten. Auch solche zwischen dem Oberbürgermeister und einzelnen Dezernenten. Der Amtsvorgänger hatte dagegen noch stärker ein Modell verfolgt, Themen direkt mit einzelnen Dezernenten zu klären. Die Dezernentenrunden waren vor der Amtszeit Schwandner eher ein Gremium, um dem Oberbürgermeister Themen vorzutragen und dessen Entscheidungen einzuholen. Weniger ein Treffen, in dem Ideen diskutiert und nach den besten Lösungen gesucht wurde.

Es änderte sich das Entscheidungsverfahren. Am Ende ist eine Kommunalverwaltung zwar eine hierarchische Einrichtung, bei der im Zweifelsfall der einzig mit demokratischer Legitimation ausgestattete Wahlbeamte entscheidet – der Oberbürgermeister. Aber allein indem man seine Entscheidungsfindung ans Ende einer Diskussion stellt und die verschiedenen Argumente einer professionell arbeitenden Verwaltung hört und abwägt, ändert man auch Klima und Engagement der leitenden Mitarbeiter. Long story short: Eine offene Diskussionskultur war wichtig.[244]

Eine mit-führende Rolle der Dezernenten war gewünscht und nötig, denn noch an einer anderen Stelle sollte es einen Kulturwandel geben: Die Dezernenten sollten einen **größtmöglichen Spielraum in der Entscheidungsfindung** erhalten. Und hier musste die neue Kultur der Amtsführung erst einmal eingeübt werden. Der Hinweis „freie Hand" wurde in einer sozialdemokratisch durchbürokratisierten Arbeitskultur anfangs eher als Desinteresse missverstanden. Dabei war es vielmehr der gezielte Versuch, die Dezernenten wirklich zu dem zu machen, was sie de facto und die jure ja auch waren: die wichtigsten und mächtigsten Verwaltungsmitarbeiter des Oberbürgermeisters. Mitarbeiter, die ein Portfolio eigenverantwortlich leiten.

---

und auch Entscheidungskompetenz sei ihr zunächst wie ein Desinteresse an den Themen ihres Dezernates vorgekommen. Erst später habe sie den größeren Freiraum zu schätzen gelernt und auch nach unten weiter gegeben.
[244] Es war aber auch klar, wer der Chef ist. Den muss man aber nicht immer „heraushängen" lassen.

Von einer Umetikettierung in einen „Vorstand" als Leitungsgremium, wie in manch anderen Städten erfolgt, die sich damit einen modernen Business-Anstrich geben wollten, hielten wir nie etwas. Wir bestanden immer auf dem Unterschied, den es zwischen der Leitung einer Stadtverwaltung im öffentlichen Interesse (Gemeinwohl) und dem Führen eines Wirtschaftsbetriebes (Profitabilität) gibt. Das sollte auch sprachlich zum Ausdruck kommen. Und der Oberbürgermeister hat ein eigenes Mandat durch die Direktwahl.

8.4 Die Verwaltung mitnehmen und die Organisationskultur ändern

Die Überschrift dieses Kapitels deutet es an: Wir sahen eine zentrale Voraussetzung für die Umsetzung unserer Strategie darin, die Verwaltung für die geplanten Änderungen zu begeistern, sie teilhaben zu lassen und mitzunehmen. Darum soll es nach der Beschreibung der vorgenommenen Veränderungen nun gehen.

Um die Mitarbeiter gewinnen und mitnehmen zu können, stellte sich im Nachhinein als günstig heraus, einen kleinen aber entscheidenden Besuch ganz an den Anfang der Amtszeit gelegt zu haben: die **Tour durch alle Mitarbeiterbüros**. Um sich als neuer Chef vorzustellen und die Mitarbeiter kennen zu lernen, wurde in den ersten Wochen ein Besuch in jedem einzelnen Dezernat, jedem Amt, jedem Fachdienst organisiert. Dabei wurden selbstverständlich auch angegliederte Einheiten wie die Feuerwehr oder der Abfallwirtschaftsbetrieb[245] nicht vergessen. Die Mitarbeiter kannten dies von keinem anderen Vorgänger und reagierten ausgesprochen positiv auf den Besuch. Erneut: Es sind oftmals eher kleine Gesten und Signale, die sich entscheidend auswirken.

Diese Tour war noch aus einem anderen Grund hilfreich: Bei annähernd 2.000 Mitarbeitern bleibt es nicht aus, dass einigen dieser Mitarbeiter relativ egal ist, wer – flapsig formuliert – unter ihnen Oberbürgermeister

---

[245] Der Oberbürgermeister brachte jährlich am 24.12. frühmorgens bei einigen der städtischen Einrichtungen (Feuerwehr, Abfallwirtschaftsbetrieb, VWG etc) im jährlichen Wechsel Bagel, Doughnuts oder belegte Brötchen als Zeichen der Wertschätzung vorbei. So zum Beispiel bei den Verkehrsbetrieben, um 5 Uhr vor dem Hauptbeginn.

ist. Insofern helfen solche Gespräche auch sehr frühzeitig, ein Gespür dafür zu bekommen, wer sich möglicherweise als illoyal erweisen könnte. Arbeitserfahrungen verdichten oder zerstreuen diese ersten Eindrücke dann rasch. Vor allem geben umgesetzte oder eben nicht umgesetzte Entscheidungen einen guten Indikator um zu erkennen, wie es um die **Loyalität** einzelner Mitarbeiter bestellt ist. Wäre die Verwaltung, so wie viele Lehrbücher des Verwaltungsmanagements es fälschlich nahe legen, ein Ort absoluter Neutralität, müsste man sich hierzu keine Gedanken machen. Da eine Verwaltung aber eben immer auch politisiert ist (wenn auch in unterschiedlichen Nuancen), wäre man naiv, würde man hierzu keine Überlegungen anstellen.

Unser Ziel war, eine Amtszeit mit **Profil** zu gestalten, bei der die Mitarbeiter auch erkennen können, wofür der von den Bürgern ins Amt gewählte Oberbürgermeister steht. Unverzichtbar für eine Profilierung über Themen ist eine klare Strategie. Wir haben immer wieder aus Gesprächen erfahren, dass die Mitarbeiter genau das wissen möchten. Wofür steht das Rathaus? Und wofür steht es nicht? Hier greift die Aussage des Harvard-Ökonomen Michael Porter (der vielen für sein „Five Forces Modell" bekannt sein dürfte): Strategy is to chose what *not* to do.[246] Im Rahmen verschiedener Gespräche haben wir in einzelnen Ämtern auch deutlich gemacht, wenn bestimmte Themen nicht prioritär auf der eigenen Agenda stehen. Und entgegen den üblichen Vermutungen von Kollegen oder Lehrbüchern haben zahlreiche Mitarbeiter hierauf nach acht Jahren auch verständnisvoll reagiert. Sie hatten einen klaren Orientierungsrahmen und wussten, woran sie sind. Im Bereich „Soziales" – der uns wie erwähnt nicht prioritär erschien – hatten die Mitarbeiter es als Entlastung empfunden, nicht im Fokus der Aufmerksamkeit zu stehen. Auch, weil bei schlechter Presse am Samstag die Mitarbeiter am Wochenende zumindest die Gewissheit hatten, nicht am Montag ins Büro des Oberbürgermeisters zitiert zu werden, mit der berechtigten Sorge vor einer Strafversetzung.

Am Anfang musste die Verwaltung lernen, mit einem neuen Führungsstil klar zu kommen, der drei zentrale Elemente enthielt:

- **Beschleunigung**: Die Kommunikation wurde erheblich beschleunigt. Dazu haben die Verwaltungen immer noch ein großes Potenzial, denn zu viel wird nach wie vor über schriftliche Vor-

---

[246] Vgl. Porter 1999: 45ff.

gänge gestaltet. Dabei lässt sich über Mailinglisten und What's App-Gruppen die interne Kommunikation massiv beschleunigen. „Raketenschnell" nannten wir es intern, wenn ein Mitarbeiter auf eine dringende Sachfrage, etwa zur Vorbereitung einer wichtigen Sitzung oder einer Veranstaltung, die Antwort von ganz oben donnerstagsabends um 19.30 Uhr in seinem Mailfach hatte, statt darauf über das Wochenende warten zu müssen, bis es über die Hauspost per Dienstweg am Dienstag wieder da war.[247]

- **Hierarchieabbau**: Insgesamt sollte der Zugang zum Oberbürgermeister vereinfacht, die Struktur flacher und weniger hierarchisch gestaltet sein und die Kommunikation zwischen Rathausspitze und den Mitarbeitern – bis hin zur Sachbearbeiterebene – beschleunigt werden. Wir haben aber keine einzige Hierarchieebene abgebaut oder hinzugefügt, und dennoch ließ sich die Zeit fressende und Eigenmotivation tötende Hierarchie reduzieren, indem die **Kommunikation ent-hierarchisiert** wurde. [248] Der Oberbürgermeister ging mit einem ganz einfachen Mittel vor: Mitarbeiter seiner Ämter wurden ermuntert, sich bei Fragen, denen sie große Wichtigkeit beimaßen, auch direkt an ihn zu wenden, ohne die Dienstwege des 19. Jahrhunderts einzuhalten – unter der Voraussetzung, die direkten Dienstvorgesetzten erfuhren in einer Mail von der Kommunikation, was aber in Zeiten des „cc" heute kein großes Problem mehr darstellt. Zunächst sorgte die neue Art der Kommunikation für großes Unbehagen in einer Verwaltung, die das nicht gewohnt war. Am Ende stellten auch die Amtschefs fest, dass es eine für sie entlastende Funktion hatte und sie sich besser auch die für sie wichtigen Entscheidungen konzentrieren konnte. Und ein schnelles „go ahead" kostet den Verwaltungschef auch nicht zu viel Zeit. Die Mitarbeiter gewannen sehr rasch ein Gespür dafür, mit welchen Fragen sie sich di-

---

[247] Dabei war hilfreich, dass der Oberbürgermeister zuhause über einen Stadtrechner ans städtische Netz angeschlossen war und morgens um 6 Uhr bereits Dienstmails beantworten konnte.
[248] Diesen Punkt hat der Büroleiter des Nachfolgers wieder geändert. Offiziell, weil die Mitarbeiter mit dem „Kommunikationschaos" nicht zurechtgekommen seien. Wir hatten von den Mitarbeitern und ihrer Leistungsfähigkeit – damals wie heute – eine höhere Meinung.

rekt an den Chef wenden sollten und bei welchen Fragen sie besser ihren direkten Vorgesetzten zwischenschalteten.
- **Eigenverantwortlichkeit**: Leitende Mitarbeiter können von einem Verwaltungschef zu Recht erwarten, ihre Arbeit eigenverantwortlich zu gestalten und an Ergebnissen gemessen zu werden, aber nicht an jedem kleinen Vorkommnis. Eine Dezernentin kam mit diesem neuen Führungsstil anfangs nicht gut zurecht. Sie war es gewohnt mehrmals in der Woche aus dem Rathaus angerufen zu werden und eine Kontrolle ihrer Arbeit zu erfahren. Wenn man aber die erwähnte Beschleunigung und Ent-Hierarchisierung will, kann man nicht darauf verzichten, mehr Entscheidungen durch die zuständigen leitenden Mitarbeiter treffen zu lassen.

Entscheidend war aus unserer Sicht auch, **verwaltungsjuristische Denkschemata zu relativieren**. Ohne den Kollegen aus der Jurisprudenz zu nahe treten zu wollen muss man doch – grosso modo – feststellen: Das Verwaltungsrecht ist viel stärker prozess- als output-orientiert. Uns interessierten wie auch die meisten Bürger mehr die Ergebnisse und weniger die sie begleitenden Prozesse. So haben wir auch die Führungsrolle interpretiert: Diskussionsteilnehmern immer dann, wenn sich eine Gruppe in Details zu verrennen drohte, daran zu erinnern, sich um den Output Gedanken zu machen. Um dann rechtlich auf der sicheren Seite zu sein, reicht es, das Rechtsamt als ‚watchdog' dabei zu haben. Es ist aber etwas anderes, gelegentlich Entscheidungen zu korrigieren, als an Entscheidungen von vorherein juristisch heranzugehen.[249]

Um die Verwaltung ändern zu können, muss an ihrer **Organisationskultur** gearbeitet werden. Das „New Public Management" versuchte etwa seit Beginn der 1990er Jahre, deutsche Verwaltungen zu modernisieren. Das sollte zwar besser nicht bedeuten, Verwaltungen unpolitisch zu machen. Denn von der Kommunalpolitik werden schließlich nach wie vor politische Sozialisationseffekte erwartet („Schule der Demokratie"). Umso erstaunlicher, dass schon die größtenteils verwaltungsrechtlich dominierte Kommunalwissenschaft das „Eindringen" von Parteien in den als

---

[249] Die Kollegen aus den Rechtswissenschaften mögen uns verzeihen und in diesen Worten bitte keine Geringschätzung ihrer Arbeit erkennen.

„unpolitisch" wahrgenommenen Raum der Kommunen als Gefahr ansieht.[250]

Organisationskulturen haben die Eigenschaft, sich selbst zu replizieren. Wer also die Kultur einer Organisation nicht verändert, kann sie selbst nicht verändern. Das hat uns ein kleines Experiment erneut vor Augen geführt, das wir im Jahr 2015 mit dem Masterkurs eines Verwaltungsstudiengangs durchgeführt haben. Unser Ziel war es, die Verwaltungskultur in deutschen Administrationen mit der einer niederländischen Stadt zu vergleichen. Basierend auf dem Fragebogen des von Cameron und Quinn entwickelten „Organizational Culture Assessment Instrument" (OCAI)[251] haben die Studierenden zunächst ihre eigene Verwaltung bewertet; danach haben sie Kollegen der Stadt Groningen befragt. Das OCAI unterscheidet zwischen vier Organisationskulturen: Der bürokratischen Hierarchie-Kultur, der wettbewerbsorientierten Marktkultur, der lockeren und spontanen Adhoc-Kultur und schließlich der Clan-Kultur, die sich wesentlich durch ein Verständnis der Organisation als weitläufigem Familienverband auszeichnet. Das (empirisch nicht abgesicherte) Ergebnis wurde anschließend durch eine ausführliche qualitative Diskussionsrunde mit Experten der niederländischen Kommune weiter validiert. Allen Beteiligten – auf deutscher wie auch auf holländischer Seite – war das Bild am Ende schlüssig: Die etwa zehn deutschen Vertreter beschrieben ihre unterschiedlichen Verwaltungen fast ausnahmslos als Hierarchiekulturen, während die niederländischen Kollegen ihre Verwaltungen eher als Clan- oder Adhoc-Kultur charakterisierten. Die fortgesetzte Diskussion brachte Unterschiede zutage, die treffend ins Bild passten: Während eine deutsche Teilnehmerin beispielsweise beschrieb, ihren Vorgesetzten um Erlaubnis fragen zu dürfen, ob sie den Kollegen der anderen Abteilung eine E-Mail schreiben dürfte, zeigten sich die Groninger geschockt von der Rückständigkeit deutscher Kommunalverwaltungen. „Wir versuchen unsere Trainees, vor allem die Teilnehmer des ‚City-Talent'-Programms zu Selbstständigkeit fortzubilden. Sie sollen aktive Mitarbeiter sein, die Ideen und Initiative entwickeln", so Bernard Kromme, Leiter des Groninger Human Ressources Managements.

---

[250] Vgl. Naßmacher und Naßmacher 1999, S. 30–36.
[251] Vgl. Cameron und Quinn 2013.

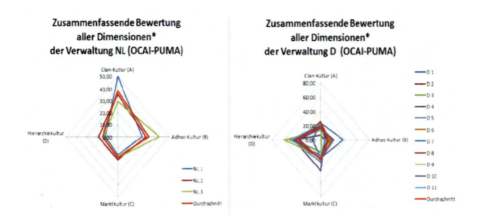

ABBILDUNG 15: OCAI MATRIX FÜR DEUTSCHE UND NIEDERLÄNDISCHE VERWALTUNGEN (EIGENE DARSTELLUNG)

Gerade angesichts der sehr geringen Fallauswahl hat dieses Ergebnis nur eine sehr eingeschränkte Relevanz – würde es nicht in seiner Tendenz zur allgemeinen Forschungslage passen. Bei den Bestrebungen des „**New Public Management**" war aber ein zentraler Aspekt, Hierarchien abzubauen und Verwaltungen damit leistungsfähiger und innovativer zu machen. Diesen Bemühungen zum Trotz sind deutsche Verwaltungen weiterhin eher hierarchische Gebilde. Strukturiert werden die meisten Kommunalverwaltungen immer noch durch Dezernats- und Amtsstrukturen. Über die Karriere entscheidet die Laufbahn. Und am Ende einer Laufbahn steht (gegebenenfalls) eine Amtsleitung, während der Einstieg wie vor 50 Jahren über Ausbildungen organisiert wird.

Auch wenn unsere Zeit in der Verwaltung zu kurz war, um etwas so tief wurzelndes wie eine Organisationskultur fundamental zu verändern, konnten wir dennoch einige Akzente setzen:

- Ein Oberbürgermeister macht **kein Mikromanagement**: Wer Veränderung will, muss mit eigenem Beispiel voran gehen. Das beginnt beim eigenen Verständnis des Amtes. Etwas Erfahrung in der Verwaltungsführung benötigt man bei einer Kommunalverwaltung mit 2.000 Mitarbeitern schon. Aber eher in der Führung, nicht so sehr in den Details. Denn es kommt als Oberbürgermeister ja nicht darauf an, Mikromanagement zu betreiben oder Ent-

scheidungen juristisch besser beurteilen zu können, als das eigene Rechtsamt, sondern erstens die Linien des Verwaltungshandelns zu ziehen, zweitens eine Idee davon zu haben, wohin man die Stadt entwickeln möchte, und drittens davon, Mitarbeiter zu führen. Deren Potenzial entfaltet sich dann am stärksten, wenn sie weitgehend eigenverantwortlich arbeiten können.
- **Aufwertung der Mitarbeiter**: Symbolische Gesten sollten da besser nicht unterschätzt werden. Dazu gehörten für uns auch Besprechungen mit den dem Oberbürgermeister zugeordneten Ämtern – und zwar grundsätzlich in Anwesenheit möglichst vieler Mitarbeiter und Hierarchieebenen. Ein Stil, den weder der Vorgänger, noch der Nachfolger präferierte, der aber einen entscheidenden Vorteil beinhaltet: Man bekommt weniger gefilterte Meinungen, eine lebhaftere Diskussion und damit am Ende auch bessere Lösungen und zufriedenere Mitarbeiter, wenn sich alle an der Diskussion beteiligen können.
- **Neue Rekrutierungsstrategien**: Wir waren davon überzeugt, dass die Repräsentation von Menschen mit Migrationshintergrund in der Verwaltung bei weitem zu schwach ausgeprägt war. Ein Blick in die Statistik bestätigte das Bauchgefühl: Während etwa 19 Prozent der deutschen Bevölkerung einen Migrationshintergrund aufweisen, lag die Zahl in der Belegschaft der Oldenburger Stadtverwaltung bei etwa drei Prozent. Das Personal- und Organisationsamt unter Leitung seiner energischen Amtsleiterin Inge von Danckelman unterstützte das Bestreben massiv. Gezielt sprach das Amt auf Jobmessen und in der Öffentlichkeitsarbeit fortan junge Menschen mit Migrationshintergrund an. Ergebnis nach etwa sieben Jahren: eine Verdopplung des Anteils auf rund sechs Prozent der Belegschaft – was die rigorose Neueinstellungspolitik verdeutlicht. Im Übrigen verlangten wir bei allen Neueinstellungen Fremdsprachenkenntnisse. Als Ausdruck der Internationalisierung organisierte das Büro des Oberbürgermeisters zudem für die bestehenden Beschäftigungsverhältnisse Englischunterricht, an dem auch fast alle Mitarbeiter des Büros des Oberbürgermeisters in zwei vom Dienstrang entkoppelten Leistungsstufen teilnahmen.

Nach und nach wird sich so die **Zusammensetzung der Belegschaft ändern** (sofern der Kurs fortgesetzt wird). Es ist ein mühsames Ringen, doch erste Schritte sind gemacht. Viel weitergehende Schritte sind in den Kommunen allein nicht zu machen. Denn was vielen im öffentlichen Dienst noch gar nicht bewusst ist: Sie werden ihre Angebote und Rekrutierungsstrategien insgesamt gewaltig umkrempeln müssen. Im Berufsleben geht es – wie in der Freizeit auch – zunehmend um Selbstbestimmung und Freiheit. Am ehesten wird es noch gelingen, diesem Drang der jungen Generation in der Flexibilisierung der Arbeitszeiten entgegen zu kommen.[252] Allen voran aber werden die neuen Mitarbeiter mit Hierarchien ein Problem bekommen. Das Weber'sche Verwaltungsmodell baut stark auf Hierarchien auf und bis heute sind viele Verwaltungen entsprechend geprägt. Hier wird ein Umdenken notwendig, wie es zum Teil in den Niederlanden schon praktiziert wird.

Ein letztes Wort noch zu einer alten Frage: Wirtschaftsförderung in- oder outgesourct? Ein Oberbürgermeister sollte grundsätzlich – wie fast überall üblich – die **Wirtschaftsförderung an sich ziehen** und in seinem Portfolio belassen. Obgleich wir in Oldenburg anfangs mit einer Umwandlung der Einheit in eine GmbH sympathisiert hatten, um eine andere Dynamik und Kultur schaffen zu können, haben wir die Einschätzung doch revidiert. Denn würde die Wirtschaftsförderung in eine eigenständige GmbH umgewandelt, verfügte ein Oberbürgermeister über keine direkten Durchgriffsmöglichkeiten mehr. In einer GmbH entscheidet gesellschaftsrechtlich zunächst der Geschäftsführer und ist – je nach Konstellation des Gesellschaftervertrages – durchaus sehr eigenständig. Die darüber liegende Ebene ist die Gesellschafterversammlung, hier wird die Stadt zumeist vertreten durch Verwaltung und Rat, was den direkten Eingriff des Oberbürgermeisters markant schmälert. Leicht können gut vermeidbare Reibungsverluste entstehen. Zudem ist man deutlich flexibler, was die Personalressourcen angeht. Für uns ist der entscheidende Punkt allerdings die Wirtschaftslage der Stadt. Sie wird nicht unwesentlich vom Oberbürgermeister mit geprägt – man erinnere sich an den alten Spruch, dass Wirtschaft zu 50 Prozent Psychologie sei. Als oberster Wirtschaftsförderer hat man einen nennenswerten Einfluss auf die Stimmung. In der Zusammenarbeit zwischen Wirtschaft und Wissenschaft entstehen außer-

---

[252] Vgl. Hurrelmann und Albrecht 2014, S. 63–84.

dem die entscheidenden Innovationen, die eine Stadt voran bringen und neue Arbeitsplätze schaffen, wenn alte durch die Schumpeter'sche „kreative Zerstörung" verloren gehen. Wir haben beobachtet, dass manche SPD-Oberbürgermeister sich auf den Standpunkt stellen, „die Wirtschaft" würde sie sowieso nicht wählen. Als CDU-nahe Politiker können wir den Kollegen aus der Sozialdemokratie diese Auffassung nur dringend ans Herz legen. Das Land kann mehr gute CDU-Oberbürgermeister gebrauchen und eine solche Auffassung von diesem Amt bei SPD-Kollegen ist schon mal eine gute Voraussetzung dafür.[253]

8.5 Kommunaler Elitenwechsel als „underlying strategy"

Während der Klausurtagung von Bad Bederkesa hatten wir uns den **kommunalen Elitenwechsel** als explizites Ziel unserer Politik vorgenommen. Es gab zum Zeitpunkt der Amtsübernahme bestehende Eliten, die mit der Situation der gemütlichen Großstadt sehr zufrieden waren. Typische Vertreter dieses Feldes waren etliche Spitzenkräfte der Verbände, die von Politik und Verwaltung als Sprachrohre der hinter ihnen stehenden Interessen wahrgenommen wurden, ohne es immer auch zu sein. Wir haben das teilweise anders gesehen und hatten von manchen dieser Institutionen denselben Eindruck, wie von den Parteien: Sie repräsentieren oftmals nur sich selbst.

Mit neuen Themen wollten wir auch neue Köpfe in den Vordergrund rücken. Aber wo Gewinner sind, da gibt es auch Verlierer. Also war uns klar: Man muss das **Feld in Unterstützer und Nicht-Unterstützer sortieren.** Wie? In unserem Fall gab es einen für uns recht klaren Indikator: Das Projekt „Stadt der Wissenschaft" war so etwas wie das Flaggschiff-Vorhaben der Amtszeit. Mit keinem anderen Projekt haben wir mehr gesellschaftliche Kräfte angesprochen und um ihre Mitarbeit gebeten: Von der Wissenschaft, über die Kultur, die Medien, die Zivilgesellschaft bis hin zur Wirtschaft. Und an den Reaktionen könnten wir erkennen, wer die Leitgedanken unserer Ideen mittrug, und wer das nicht tat oder nur pro forma mit dabei sein wollte.

---

[253] Man verzeihe uns an dieser Stelle einen kleinen Schuss Ironie.

Wie kann ein Oberbürgermeister, der materiell zu Recht zu Neutralität verpflichtet ist, einen solchen Elitenwechsel dennoch forcieren? Zum Beispiel, indem er sich auf die symbolische Ebene verlagert. An zwei für die kommunalpolitische Welt in der Oldenburger Region entscheidenden Stellen wollen wir das exemplarisch verdeutlichen: Dem Grünkohlessen und dem Eisbeinessen.

Jede Kommune kennt solche Einrichtungen: Festessen, zu denen (zumeist) über das Rathaus eingeladen wird und die als gesellschaftliche Ereignisse einen Höhepunkt im Jahresablauf darstellen und über Einladungslisten verfügen, in den es von Ehemaligen und „a.D.'s" nur so wimmelt. In Oldenburg ist dessen regionale Variante das Eisbeinessen, mit dem das wichtigste Volksfest der Stadt – der jährlich von etwa 1,5 Million Menschen besuchte Kramermarkt – eröffnet wird. Die überregionale Variante ist das seit 1955 in der Bundeshauptstadt gegebene **„Defftig Ollnburger Gröönkohläten"**[254], bei dem über 300 Gäste aus Nordwestdeutschland mit Gesprächspartnern aus Berlin netzwerken können. Zu diesem Ereignis kann sich niemand eine Eintrittskarte kaufen – man muss eingeladen werden. Und in der Stadt wird immer im Januar eifersüchtig verglichen, wer „zu diesem Essen da in Berlin"[255] eingeladen worden ist.

Seine Geschichte ist rasch erzählt: Mitte der 1950er Jahre wollte die Stadt Bundespräsident Heuss nach Oldenburg einladen. Heuss drehte den Spieß um und schlug Stadtdirektor Jan Eilers vor, etwas „typisch Oldenburgisches" in Bonn zu veranstalten, und versprach, im Fall einer solchen Veranstaltung daran teilzunehmen. Das Gröönkohläten wurde ein Erfolg und stets wiederholt. Von 1956 bis 2016 fiel es nur zweimal aus (Flutkatastrophe in Hamburg und der zweite Golfkrieg). Es brachte der Stadt unter anderem die Förderung des Autobahnrings durch den Bund.

Zur Symbolik gehört, unter hochkarätigen Politikern die richtige Auswahl der so genannten „Grünkohlkönige" zu treffen, die als eine Art Schirm-

---

[254] Vergleichbar ist das Grünkohlessen dem Bremer Schaffermahl, das so wie das Gröönkohläten als eines der wichtigsten gesellschaftlichen Ereignisse der Bundesrepublik gilt.
[255] So der Vorsitzende einer eher unbedeutenden Oldenburger Stiftung zu einem der beiden Autoren, in dem Versuch durch einen beiläufigen Tonfall darauf aufmerksam zu machen, dass er sich zu den Auserwählten zählte, die im Jahr 2015 „dabei sein durften".

herr oder -frau agieren. Der im Lauf des Abends zum „Grünkohlkönig" ernannte politische Ehrengast muss von seiner Kleiderordnung mindestens Landesminister sein.[256] Die folgende Liste macht die Auswahl und die dahinterstehenden Motive für die „Amtszeit Schwandner" deutlich:

Jahr	Ehrengast und Funktion	Hintergrund
2007	**Ole von Beust**, Erster Bürgermeister der Freien und Hansestadt Hamburg	Der Grünkohlkönig wurde noch zu Zeiten gesucht, als die kurzlebige schwarz-grüne Koalition bestand. Insofern war die Auswahl des Mannes, der der ersten schwarz-grünen Koalition auf Landesebene vorstand, symbolisch.
2008	**Frank-Walter Steinmeier**, Vizekanzler und Bundesminister des Auswärtigen	Die Wahl von Personen, die nicht der eigenen Partei oder dem eigenen Lager angehören, versteht sich von selbst. Zweiter Gedanke bei Steinmeier war, die aufgesetzte Internationalisierungsstrategie zu flankieren und anzukündigen.
2009	**Annette Schavan**, Bundesministerin für Bildung und Forschung	Im Jahr 2009 war Oldenburg Deutschlands „Stadt der Wissenschaft". Hier lag die Wahl der damaligen Bundesforschungsministerin nahe
2010	**Karl-Theodor Freiherr zu Guttenberg**, Verteidigungsminister	Oldenburg war über Jahrzehnte nach Koblenz Deutschlands zweitgrößter Garnisionsstandort. Den seinerzeit beliebten und im Aufwind befindlichen Verteidigungsminister einzuladen war ein Signal auch in die Reihen der „Truppe", die noch in der Stadt verblieben waren.

---

[256] An dieser Stelle schwebte uns ein „upgrade" vor, weswegen bewusst kein Landesminister gewählt wurde. EU-Kommissar Oettinger stand für eine internationale, europäische Perspektive und Ole von Beust für kulturelle Diversität.

2011	**Philipp Rösler**, Gesundheitsminister (später während seiner Amtszeit Wirtschaftsminister und Vizekanzler)	Die Kampagne „Deutschland. Land der Ideen" warb mit dem Claim: „Foreign Minister gay. Chancellor female. Health Minister Vietnamese. And you think America is the Land of Opportunities?" Röslers Wahl war ein hervorragendes Symbol für unsere Versuche, auch die Stadt diverser aufzustellen.
2012	**Günther Oettinger**, EU-Kommissar für Energie	Oldenburg ist ein wichtiger Standort für (erneuerbare) Energie – mit Deutschlands fünftgrößtem Energieversorger EWE. Nachdem Oettinger, zu dem aus Baden-Württemberger Zeiten noch hervorragende Verbindungen bestanden, Energie als Portfolio bei der Kommission bekam, lohnte es sich doppelt, ihn zum Ehrengast zu machen.
2013	**Peter Altmaier**, Bundesminister für Umwelt, Naturschutz und Reaktorsicherheit	Für Altmaier sprachen zwei Dinge: Als Vertreter schwarz-grüner Ideen lag er politisch auf unserer Wellenlänge, und als Kanzleramtschef verfügte er über großen Einfluss innerhalb der Regierung.
2014	**Hüseyin A. Karslıoğlu**, Botschafter der Republik Türkei in Deutschland	Mit dem letzten von Gerd Schwandner ernannten Grünkohlkönig sollte noch einmal ein Statement für die Internationalisierung der Stadt gegeben und für Toleranz im Umgang mit den Religionen werden. Karslıoğlu war der erste nicht-deutsche Kohlkönig (in seiner Diktion „Grünkohlsultan") überhaupt.[257]

Die gravierendste Änderung, die sich zwischen 2007 und 2014 geräuschvoll mit Einbringen der Landes- und Bundespolitik vollzog, war eine ein-

---

[257] Siehe auch F.A.Z. vom 18.2.2014: „Der Grünkohlsultan".

zige Personalie. Sie steht pars pro toto für den angestrebten „Elitenwechsel". Lange Jahre war der damalige SPD-Minister a.D. **Karlheinz Funke** Dauer-Gastredner beim Grünkohlessen. Offiziell in der Funktion als Vorsitzender des den „Grünkohlkönig" kürenden „Kurfürsten-Kollegiums" hielt Funke launige Reden – die sich aber Jahr um Jahr immer mehr ähnelten und einen zotigen Altherrenwitz verbreiteten, der zu unserem modernen Ansatz nicht passte. Da die Entscheidungshoheit an dieser Stelle allein beim Oberbürgermeister lag, fiel schon 2008 die Entscheidung, Funke nicht länger in dieser Funktion zu belassen. Sofort brach ein Sturm der Entrüstung aus, der so weit ging, dass sich die Bundes- und Landesebene einschaltete, z.B. durch die Androhung von Abwesenheit (Guido Westerwelle) oder dem tatsächlichen Fernbleiben von politischer Prominenz von der Veranstaltung. Auch öffentlich wurde das Thema ausgeschlachtet und in ein Narrativ vom diplomatisch unbegabten Verwaltungschef eingewoben. Sowohl am Inhalt, als auch der Form der Absage für Funke wurde Anstoß genommen. Funke erhielt die Absage aus dem Rathaus schriftlich, was an mancher Stelle mit dem üblichen Argument als schlechter Stil wahrgenommen wurde, ein persönliches Gespräch wäre besser gewesen. Wäre es nicht. Denn durch die absolut bewusste Schriftlichkeit hatte man hinterher immer zeigen könne, was genau man gesagt hatte und bot an dieser Stelle keine Gelegenheit zur erwarteten Legendenbildung. Der Ärger jedenfalls war immens und der niedersächsische Ministerpräsident Wulff versuchte gar mit Blick auf die bevorstehende Landtagswahl den Oberbürgermeister umzustimmen und Funke wieder einzuladen. Für uns hatte diese Entscheidung Symbolwirkung. Wir wollten keinesfalls darauf verzichten und **hielten dem Druck stand**. Interessanterweise hatte Funke wenig später plötzlich keinerlei Freunde mehr in der Oldenburger Politik, als bekannt wurde, dass er sich persönlich aus Verbandsgeldern bereichert hatte und schmachvoll die öffentliche Bühne verlassen musste.

Nicht nur an der (Redner-)Spitze, auch bei den Teilnehmern wurden Veränderungen vorgenommen. Der Umbau stand unter der **Devise Diversity: mehr Frauen, mehr junge Leute und Menschen mit Migrationshintergrund.** Erstmals wurde auch mit einem **stark rotierenden System** gearbeitet, um unterschiedliche Menschen erreichen zu können.

Eine weitere Änderung, die den Elitenwechsel symbolisierte: der Sitzplatz. Bei wichtigen Essen spielt das Protokoll und damit die Sitzfolge eine Rolle. Ursprünglich war es so, dass es einen großen „Prominenten-Tisch" in der Mitte des Raumes gab. Vom Vorgänger geerbt war dieser Tisch im Jubiläumsjahr 2008 besetzt mit vielen ehemaligen Grünkohlkönigen wie Wolfgang Thierse, Otto Schily, Michaele Schreyer und dem neuen Grünkohlkönig Frank-Walter Steinmeier. Der Tisch „funktionierte" aber wegen seiner Größe nicht und machte zudem eine Fehlkonstruktion deutlich: Es war stets die Stadtspitze, die da netzwerkte. Ausgerechnet diejenigen, die über die Parteien so oder so einen Kontakt herstellen konnten. Besser wäre es unserer Einschätzung nach, wenn die Unternehmer, Kulturschaffenden etc. der Stadt mit wichtigen Akteuren aus der Bundes- und Landespolitik ins Gespräch kommen könnten. Also wurde das Setting verändert: In der Mitte gab es nur einen kleinen Tisch mit Oberbürgermeister, amtierendem und neuem Grünkohlkönig, dem „Kurfürsten" und dem Ministerpräsidenten als Hausherrn. Drumherum waren kleinere Tische angeordnet, an denen die Bundes- und Landesprominenz mit kommunalen Vertretern gemischt wurde.

An dieser Stelle zahlte sich am Ende die Investition während des Wahlkampfes wie eine Dividende aus. Im Rahmen des Projektes „Elitenumbau" konnten wir vielfach auf genau diejenigen zurückgreifen, mit denen während des Wahlkampfes lange Hintergrundgespräche geführt wurden. Diese Gruppe stellte sich hinterher als zuverlässige Bündnispartner heraus. Genau das war unser Ziel. Da Stadtspitze und Rat sich bestenfalls ignorierten, schlimmstenfalls im Kleinkrieg gegeneinander lagen, brauchten wir dringend gesellschaftliche Allianzen, die unsere Themen öffentlich mittrugen. Und eben das taten die von uns mit deutlichen Symbolen „gewertschätzten" neuen Eliten hinlänglich. Insofern ging die Rechnung auf. Soweit, dass zurecht behauptet werden kann: Ohne diesen Elitenwechsel wäre es nicht möglich gewesen, unser Programm durchzusetzen.

Dies gilt vor allem für den wichtigen Anker „Stadt der Wissenschaft".

9 Anker schaffen: Ohne sichtbare Erfolge geht es nicht

9.1 Die raue See lokaler Politik

Vermutlich haben wir bislang nicht richtig deutlich gemacht, wie schwierig die politische Lage in Oldenburg in den Jahren 2006 bis 2014 gewesen ist. Zwei gescheiterte Anläufe zu einem Amtsenthebungsverfahren, Verletzungen und ein verfehlter Tortenwurf stehen pars pro toto für diese Zeit.

Im Grunde geht aller Streit auf das Bauvorhaben des ECE-Shopping-Centers in Oldenburg zurück. Auch wenn die Geschichte viele Seitenstränge hat, ist der Kern schnell umrissen: Ein marodes Hallenbad in der Innenstadt musste durch einen Neubau ersetzt werden, der in einem Außenbezirk besser untergebracht war. Der SPD-Amtsinhaber Dietmar Schütz, der bereits einiges in der Stadt bewegt hatte, folgte einem Vorschlag der Kaufmannschaft, Gespräche mit der Hamburger ECE-Gruppe des OTTO-Konzerns aufzunehmen – nur um dann von derselben Kaufmannschaft bitter bekämpft zu werden, als er die Pläne für ein Einkaufszentrum tatsächlich forcierte.[258] Das Shoppingcenter wurde dann Teil des 2006er Wahlkampfes, in dem sich CDU und Grüne gemeinsam mit dem im zweiten Wahlgang von beiden Parteien getragenen, parteilosen Kandidaten Schwandner gegen das Projekt aussprachen und ankündigten, es nach der Wahl zu stoppen. Dieser Plan war jedoch ohne die Oldenburgische Industrie- und Handelskammer gemacht: Sobald der neue Oberbürgermeister und die schwarz-grüne Koalition (die im Rat selbst keine Mehrheit hatte, nur im mächtigen Verwaltungsausschuss konnte sie diese stellen) Kurs „Stopping Center" fuhren, stellte die IHK ein Junktim auf. Für die gleichzeitig von allen gewünschte Ansiedlung eines IKEA-Einkaufszentrums war aus raumplanerischen Gründen zwingend ihre Zustimmung erforderlich. Die wollte die IHK aber nur geben, wenn das ECE Shoppingcenter gebaut würde. Das Thema wurde bis in die Landesregierung nach Hannover gespielt. Allgemeine Einschätzung: Die Leute

---

[258] Der Fairness halber sei erwähnt, dass einer der beiden Autoren (RL) in seiner damaligen Funktion als Vertreter der lokalen Kaufmannschaft Oberbürgermeister Schütz zunächst aufforderte, das Projekt zu unterstützen. Als die Kaufmannschaft sich später gegen das Projekt wandte, trug er wider besseres Wissen diese Kritik mit. Zur Kampagne gegen das Center vgl. Lisowski und Krogmann 2005.

wollen IKEA und werden ein Scheitern der Ansiedlung nicht tolerieren. An einem Dezemberwochenende war der Oberbürgermeister zu einem privaten Besuch in Baden-Baden. Samstag kam ein neues Angebot von ECE mit einem Kompromissvorschlag zu einem kleineren Shopping-Center, das nicht auf Gegenliebe beim Oberbürgermeister stieß. Bei der Rückfahrt sonntags im Zug erreichte ihn ein Anruf des Wissenschaftsministers Stratmann mit der Aussage, dass die CDU-Fraktion diesem Kompromiss montags zustimmen werde und er sich dem nicht verschließen möge. Damit waren die Würfel zugunsten eines Kompromisses gefallen, denn mit einer Zustimmung der SPD und der FDP war ohnehin zu rechnen. Dieser Position schloss sich dann der auf CDU-Ticket fahrende Oberbürgermeister an. Es kam zum Bruch zwischen der CDU und den Grünen, zum Eklat im Stadtrat. Die Saat für eine acht Jahre andauernde Feindschaft war gelegt.

Vor allem dem Oberbürgermeister wurde das „Umfallen" angelastet, nicht so sehr der CDU. Das Verhältnis zwischen Rat und Verwaltungsspitze verdüsterte sich im Eiltempo. SPD und FDP im Rat, die den Amtsvorgänger gestützt hatten und zu diesem ein enges Verhältnis pflegten, sannen auf Rache. Die Grünen stießen zu diesem Lager.

Im Folgenden wurde gestritten, wo es nur ging. Wollte der Oberbürgermeister eine Stelle für Regionalökonomie besetzen, verweigerten dies die Fraktionen. Seine Entscheidung, die Stelle „Integrationsbeauftragte/r" auszuschreiben und eine abgeschlossene Promotion für diese Funktion vorauszusetzen, wurde heftig kritisiert. Die Stelle des dem Oberbürgermeister nahestehenden Wissenschaftsreferenten, der die erfolgreiche Bewerbungskampagne „Stadt der Wissenschaft" verantwortet hatte, wurde von der Politik aus dem Stellenplan gestrichen und dem Stelleninhaber damit seine Unerwünschtheit signalisiert (wenngleich es keine personalrechtlichen Auswirkungen hatte). Der als Landesbeamter abgeordnete Büroleiter des Oberbürgermeisters wurde nicht in städtische Dienste übernommen und musste gehen. Die anschließend berufene Büroleiterin, eine für ihre Kompetenz bekannte, lange Jahre für die Kommune arbeitende Juristin, wurde nicht befördert.

Wo immer es ging, warf die Politik der Verwaltung Knüppel zwischen die Beine. Und die Parteien nutzten jede sich bietende Wahl, um gegen den Oberbürgermeister, der ja gar nicht zur Wahl stand, zu mobilisieren. Dabei gingen die sich in der Opposition sehenden Parteien (oder deren

Sympathisanten) so weit, eine als redaktionellen Bericht kaschierte Anzeige in einer Kostenlos-Zeitung zu publizieren. Enthalten war eine heftige Kritik am Oberbürgermeister. Irreführung könnte man das nennen, stünde nicht oben in winziger Schrift über dem nicht namentlich gekennzeichneten ‚Artikel' der Hinweis „Anzeige".[259]

Kurz vor den Landtagswahlen 2008 erschienen dann auch über Nacht Aufkleber an Straßenlaternen, in denen der Oberbürgermeister mit einem Schwindler gleich gesetzt wurde, was auf Seiten der Schwandner-Gegner als völlig legitim angesehen wurde. Ihrerseits waren Anhänger der Permanentkampagne mitunter aber recht weinerlich, sobald es um sie selbst ging. Die Vorsitzende der Grünen-Fraktion etwa rief gleich nach dem Staatsschutz als später ein Aufkleber auf Straßenlaternen zu sehen war, der die Grünen angriff und in dem ihr Name in einem überschaubar komischen Wortspiel erschien (siehe Bild auf der rechten Seite).

ABBILDUNG 16: Aufkleber gegen Gerd Schwandner und Gegenaufkleber (Privatarchiv Lisowski)

---

[259] Vgl. „Oldenburg Live Nummer 6/2008, S. 6.f.

Die Stimmung in der Stadt wurde immer aufgeheizter. Ermutigt durch den Streit, griffen andere zu radikaleren Mitteln. Negativ-Höhepunkt der Entwicklung war ein Tortenangriff auf den Oberbürgermeister im Rahmen eines Neubürgerempfangs. Auch wenn die Torte das Gesicht des Verwaltungschefs deutlich verfehlte, und die Torte die Kleidung nur an der Schulter verschmutzte, war es doch einer der unangenehmsten Momente in seinem Leben. Torte hin oder her – es ist und bleibt ein Angriff auf die Würde und die körperliche Unversehrtheit. Wer solche Formen der politischen Auseinandersetzung in unserer Demokratie toleriert, hat ihren Sinn nicht verstanden.

„Der OB muss dem Rat gehorchen", so könnte man am Ende die Formel zusammenfassen, die in den Köpfen vieler feindlich gesinnter Ratsmitglieder steckte. Gerade aus dem linken politischen Raum kamen immer wieder Hinweise, der Rat sei der eigentliche Ort politischer Entscheidungen in der Kommune. Das ist eine schöne und auch rührende Vorstellung von Parlamentarismus des 19. und 20. Jahrhunderts, wie ihn auch das Bundesverfassungsgericht regelmäßig in Bezug auf den Bundestag pflegt. Es trifft aber nicht immer auf die verschobenen Machtverhältnisse und Realitäten eines gemanagten Landes in einer Mediendemokratie zu. Am Ende zählt, was die Person an der Spitze der Verwaltung meint, und nicht, was irgendwelche Ratsmitglieder (die darüber hinaus in der Regel über die demokratisch schwächere Legitimation verfügen) denken. Diese Einschätzung entspricht auch einer Hinweis, den der ehemalige baden-württembergische Ministerpräsident Lothar Späth im Jahr 2007 Gerd Schwandner bei einem Abendessen im Restaurant „Tafelfreuden" gegeben hatte: *„Wissen Sie was? Die Leute interessieren sich nur für das, was der OB macht und sagt. Bleiben Sie hart! Am Ende des Tages kommt ein Rat nicht gegen einen OB an."*

Zwar tönen viele Fraktionsvorsitzende gerne, sie würden der Verwaltung die Aufträge erteilen und diese anleiten. Dies ist aber in der Regel nichts weiter als lautes Pfeifen im dunklen Walde. Von der Artikulationsfunktion des Rates ist oftmals keine Spur – die meisten Ratsmitglieder sind nur in ihrer Partei verankert, nicht aber in der städtischen Gesellschaft. Ebenso wenig von der Initiativfunktion – dazu fehlt den meisten Ratsmitgliedern das entsprechende Fachwissen einer Verwaltung.[260] Gerade in unserem Fall hat sich dieser Eindruck bestätigt: Ein der Verwaltungsspitze feindselig gegenüberstehender Rat verfügt weder über die Kompetenz noch die gesellschaftliche Verankerung, um der Verwaltung Vorgaben zu machen. Im reibungslosesten Falle arbeiteten beide an einander vorbei.[261]

Beizeiten gab es **hinter den Kulissen aber auch versöhnliche Signale**. So kontaktierte während des ersten gescheiterten Abwahlversuchs die Frontperson einer der Abwahl-willigen Parteien den Oberbürgermeister und bezeugte Unwillen, diesen Prozess mitzumachen. Die Mehrheit der Fraktion wolle diese unnötige und unsinnige Kraftprobe, daher müsse die Fraktionsspitze auch mitmachen. Aber, so hieß es auf der anderen Seite des Hörers, man werde nur die „C-Mannschaft" der Fraktion im Rat ans Mikrofon schicken.

9.2 Stabilisator in rauer See: Das Projekt „Stadt der Wissenschaft"

Unser Programm der „Neuen Urbanität" würde in der gemütlichen Oldenburger Großstadt an vielen Stellen anecken. Unruhiges Fahrwasser lag voraus. Und in rauer See bedarf es guter Stabilisatoren. Solche brauchten wir. Projekte, mit denen sich öffentlicher Zuspruch erarbeiten ließ; Projekte, mit denen sich gesellschaftliche Allianzen schmieden ließen. Zudem benötigten wir ein „Werkzeug", mit dem die eher auf „soft power" abzielenden Veränderungen versinnbildlicht werden konnten. Das Projekt „Stadt der Wissenschaft" sollte sich als genau das erweisen: **Stabilisator und Kristallisationskern** in einem.

Kurz zu dem Projekt: Im Jahr 2000 unterzeichneten die damalige Bundesregierung und Spitzenvertreter des deutschen Wissenschaftssystems das sogenannte PUSH-Memorandum. PUSH steht für Public Under-

---

[260] Vgl. hierzu grundsätzlich: Naßmacher und Naßmacher 1999. So wundert es nicht, dass die meisten Räte – wie Hiltrud und Karl-Heinz Naßmacher es treffend zusammenfassen – nichts weiter als Ratifikationsorgane für Verwaltungshandeln darstellen.
[261] So sah es auch der langjährige Beobachter der Oldenburgischen Kommunalpolitik, Michael Exner, der wie kein anderer die politische Szene vor Ort überblickt. Vgl. Exner 2013: 49ff.

standing of Science and Humanities. Man war damals der Meinung, die mit Steuergeldern finanzierte Grundlagenforschung wie das Wissenschaftssystem überhaupt müssten sich in stärkerem Maße den Menschen erklären: Was forschen wir? Welche Erkenntnisse gibt es? Wieso ist Forschung für alle wichtig? Was haben die Menschen von den gewonnenen Einsichten? Wie funktioniert Forschung? Als ein Teilelement des PUSH-Vorhabens entwickelte der Stifterverband, den man knapp als Deutschlands wichtigsten und ältesten Think Tank für Innovationen im Wissenschaftssytem bezeichnen kann, im Jahr 2003 das auf fünf Jahre angelegte Projekt „Stadt der Wissenschaft". Erstmalig sollte für das Jahr 2005 „Deutschlands Stadt der Wissenschaft" ausgezeichnet werden.

Auf die Idee, sich für den Titel zu bewerben, kam ursprünglich der neue Stadtsprecher Marco Sagurna, der das gesamte Vorhaben stets intensiv und mit Leidenschaft begleiten sollte. In der FAZ hatte Sagurna im Februar 2007 die erneute Ausschreibung für den Titel gesehen, verbunden mit dem Hinweis des auslobenden Stifterverbandes, es solle 2009 „voraussichtlich" wie geplant letztmalig eine Stadt zur „Stadt der Wissenschaft" ernannt werden.

Sowohl der Oberbürgermeister, als auch sein Wissenschaftsreferent reagierten im „Headquarter Espressobar" zunächst eher skeptisch, beide aus demselben Grund: Sie konnten – ganz neu im Amt – das Potenzial in der Stadt noch nicht richtig einschätzen und waren der Meinung, eine Bewerbung lieber erst im nächsten Jahr wagen zu wollen. Der Oberbürgermeister hatte zudem im Jahr 2003 zuvor in Karlsruhe als Professor an der Bewerbung für das Jahr 2005 mitgewirkt. Karlsruhe war hier ebenso wie Oldenburg, dessen Bewerbung für den Titel 2005 damals aus der Wirtschaftsförderung gesteuert worden war, noch in der Vorrunde ausgeschieden.

Aufgrund der Unsicherheit aber, ob es 2010 überhaupt einen weitere Auslobung geben würde, fuhren im Februar 2007 der Wissenschaftsreferent, der stellvertretende Leiter der Wirtschaftsförderung (der einige Jahre zuvor für die erste Bewerbung verantwortlich zeichnete) und der Assistent des Präsidenten der Universität, Henning Dettleff, nach Braunschweig, dem Titelträger für 2007. Hier wurde Ende Februar die Ausschreibung für die letzte Runde vorgestellt.

Übersicht: Timeline „Stadt der Wissenschaft"	
November 2006	Amtsbeginn für den neuen Oberbürgermeister
Januar 2007	Antritt des neuen Wissenschaftsreferenten
Februar 2007	Dienstantritt des neuen Pressesprechers; Ausschreibung in der FAZ; Startschuss für den „Stadt der Wissenschaft"-Wettbewerb für den Titelträger 2009 in Braunschweig
März 2007	Interne Klausur des „inner circle" in Bad Bederkesa; Beschluss, eine Bewerbung zu wagen
März 2007	Informeller Beschluss zwischen Oberbürgermeister und den beiden Hochschul-Präsidenten zur Bewerbung
April 2007	Reihe von zwei geheimen Treffen mit Stakeholdern aus Wirtschaft, Kultur, Wissenschaft und Zivilgesellschaft; Abschluss mit einem Treffen mit Medienvertretern mit offizieller Bekanntgabe der Bewerbung am Ende
Mai 2007	Vorstellung des Vorhabens im Rat und (einstimmiger) Ratsbeschluss für eine Bewerbung um den Titel (Vorlage No. 07/0371)
Frühjahr und Sommer 2007	Bewerbungskampagne
Oktober 2007	Abgabe der schriftlichen Bewerbung für die Vorrunde
Dezember 2007	Rückmeldung des Stifterverbandes über die drei Finalisten: Konstanz, Lübeck, Oldenburg
Februar 2008	Stadt der Wissenschaft 2009-Finale in Jena; Sieg und Auszeichnung Oldenburgs
Januar 2009	Beginn des Oldenburger Wissenschaftsjahres

In Bad Bederkesa wurden auch für dieses Projekt die entscheidenden Weichen gestellt. Zum einen beschlossen wir, uns überhaupt zu bewerben. Zum zweiten stellten wir das Projekt „Wissenschaftsstadt" als Katalysator in den Mittelpunkt unserer gesamten Strategie (wohin es angesichts der Leitidee „Collegestadt" auch gehörte) und zum dritten legten wir fest, dass wir das Vorhaben vor allem durch ein Partizipationsprojekt gewinnen wollten.

Partizipation ist wichtig, wenngleich sie kein Selbstzweck ist. Wie weiter oben bereits beschrieben, muss die Balance zwischen Beteiligung und Führung im Auge der politisch Verantwortlichen bleiben. Große Gruppen sind unserer Erfahrung nach kaum in der Lage, eine Vision zu entwickeln – weshalb die vielen Leitbilder zahlloser Städte eigentlich kaum etwas taugen. Aber viele Menschen an einer Vision oder einem konkreten Projekt zu beteiligen, macht durchaus Sinn.

Für unsere Bewerbung als Wissenschaftsstadt schufen wir ein konkretes Format der Beteiligung. Die **„Ideenschmieden"**. Der Gedanke ist rasch erläutert: **Orte, Menschen, Methode.** Wir wollten Menschen aus unterschiedlichen gesellschaftlichen Gruppen zusammenbringen und mit ihnen gemeinsam die Bewerbung um den Titel und ein Programm für ein Wissenschaftsjahr 2009 entwickeln. Hierzu braucht man interessante Orte. Wir haben **Orte für 90-minütige Workshops gesucht, die der Öffentlichkeit ansonsten verschlossen bleiben** – etwa ein altes Umspannwerk, die Justizvollzugsanstalt, die Baustelle der Oldenburgischen Hauptkirche oder ein ungenutzter Teepavillon im Schlossgarten. Die Orte sorgten für eine besondere Atmosphäre. Dazu kam die Auswahl der richtigen Menschen. Wir baten zunächst die Universität eine Liste mit jungen Wissenschaftlern zu erstellen, die bereits durch erste Impulse und Ideen aufgefallen waren, die aber noch nicht zu der Gruppe der „Platzhirsche" gehörten, die immer und stets bei Veranstaltungen dabei sind. Das Rathaus ist auf dieselbe Weise vorgegangen: Die Protokollliste mit der Nomenklatur der größeren Einrichtungen, Verbände und Vereine wurde intensiv durchleuchtet und nach **„neuen Gesichtern"** durchforstet. Unserer Meinung setzt sich dieses **unorthodoxe Vorgehen** von den üblichen kommunalen Verfahren ab. Ja, wir haben gezielt eine inhaltliche Bewertung der Teilnehmer vorgenommen. Üblicherweise wird meist nur von der Prozess-Seite gedacht: Wie schaffen wir es einen „sauberen Prozess" zu gestalten, damit sich niemand außen vor gelassen fühlt? Die **Prozesse haben uns wenig interessiert**, wir wollten vor allem **von den Inhalten her denken**.

Die verwendete Moderationsmethode war ausgesprochen robust: Drei einfache Fragen („Was ist für Sie Wissenschaft?"; „Wie bringt man den

Menschen Wissenschaft nahe (Formate)?" und „Wen brauchen wir, um den Menschen Wissenschaft nahe zu bringen?") strukturierten die Diskussion. Zahlreiche mitgebrachte Bilder, Grafiken und Fotos aus diversen Wissenschaftspublikationen boten einen visuellen Anreiz als Einstieg in die Diskussion.

ABBILDUNG 17: BILDER AUS DEN IDEENSCHMIEDEN (PRIVATARCHIV LISOWSKI)

Aus zwei Gründen waren unsere Ideenschmieden extrem hilfreich:
- **Aufmerksamkeit, Mobilisierung und Identifikation**: Die 17 Ideenschmieden mit ihren ca. 15 Teilnehmern pro Workshop schufen bei wichtigen Multiplikatoren Aufmerksamkeit für das Thema und waren Startpunkt für das, was die Amerikaner „momentum" nennen. Das Thema mobilisierte verschiedene Kräfte der Zivilgesellschaft. Erkennbar wurde dies vor allem, als kurze Zeit später die versprochenen Projekte auch umgesetzt werden mussten, denn die Partner standen alle bereit.
- **Kreativität**: Der Ansatz schuf ca. 100 Ideen im Rohzustand, die von einem Redaktionsteam in einem eintägigen Arbeitstreffen zu 16 Leitprojekten zusammengefasst wurden. Dieses ausgesprochen kreative und vielseitige Programm war einer der Schlüssel für den Titelgewinn. Hierzu noch eine weitere Anmerkung: Ideensammlung in Kreativrunden ist wie das Schürfen nach Diamanten: Am Ende liegt der Rohstoff vor – aber es sind ungeschliffene Diamanten. In einer kleinen Runde von sechs handver-

lesenen Personen haben wir einen ganzen Tag lang alle 100 Ideen gesichtet, bewertet, verschmolzen oder wieder voneinander getrennt, um am Ende die 16 „Diamanten" vorlegen zu können, die zum Sieg beitragen sollten.

Interessanterweise luden wir Vertreter des Rates zu diesen Ideenschmieden nicht ein. Unsere bittere Einschätzung lautete, dass von hier keine nennenswerten Impulse kommen würden[262]. So verwundert es vielleicht nicht, dass Mitglieder des Rates zwar zur Finalentscheidung mit nach Jena reisten, zum Teil aber geschockt aussahen, als Oldenburg siegreich aus dem knappen Rennen hervor ging. Der Plan dieser Kollegen war es womöglich gewesen, auf ein Ausscheiden zu setzen, um anschließend den Druck auf den Oberbürgermeister erhöhen zu können.

Während die Ideenschmieden kreative Ideen erarbeiten sollten, war das **Steuerungsdesign der Organisation** auf eine Einbindung zentraler Akteure ausgerichtet. Neben einem kompakten, operativen Kern – dem „Kernteam" (mit Vertretern von Stadtverwaltung und den wissenschaftlichen Einrichtungen) – gab es eine Lenkungsgruppe, in der die Spitzen gesellschaftlicher Kräfte vertreten waren. Vom Landesbischof bis zur Präsidentin der Fachhochschule waren die wichtigsten Akteure vertreten, wobei wir auch hier auf das Motto „**Koalition der Willigen**" setzten, und beispielsweise die sich konservativ-passiv gebende IHK ignorierten. Wichtig war das Thema Wissenschaftsstadt vor allem, um **auf machtpolitischer Ebene eine breite**, den Kurs des Oberbürgermeisters notfalls auch gegen den Rat tragende, **gesellschaftliche Koalition zu schmieden**. Dazu gehörten die wissenschaftlichen Einrichtungen (bis zu dem Moment der Wahl einer neuen, nur kurz im Amt verbliebenen Präsidentin der Universität), die Kirchen, die Wirtschaft, aber auch sämtliche nennenswerten Kultureinrichtungen – vom Staatstheater, über die Landeseinrichtungen und die drei lokalen Museen bis zu den Einrichtungen der Soziokultur. Nicht selten wirkten dabei Organisationen gemeinschaftlich mit, die ansonsten in einem scharfen Wettbewerb zu einander stehen. In dieser

---

[262] Ausgenommen eine Ratsvertreterin, die als Idee den Vorschlag einbrachte, relativ kurz zuvor entdeckte Holzbalken einer kleinen Befestigungsanlage aus dem frühen Hochmittelalter („Heidenwall") zu restaurieren und nachzubauen. Angesichts der Tatsache, dass in der näheren Umgebung zahlreiche Zeugen aus der Zeit direkt und besser erhalten sind, ein Zeichen eher provinziell denkender Naivität.

Gruppe sicherten wir auch den – wiederum bei Richard Florida – entlehnten Dreiklang „Talente. Toleranz. Technologie" und den heftig diskutierten Leitbegriff „Übermorgenstadt" ab.

Die **„Übermorgenstadt"** war aus neurologischer Sicht ein eher schwieriger Begriff. Lakoff und Wehling verweisen darauf, dass uns zwar gut 80 Prozent unseres Denkens nicht bewusst sind, aber dass alles Denken weitgehend physisch ist. Unser Denken über Abstrakta ist ohne eine Metapher quasi nicht möglich.[263] „Übermorgen" ist kein Begriff, den man wie „Reiterstadt" (Verden), „Stadt der Düfte" (Holzminden) oder „Domstadt" (Köln) mit einem konkreten Gegenstand zu verbinden vermag. Allerdings kann „Übermorgen" wie eine Metapher stehen. Eine Metapher für Zukunftsorientierung. Und genau dort wollten wir mit der Stadt ja hin. Weg von der Gemütlichkeit, hin zu neuer Urbanität.[264] Mit dem Ende der Amtszeit Schwandner gibt es den Begriff übrigens nicht mehr. Er wurde für die Nachfolger zum politischen Begriff, dessen man sich lieber entledigen wollte. „Metaphern schaffen politische Realitäten in den Köpfen der Hörer."[265] So ist es – leider – kein Wunder, dass der Begriff nach unserem Ausscheiden aus städtischen Diensten aus dem Markenrepertoire wieder verschwand. Bedauerlich ist es dennoch. Vor allem, da der Begriff funktioniert hat und eine erhebliche Präsenz erreichte.

---

[263] Vgl. Lakoff und Wehling 2008, 13; 21.
[264] Allerdings funktionierte der Begriff „Übermorgenstadt" vor Ort und überregional. Kaum ein Leserbrief griff diesen Begriff nicht auf, dass dieses und jenes nicht einer Übermorgenstadt gerecht oder entsprechen würde. Auch die F.A.Z. vom 20.1.2011 überschrieb einen Artikel zur Immobilienwirtschaft in Oldenburg mit dem Titel „Die Übermorgenstadt im Nordwesten".
[265] Lakoff und Wehling 2008, S. 31.

ABBILDUNG 18: ÜBERMORGENSTADT – WIE DER BEGRIFF IM STADTBILD SICHTBAR WURDE (MIT FREUNDLICHER GENEHMIGUNG VON STOCKWERK2)

Letztlich war es ebenso wichtig, mit einem **Kampagnenbüro** im Herzen der Innenstadt Offenheit für Teilhabe zu signalisieren. Erneut war uns die Symbolik wichtig: Anstatt praktikablere Angebote der Kollegen aus den Liegenschaften anzunehmen, entschlossen wir uns für ein Büro im „Lappan", einem dreigeschossigen, aus dem 15. Jahrhundert stammenden Türmchen am zentralsten Ort der City. In diesem historischen Denkmal wurden ein Büro mit überdimensionalem Banner „Denk mal" eingerichtet und die Bürger zur Mitwirkung eingeladen, unter anderem auch durch eine Postkartenaktion und durch Aktionstage in der Fußgängerzone.

Diese massive Vorarbeit mit dem klaren Fokus auf Partizipation sollte sich auszahlen: Im Oktober wurde die Bewerbung beim Stifterverband eingereicht, im Dezember kam die Einladung zum Finale, im Februar 2008 mussten wir uns gegen den „Angstgegner" Konstanz und gegen Lübeck behaupten.

Bei der Entscheidung in Jena zählte einerseits der Eindruck, den wir als Personen hinterlassen würden. Während die Mitbewerber aus Lübeck auf eine eher klassisch-konservative Vorstellung mit dem ehemaligen schleswig-holsteinischen Ministerpräsidenten Björn Engholm und Klarinettenspiel setzen, wollten wir gezielt jung und dynamisch wirken – mit zwei Fast-Sechzigern auf dem Podium allerdings durchaus eine Herausforderung. Der Oberbürgermeister nahm eine Anleihe aus der US-Politik und schritt nicht auf die Bühne, sondern sprang hinauf und signalisierte so allein durch seine Körpersprache den Anspruch auf Dynamik. Auch die übrigen Vortragenden wirkten dynamisch und angriffslustig (so beispielsweise die Pressesprecherin der Universität, Dr. Corinna Dahm-Brey, die für einen selbstbewussten Abgang unter Lachen des Publikums sorgte, indem sie schon auf dem Weg von der Bühne noch einmal gegen den Jury-Präsidenten frotzelte). Genau für so eine Performance hatten wir aber auch geübt und uns in zwei Treffen synchronisiert, was bei den Terminkalendern von Uni-Präsident Prof. Dr. Uwe Schneidewind, dem Vorstandsvorsitzendem der EWE AG Prof. Dr. Werner Brinker und dem Oberbürgermeister nicht einfach war.

Da unsere Bewerbung das Thema „Talente" aufgriff, wollten wir auch eines präsentieren. Anstatt wie die Kollegen aus Konstanz einen auf Hochglanz geschliffenen Werbetrailer mitzubringen, setzen wir mit Amon

Thein auf einen damals 21-jährigen Nachwuchsfilmer.[266] Ein riskantes Unterfangen, das aber Früchte trug. Denn am Ende waren Botschaft und Medium perfekt synchron.

Der Rest ist schnell erzählt und sollte nicht Gegenstand dieses Buches sein: Oldenburg konnte sich gegen Konstanz und Lübeck durchsetzen, gewann den Titel, und es folgte ein Wissenschaftsjahr 2009, das viele besondere Momente lieferte, von Unterwasser-Konzerten, über den bemerkenswerten Vortrag des NASA-Wissenschaftlers Jesco von Puttkamer bis zur „Wissenschaftsgeisterbahn" in einem gespenstischen, unterirdischen Krankenhaus. Etwa 1,5 Millionen Euro an regulärem Budget flossen in das Projekt; geschätzt dieselbe Summe noch einmal, indem weitere Partner sich anschlossen und ein eigenes, ergänzendes Programm für das Wissenschaftsjahr entwickelten.

Wie viel Schwung die fast vierjährige Initiative am Ende bekam, kann man auch an einem in Kommunen oftmals heftig umstrittenen Thema sehen: der Logo-Frage. Wie bei Unternehmen auch, brauchen Kommunen heute ein „branding", ein **Corporate Design**, bei dem einerseits die Tradition des Gemeinwesens deutlich wird, andererseits seine traditionellen Werte und Stärken modern und zeitgemäß interpretiert werden. Üblicherweise entzünden sich an dieser Stelle heftige Diskussionen. Man sieht bei sich selbst Geschmack und projiziert diesen auf „das neue Logo". Das Ergebnis sind lautstarke Diskussionen ohne viel Strategie. Uns ist es am Ende gelungen, still und leise das Corporate Design der Stadt auszutauschen. Das bestehende „Spiegelei" (es sollte ein Hufeisen darstellen) und der Slogan „Das hat was" wurden ausgetauscht[267] durch die „Bubbles" und den Claim „Übermorgenstadt". Das Wissenschaftsjahr war dabei einmal mehr der Hebel für den Wandel: Das von Boris Niemann entwickelte Logo und der von Claus Spitzer-Ewersmann entwickelte Claim wurden beide eingesetzt für die Bewerbungskampagne und als Signet des „Wissenschaftsjahres". Durch den ständigen Gebrauch wäh-

---

[266] Amon Thein bekundete später uns gegenüber, dass dies die Chance seines Lebens war. Geschadet hat es nicht: Sein Filmbüro ist heute fest am Markt etabliert.
[267] An dieser Stelle soll nicht verschwiegen werden, dass einer der Autoren dem Hufeisen-Logo und dem Claim einige Jahre zuvor bei deren Einführung zugestimmt hatte. Mit Bedenken und Widerwillen zwar, aber immerhin. Der Claim „Das hat was" wurde übrigens gleich nach Amtsantritt gestrichen.

rend des Jahres 2009 schliffen sich beide Eindrücke allmählich in das Bewusstsein der Stadt ein. Zum Ende des Jahres 2009 gab es entsprechend wenig Gegenwehr, als peu à peu das bestehende Design durch das neue ausgetauscht wurde. Am Ende stand ein formaler Beschluss, der indes nur noch vollzog, was vorher bereits auf den Weg gebracht worden war.

ABBILDUNG 19: WEITERENTWICKLUNG DES STÄDTISCHEN AUFTRITTS NACH DEM PROJEKT „STADT DER WISSENSCHAFT" (MIT FREUNDLICHER GENEHMIGUNG VON STOCKWERK 2)

Alles in allem ergeben sich für uns drei zentrale Lehren aus dem Vorhaben:
- Kritische Veränderungen erreicht man am besten durch einen **externen Anlass**. In diesem Fall war es das Projekt „Stadt der Wis-

senschaft". Ohne dieses Projekt wäre es kaum möglich gewesen, einen Wandel voranzubringen. Ein externer Druckfaktor schafft ein Gefühl von Zwang, der schneller hilft, Zaudern, Zögern und Obstruktionspolitik zu überwinden.

- Wer einen Wandel will, braucht **Leuchtturmprojekte**, um eine gesellschaftliche Mobilisierung zu erreichen. Ein Wandel zielt ja auf etwas positiv Neues hin. Man sucht Wandel, um etwas zu gestalten. Erst einmal sind das nur Hoffnungen und Versprechen. Andere lassen sich nur dann darauf ein und beteiligen sich an diesem Wandel, wenn es über Symbole gelingt, eine Aura des Erfolgs zu schaffen. Das gelingt mit Leuchttürmen wie „Stadt der Wissenschaft".
- Eine **visuelle, ästhetische Unterfütterung** unterstreicht die Sichtbarkeit und schafft Motivation. Dies ist keine einfache Aufgabe, wie auch der Schaffer unseres Corporate Designs, Boris Niemann, bestätigt: *„Ein städtisches Erscheinungsbild muss den Standort profilieren, ästhetisch überzeugen und im Idealfall auch begeistern. Die Entwicklung aber muss sorgfältig geplant, gut moderiert und fundiert begründet sein. Ohne die Synthese von Ästhetik, Konzept und Funktion erhält man allenfalls ein banales Zeichen oder eine seelenlose Strategie, aber keine liebenswerte und gelebte Marke."*

9.3 Bauprojekte sind ein Anker. Eine Stadt braucht aber auch deren „Soft Power"

Woran denken Sie, wenn Sie „Paris" hören? Wie die meisten Menschen werden Sie zuerst an den Eiffelturm, das sicherlich überragende architektonische Gebilde der Stadt, denken. Relativ bald folgt dann der Louvre und mit ihm die Glaspyramide im Innenhof. Entworfen vom chinesisch-amerikanischen Architekten Ieoh Ming Pei. Sein Auftraggeber war der französische Staatspräsident Francois Mitterand, der gleich noch ein zweites Bauvorhaben prägte: Die „Grande Arche" im Geschäftsviertel „La Defense". Französische Präsidenten scheinen ein gutes Gespür für die Bedeutung von Architektur zu haben und wurden deswegen nicht selten mit der spöttisch-bewundernden Formel „Pharaonen der Moderne" bedacht.

Warum funktioniert aber die hypermoderne Glaspyramide vor einem Stadtschloss, dessen Wurzeln ins 13. Jahrhundert zurückreichen? Zunächst einmal, da Pei Geschichte und Moderne in ein interessantes Spannungsverhältnis setzt. Und Peis Geniestreich geht noch einen Schritt weiter. Seine Glaspyramide selbst greift ein noch viel älteres Architekturmotiv auf, die Große Pyramide von Gizeh, und interpretiert sie in moderner Weise. So setzt Pei einen respektvollen Kontrast zum historischen Ensemble, der beide dramatisch aufwertet. Exakt diese **Spannung zwischen Historie und Moderne macht Städte optisch reizvoll** (vgl. Kapitel 5.2).

Verglichen mit anderen Ländern, auch in Europa, ist es insgesamt recht verblüffend, dass **innovative Baukultur** in Deutschland eher selten zu finden ist. Vielleicht ist dies ein Ergebnis unserer Geschichte. Mit dem Bauhaus zeigte sich Deutschland noch ausgesprochen innovativ. In der folgenden Zeit wurde unter den Nationalsozialisten eine dermaßen martialische und überdimensionierte Architektur gepflegt, das vielleicht das Interesse an auffälliger und auch großdimensionierter Architektur insgesamt verloren ging. Möglicherweise ist es aber auch der Denkmalschutz. Gerade Deutschland ist hier ein Meister. Abenteuerliches Design – wie in den Niederlanden – wird bei uns zumeist wegen „Ensemble-Schutz" übereifriger Denkmalschützer und hasenfüßiger Landesgesetze so lange glattgeschliffen, bis es nicht mehr aneckt. Postrel zitiert den Gründer von Logitech, Pierluigi Zappacosta, der über Deutschland und die Schweiz ätzt, dort sähe jedes Haus so sehr wie das nächste aus, dass die Deutschen es manchmal sogar geschafft hätten, die Geranien im Vorgarten zu synchronisieren.[268]

Gerne **neigen die Deutschen** in ihrer städtischen Architektur zur Niedlichkeit (im Amtsdeutsch nennt sich dies „**Kleinteiligkeit**"). Auch in Oldenburg kann man dies an einem klaren Beispiel verorten: dem Burgstraßenviertel.[269] Mitten in der Innenstadt, gegenüber dem historischen Staatstheater hätte es hier Anfang der 2000er Jahre die Chance gegeben, einen spannenden Gegenpunkt zur Geschichte mit moderner Architektur

---

[268] Vgl. Postrel 2003, S. 138.
[269] Ein Abschlussbericht der Viertelsanierung mit zahlreichen Bildern findet sich zum Download hier: http://www.oldenburg.de/microsites/stadtplanung/sanierungsgebiete/burgstrasse/stand-des-verfahrens.html, abgerufen am 17.12.2016.

zu setzen. Die Chance wurde vertan und anstelle dessen erfolgte eine typische „Klinkerbau-Architektur" mit hohem Niedlichkeitsfaktor. Ein wenig erstaunlich, denn der damals amtierende Oberbürgermeister, Dietmar Schütz, hatte einige sehr positive und durchaus urban geprägte Bauprojekte nach jahrelangem Stillstand angeschoben: den Bau einer neuen Zentrale für die Landessparkasse, den Bau eines neuen Hallenbades, die Modernisierung der Innenstadt. Anlässlich seines 60. Geburtstages überreichte ihm einer der beiden Autoren daher ein Buch über den Zusammenhang zwischen Bauen und Politik – versehen mit einer Widmung an „Dietmar, den Erbauer". Als solcher ist bislang nur er in die kollektive Erinnerung der Stadt eingegangen. Die Oldenburger Leser seien aber noch einmal an einige der sehr zahlreichen Bauprojekte von 2006 bis 2014 erinnert: Hafenviertel, Volkshochschule, Sanierung Weser-Ems-Halle, Bau der großen EWE Arena, neue Feuerwehrwache, Bahnhofsviertel, Bloherfelder Anger, Pekol-Gelände, Broweleit-Häuser, Neubau Gesundheitsamt, VfB-Gelände und Kauf des Fliegerhorstes. Und alles in einer Situation, in der der Rat – anders als bei Schütz – der Verwaltungsspitze nicht eben freundlich gesonnen war.

Gerade in deutschen Städten mittlerer Größe ist moderne Architektur rar gesät. Anders in vielen niederländischen Städten, wo eine regelrechte Experimentierlust herrscht. Allen voran fällt uns das derzeit in Planung befindliche Forum in Groningen[270] ein oder die Markthalle in Rotterdam, gebaut von Winy Maas, der auch mit dem niederländischen Pavillon einen der Publikumslieblinge bei der Expo 2000 konzipierte.

Sicher prägt auch die bevorzugte Wohnweise der Deutschen die grundsätzliche Einstellung: Man lebt am liebsten in einem „EFH", einem alleinstehenden „Einfamilienhaus". Eine Wohnform, die per Definition nicht urban sein kann und – siehe Los Angeles – den sogenannten „urban sprawl" und einen gigantischen Flächenverbrauch erzeugt.[271] Gerade mit dem Hinweis auf den **Flächenverbrauch** und der Vorstellung von urbanerem Leben haben wir während der Amtszeit für eine **stärkere Nachverdichtung der Stadt** geworben. Dies führte zu einer der **größten Kri-**

---

[270] https://www.groningerforum.nl/bouw#begin, abgerufen am 17.12.2016.
[271] Der Aufrichtigkeit halber wollen wir nicht verschweigen, dass einer der beiden Autoren ebenfalls in einem EFH lebt und daher gelegentlich den milden Spott des anderen ertragen muss.

sen während der Amtszeit. Ursache war die Tatsache, dass der zur Verfügung stehende Bauraum auf städtischen Flächen 2011 nur noch die Größe von etwa sechs Fußballfeldern umfasste. Wollte man gerade für den Mittelstand innenstadtnahes Wohnen ermöglichen und gleichzeitig verbliebende Grünflächen erhalten, hatte dies die logische Konsequenz, in die Höhe zu bauen. Diese Einschätzung machten wir öffentlich. Die örtliche Tageszeitung veröffentlichte an einem Mittwoch ein Gespräch dazu mit dem Oberbürgermeister und unterlegte es ohne Vorwarnung mit einer perfiden Fotomontage: Ein innenstadtnahes Quartier mit pittoresken Häusern aus dem späten 19. Jahrhundert („Oldenburger Hundehütten") wurde überschattet von hohen, tristen Betonsilos der 1960er und 1970er Jahre, wie sie beispielsweise in Halle Silberhöhe zu finden sind. Der Text selbst war eher unspektakulär: Es gab in der Stadt bereits Verdichtungskerne mit mehrstöckiger Wohnbebauung und die Aussage lautete, dass über eine Nachverdichtung sinniert werden müsse. Für die bewusst herbeigeschriebene Skandalisierung sorgte die Fotomontage: Die gewählte Perspektive ließ die Wohnmaschinen wie Zwanzigstöcker aussehen. Die Redaktion legte einen Gedanken nahe, den niemand hatte: Die historische Innenstadt solle überschattet werden von hässlichen Betonburgen. Ohne eine Fotomontage oder mit einer Montage in der höhere Wohnbebauung einen respektvollen Abstand von der Innenstadt gehalten hätte und etwa auf einem Brachgelände nördlich des Bahnhofs loziert worden wäre, hätte es keine Diskussion gegeben. Aber der vom Lokalredakteur gewünschte Aufruhr blieb nicht aus und steigerte sich dermaßen, dass wir über ein öffentliches Video mit einer Entschuldigung drei Tage später dem Thema den Wind aus den Segeln nehmen mussten. Am Ende liefern leider nur Bücher, Texte und gelesene Informationen einen vernünftigen Kontext, die Nachrichten sinnvoll einbetten. Primär visuell geprägte Informationen oder kurze Nachrichtenschnipsel dagegen reißen die Information aus dem Kontext und führen zu einer Verflachung. Zu dem, was Neil Postman die „Guckguck-Welt" nennt.[272] Leider findet dies seine Entsprechung in der abnehmenden Leseleidenschaft der Bürger. „(…), Demokratie war traditionellerweise von guter Lesefähigkeit, einer breiten Mittelklasse und einer durchlässigen Hierarchie abhängig. Aber all dies geht unter, (…)"[273] Zumindest blieb uns die Genugtuung, am Ende der Amtszeit von einem

---

[272] Vgl. Postman 1988, S. 60–102.
[273] Berman 2002, S. 90.

führenden Redakteur derselben Zeitung bestätigt zu bekommen, die Zeitung habe hier einen Fehler gemacht und durch die Aktion das „eigentlich richtige" Thema Nachverdichtung für zehn Jahre beerdigt.

Moderne Architektur war eines der Schlagworte des Programms für 2006 bis 2014. Verwirklicht werden konnte es am ehesten in den (leider kleingeschossigen) Projekten einer neuen Feuerwehrwache, des Neubaus der Volkshochschule, des Neubaus der Wirtschaftsförderung und des Gesundheitsamtes (Hier müssen wir einen Fehler unsererseits einräumen. Wir gaben zu früh zu erkennen, welche Variante der Favorit des Rathauses war. Geschickter ist in der Regel, den Favoriten „nur" als Variante 2 im Spielfeld zu halten und erst dann, wenn das übliche und ausausweichliche Genörgel an dem Spitzenreiter einen Höchststand erreicht hat, von jemandem den eigentlichen Favoriten vorschlagen zu lassen und sich dann rasch an die Spitze der Bewegung setzten), sowie des von Behnisch Architekten konzipierten Schlauen Hauses.

Unseren eigentlichen, weitgehenden Plan – der mit „moderner Architektur" verbunden war – konnten wir an dieser Stelle nicht umsetzen. Nachdem die Landessparkasse zu Oldenburg in einen knapp 40 Meter hohen, von Schlaich, Bergermann und Partner entwickelten Büroturm nördlich des Bahnhofs umgezogen war, hätte hier der Startschuss für ein vielgeschossiges, urbanes Viertel entstehen können. Mindestens **drei stadtbauliche Entwicklungsstränge** hätten hier verknüpft werden können:

- Die Bündelung der Justiz in einem „**Justiz-Tower**". Derzeit residieren verschiedene Gerichte in Oldenburg in historischen Palais. Landesbehörden sind nicht unbedingt Publikumsmagneten und die bürokratische Nutzung der Gebäude lässt diese weitgehend unsichtbar werden im Stadtbild. Daher lag der Gedanke nahe, die Landesgerichte an einem Ort zusammenzubringen, idealerweise in einem modernen Hochhaus nahe dem Bahnhof. Dieses Thema wurde von der grünen Landesjustizministerin beerdigt, indem sie durch eine Mitarbeiterbefragung so lange Zweifel an dem Vorhaben schürte, bis eine Veränderung nicht mehr möglich war.
- Der **Neubau einer EWE Zentrale**. Die EWE AG überlegte nach den Regulierungsschritten zum Unbundling der EU-Kommission den Konzern, der in verschiedenen Gebäuden kreuz und quer in der Stadt verteilt war, an einem Standort zu konzentrieren. Das Bahnhofsviertel wäre ideal gewesen.

- Die besagte bauliche Nachverdichtung zur Schaffung weiteren Wohnraums.

Den letzten Punkt konnten wir zumindest ansatzweise einen halben Kilometer weiter südlich realisieren, durch ein weitgehend viergeschossiges Wohnquartier in modern-kubistischer Bauweise am Hafen / Stau.[274]
Die Stadt hätte durch eine angemessene Verdichtung nördlich des Bahnhofs insgesamt wie eine moderne Großstadt und weniger wie ein großes Dorf wirken sollen. Eine ähnliche Idee, der hier Respekt gezollt werden soll, hatte der frühere Stadtbaurat, Frank-Egon Pantel, der von einer neuen, „zweiten Herzkammer" Oldenburgs sprach. Besucher, die mit dem Zug in die Stadt hineingefahren wären, hätten eine moderne, verdichtete Bauform auf beiden Seiten des Bahnhofs gesehen und wären dann mit wenigen Schritten in der historischen Altstadt Oldenburgs gewesen. So ist die Chance erst einmal vertan, auch über die Architektur mehr Großstadt zu zeigen.

Wie schon erwähnt entwickelte sich die demografische Aussicht während der Amtszeit sehr positiv und Oldenburg wurde die drittgrößte Stadt in Niedersachsen. Da Wohnraum zunehmend knapp wurde, begann auch die öffentliche Wohnungsbaugesellschaft GSG bereits 2011 mit einem ehrgeizigen 1.000-Wohnungen-Bauprogramm, in das 100 Millionen Euro investiert werden. GSG-Chef Stefan Könner schätzte damals den Bedarf für die Stadt Oldenburg bis 2020 auf 7.000 neue Wohnungen ein.[275]

Gerade das Angebot an bezahlbarem Wohnraum im (inner-)städtischen Bereich ist für den dauerhaften Erfolg einer Stadt von entscheidender Bedeutung. Darauf macht Richard Florida in einer weiteren Analyse (2017) seiner „creative cities" aufmerksam.[276]

---

[274] Der ursprüngliche Wettbewerbsentwurf (2008) sah sogar nur eine zweigeschossige Bebauung am Südufer vor. Jetzt soll am Südufer eine zwölfgeschossige Bebauung möglich sein (Stand 2017).
[275] Siehe auch Nordwest-Zeitung vom 6.April 2011 (mit teilweise etwas anderen Zahlen) zitiert nach https://www.gsg-oldenburg.de/DE/Ueber-die-GSG/News/Pressearchiv/2011.php?we_objectID=4010 abgerufen am 10.7.2017
[276] Vgl. Florida 2017.

9.4 Leere Kassen sind noch keine Gegenströmung

Etwa Mitte der 1990er Jahre eskalierte die Finanzlage der Stadt Oldenburg: Oldenburg benötige immer mehr Liquiditätskredite, um kurzfristig zahlungsfähig zu bleiben. Am Ende beliefen sich die „Überziehungskredite" auf fast 125 Millionen Euro (2003).

Bei einem konservativen Oberbürgermeister gehört zum klassischen Aufgabenportfolio der skeptische Blick auf Ausgabensteigerungen. Schon bei der Amtsübernahme 2006 wurde gegenüber einer Versammlung von Unternehmern die Zielmarke ausgegeben, bis zum Amtsende den Berg der Liquiditätskredite abgebaut zu haben. Hiermit hatte bereits der Amtsvorgänger ein Jahr zuvor begonnen, und an diesem Vorhaben sollte trotz aller politischer Vorbehalte auch nicht gerüttelt werden.

Nach unserer festen Überzeugung sollten die Kommunen auch darauf achten, die Verschuldung in handhabbarem Maße zu halten und lieber auf die eine oder andere Wohltat zu verzichten, als zu viele Schulden zu machen: „The heart of the matter is the way public debt allows the current generation of voters to live at the expense of those as yet too young to vote or as yet unborn."[277] Wobei erstaunlicherweise gerade diejenigen, die skeptisch gegenüber zu vielen sozialen Wohltaten sein sollten – die Jungen – in der Regel auf der Seite der Befürworter zusätzlicher Ausgaben stehen.

So blieben Jahr um Jahr die Kosten im Blick – und auch die eigentlich gegen die Verwaltungsspitze agierende rot-grüne Ratsmehrheit bürdete den fiskalisch konservativen Planungen des Rathauses nur wenige Zusatzausgaben auf. Insgesamt lag die Taktik der Verwaltung darin, sehr restriktive Haushaltsentwürfe vorzulegen, die manchmal unter den eigentlichen Planwerten lagen, weil sie die Ausgabenerhöhungen des Rates bereits antizipierte. Das Ergebnis dieser Politik: Im Jahr 2014 konnte erstmals wieder seit Jahrzehnten ein Überschuss im Ergebnishaushalt von etwas mehr als drei Millionen Euro erwirtschaftet werden der vor allem für die Tilgung weiterhin bestehender, langfristiger Schulden verwendet werden sollte. In diesem Jahr lag die Pro-Kopf-Verschuldung Oldenburgs

---

[277] Ferguson 2014, S. 41.

bei etwa 1.500 Euro.[278] Einige Vergleichszahlen: Laut der Ernst&Young Kommunenstudie von 2015 lag die Pro-Kopf-Verschuldung in Saarbrücken bei über 11.000 Euro, in Oberhausen bei über 9.000 Euro – beides deutsche Negativ-Spitzenwerte. Überhaupt nur zwei deutsche Großstädte mit mehr als 100.000 Einwohnern, Braunschweig und Jena, konnten eine Verschuldung von weniger als 1.000 Euro pro Kopf ausweisen.

Ja, die guten Werte für Oldenburg sind in erster Linie einer guten Konjunktur und niedrigen Zinsen geschuldet. Aber nicht allein: „Trotz guter Konjunkturlage, steigender Steuereinnahmen, günstiger Finanzierungskosten sowie kommunaler Rettungsschirme in acht Bundesländern ist die Gesamtverschuldung der deutschen Großstädte im vergangenen Jahr um gut drei Prozent gestiegen."[279] In Oldenburg aber eben nicht.

Es lag auch am politischen Willen im Rathaus und in der Verwaltung. An dieser Stelle sei explizit die Bedeutung einer guten Finanzverwaltung hervorgehoben werden. In unserem Fall vor allem der Finanzdezernentin Silke Meyn und des Amtsleiters für Finanzen und Controlling, Joachim Guttek, die das Meisterstück vollbracht haben, aller Krisen zum Trotz das strukturelle Defizit abzubauen, ohne dass unser Programm darunter gelitten hätte.

---

[278] Diese Zahlen weichen von den eigenen Erhebungen ab. Nach Berechnung der Stadtverwaltung lag die pro-Kopf-Verschuldung 2014 bei 1.231 Euro.
[279] Ernst&Young 2015, S. 3.

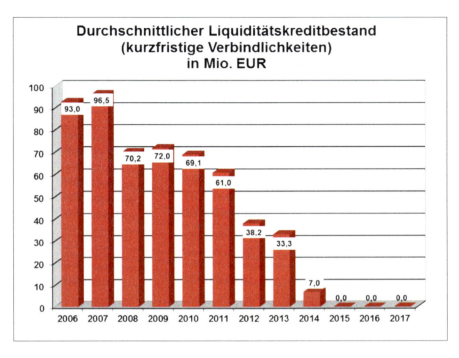

ABBILDUNG 20: LIQUIDITÄTSKREDITBESTAND OLDENBURG 2006-2017 (QUELLE: STADT OLDENBURG)

10 Düstere Aussicht: Warum es zunehmend schwerer werden wird, Transformationen anzustoßen

10.1 Direkte Demokratie: Mehr Probleme als Nutzen

Das Argument kommt in schöner Regelmäßigkeit immer und immer wieder: Da die Kommune viel „näher dran" am Bürger sei, könne an dieser Stelle auch stärker mit Elementen der direkten Demokratie experimentiert werden. Befürworter direkter Demokratie sehen in mehr Demokratie vor Ort eher nur ein technisches, kein grundsätzliches Problem: „Die Euphorie der 90er Jahre hinsichtlich der Bürgerbeteiligung scheint nicht in allen Kommunen angekommen zu sein bzw. es mangelt an einer gelungenen Umsetzung."[280] Da haben dann wohl nach Einschätzung der Autoren vielerorts die Menschen nur nicht richtig aufgepasst und zu wenig auf die segensreichen, in den Kommunalverfassungen verankerten Beteiligungsrechte gesetzt.

Insgesamt scheint die direkte Demokratisierung auf dem Vormarsch zu sein und die Gewichte verschieben sich. Weg von den Institutionen, hin in eine diffuse Zivilgesellschaft und ein noch unübersichtlicheres „Netz". Gewählte Repräsentanten können sich der Achtung derjenigen, die sie vertreten, keineswegs sicher sein, von der Anerkennung mal ganz zu schweigen. Dabei wird in der aktuellen Diskussion vor allem eine Kritik an Institutionen der repräsentativen Demokratie deutlich. Viele Menschen sehen nicht mehr, wie dankbar sie sein können für die funktionierenden Institutionen, die westliche Demokratien in jahrhundertelangem Ringen ausgeformt haben. Gerade auch auf der kommunalen Ebene. Jacques de Saint Victor meint, selten seit der Herausforderung durch den Faschismus habe die Repräsentative Demokratie so sehr in Frage gestanden, wie derzeit. Als „Antipolitik" bezeichnet er eine vor allem durch Transparenz-Jünger und Soziale Medien forcierte „moralische Entrüstung", bei der die Wähler in den **„Misstrauensdemokratien"** immer anspruchsvoller und von den Angeboten der Parteien immer enttäuschter seien.[281]

Wir können als Gegenmittel zum Gift des Misstrauens den Austausch mit anderen Ländern wärmstens empfehlen, um als Bürgermeister oder

---

[280] Biewener et al. 2015, S. 106.
[281] Vgl. Saint Victor 2015, S. 10–14.

Ratsmitglied in der Lage zu sein, den eigenen Bürgern auch selbstbewusst entgegen zu treten, und das Funktionieren unserer Institutionen hervor zu heben. Abgesehen vielleicht einmal von skandinavischen Nationen kennen wir von all unseren Reisen kein Land, in dem Politik so sachbezogen, skandalfrei und bürgernah gemacht wird, wie in Deutschland. Die Leistung, solche Institutionen aufgebaut zu haben, ist enorm: „A really good set of institutions is hard to achieve. Bad institutions, by contrast, are easy to get struck in. And this is why most countries have been poor for most of history, as well as illiterate, unhealthy and bloody."[282]

Dabei kann man die Geschichte der repräsentativen Demokratie auch als Ergebnis von Erfahrungen vergangener Generationen mit (zu viel) direkter Demokratie ansehen. Eigentlich ist unser heutiges System eine eher dem „römischen" Modell entlehnte Mischung aus liberalem Verfassungsstaat und demokratischen Elementen, unter Einbindung eines marktwirtschaftlichen Wirtschaftsmodells: „Capitalism's liberal individualist phase is closely associated with the marriage of capitalism and liberal democracy – defined more by freedome and personal choice than by participation or equality."[283] Auch in Bezug auf Deutschland konstatieren Michelsen und Walter eine Feststellung von Crawford Macpherson: Liberale und demokratische Republikaner schlossen demnach im vorvergangenen Jahrhundert einen Kompromiss. Das Wahlrecht wurde ausgeweitet zum Preis einer stärkeren Institutionalisierung von Gegengewichten, insbesondere des Rechtsstaats.[284]

Der Politikwissenschaftler Karl-Heinz Naßmacher verdeutlichte seinen Studierenden die sorgsam ausbalancierte „Western Democracy" in der Regel in Form eines Mobiles: Einander austarierende Gewichte verdichten sich zu drei Hauptsträngen: Repräsentative Demokratie, Rechtsstaat und Marktwirtschaft. Zupft man zu viel an einem der Stränge, gerät das Gesamtkonstrukt aus dem Gleichgewicht.[285]

---

[282] Ferguson 2014, 18f.
[283] Barber 2007, S. 77.
[284] Vgl. Walter und Michelsen 2013, S. 115.
[285] Das Politikbild von Hiltrud und Karl-Heinz Naßmacher findet sich verdichtet in: Naßmacher 1997.

Und doch scheint die repräsentative Demokratie – ihrer unglaublichen Erfolgsgeschichte zum Trotz – keine lauten Fürsprecher mehr zu haben. Obwohl keine verlässliche Alternative zu erkennen ist, bekennen sich nur wenige eher schamhaft zur repräsentativen Demokratie. Warum eigentlich? Die Ergebnisse der direkten Demokratie sind ausgesprochen mau. Weltweit sind es vor allem zwei Regionen, in denen ein repräsentatives System stärker als andernorts von direktdemokratischen Elementen durchwirkt sind: die Schweiz und der amerikanische Bundesstaat Kalifornien. Gerade Kalifornien bietet ein hervorragendes Beispiel dafür, dass in direkter Demokratie kaum alles Heil liegt: Der Staat ist hoffnungslos überschuldet, der öffentliche Dienst gilt als ineffizient, und viel bewegt sich nicht mehr. „Deadlock" (Systemblockade) lautet zumeist das Urteil externer Beobachter.[286] Von all den segensreichen Versprechungen von Lobbygruppen wie „Mehr Demokratie e.V.". ist wenig zu finden. Keine Weisheit des Bürgers, kein Ethos der Anständigen – eher war es die Eigensucht der kalifornischen „Besserverdiener", die den Goldstaat handlungsunfähig geschossen hat.[287] Gerade an der Stelle kann noch jemand ein leidvolles Lied anstimmen: Vor dem Hintergrund eigener Erfahrungen, etwa in der Hamburger Schulpolitik, sind einst glühende Befürworter wie die Grünen an der Alster demütig und leise geworden. Was leider nicht für die übrigen Grünen in Ländern und Bund gilt.

In Oldenburg sind die Erfahrungen mit direkter Demokratie überschaubar. Eine Abstimmung über eine – ironischerweise von den die direkte Demokratie befürwortenden Grünen eingebrachte Baumschutzsatzung – wurde von den Bürgern zurückgewiesen. Zwei weitere Anläufe zu Referenden, eines zum Neubau eines Hallenbades, eines zum Bau des ECE-Shoppingcenters, zerbrachen an mangelndem Interesse der Bürger oder an der fehlenden Zulässigkeit. Die Befürworter direkter Einflüsse der Bürger verlegten sich fortan auf ein anderes Feld: die **„Einwohnerfragestunde"** (§62 NKomVG) der Bürger im Rat. Zumeist konnte man aber indes erkennen, welcher Fraktionsreferent hier gerade einem vermeintlich „interessierten Bürger" eine Frage aufgeschrieben hatte. In der Regel mit so vielen Unterpunkten, dass erstens die Geduld der Teilnehmer arg strapaziert wurde und zum zweiten die Fraktion des besagten Referenten im

---

[286] Vgl. z.B. THE ECONOMIST vom 20. April 2011.
[287] Vgl. Trankovits 2011, 170; 223-230.

weiteren Sitzungsverlauf schöne Steilvorlagen für ihre Reden erhielt. Insgesamt war das oft lästig, selten hilfreich, aber niemals ein größeres Problem. Jedenfalls nicht vergleichbar mit einem Problem, das eine zunehmende direkte Demokratie bedeuten könnte.

Neben den bekannten Argumenten gegen die direkte Demokratie – Gefahr einer Ausnutzung durch Demagogen – haben sich aus unserer Sicht in den vergangenen Jahren in der Diskussion einige neuere Argumente herausgeschält, die beachtenswert sind:

- Ein Befürworter direkter Demokratie bringt aus unserer Sicht unfreiwillig auch ein wichtiges Argument gegen sie. Kleger verweist darauf, dass **Diskurse grundsätzlich nicht herrschaftsfrei** sind. Emotionen, Charisma und Sprachgewandtheit – allesamt nicht demokratisierbar – spielen eine Rolle. Unabhängig davon, ob sie direkt oder repräsentativ gesteuert werden.[288] Nimmt man diese Kritik an, entfällt ein wichtiges Argument für die direkte Demokratie. Sie baut keine gesellschaftlichen Hierarchien ab. Im Gegenteil – sie könnte sie sogar gegenüber weniger qualifizierten Menschen verschärfen.[289]
- Das Versprechen eines wieder ansteigenden politischen Interesses durch mehr direkte Demokratie ist fraglich angesichts gesellschaftlicher Veränderungen. Das Desinteresse an der öffentlichen Sache dürfte allgemein eher weiter zunehmen, wovon auch Zygmunt Baumann in seiner „flüssigen Moderne" ausgeht. Die **Öffentlichkeit werde durch die Privatsphäre kolonialisiert** und die Neugier reduziere sich auf die öffentlichen Personen. Komplexe Sachverhalte jenseits einer einfachen Codierung würden für das Publikum unverständlich.[290] Cora Stephan sah schon viele Jahre zuvor eine vergleichbare Gefahr aufziehen: „Der Entwertung der Privatsphäre tritt heute eine Entleerung der Öffentlichkeit an die Seite, die sich paradoxerweise wiederum der

---

[288] Vgl. Kleger 2015, S. 15.
[289] Vgl. Schäfer 2015, S. 187ff.
[290] Vgl. Bauman 2003, S. 49–52. Baumann glaubt eben nicht, dass das Öffentliche das Private dominiere, wie von grün-linken Warnern des ‚Big Brother State' behauptet. Im Gegenteil: Das Öffentliche sei nur noch ein riesiger Bildschirm, auf den die privaten Sorgen projiziert würden.

Dominanz privater Motive im öffentlichen Raum verdankt."[291]
Ob das mit der direkten Demokratie funktionieren kann, bezweifeln etwa auch Michelsen und Walter. Die Bürger seien kaum in der Lage, ihre „flüssigen Identitäten" zu artikulieren: „Wo es dem auf Autonomie fixierten Privatbürger aber nicht möglich ist, seine eigenen Vorstellungen effizient einzubringen, wo er damit rechnen muss, in langen Debatten auszuharren und anschließend doch überstimmt zu werden, reagiert er mit Frustration und Entfremdung (...)."[292]

- Dabei gibt es noch ein wichtiges, finales Argument gegen mehr direkten Einfluss der Bürger auf politische Entscheidungen. Der **Blitzableiter** würde fehlen. Denn das sind die „Mächtigen" heute. Ein realistisches Bild, wohin und wie sich Macht entwickelt hat, sieht in einer Skizze von de Saint Victor etwa so aus: Kurz nach ihrer Geburt, im 19. Jahrhundert, lag die Macht in der Tat noch bei den Parlamenten, in denen die Entscheidungen ausdiskutiert wurden. Mit der gesellschaftlichen Demokratisierung und dem Aufkommen der Massenorganisationen verlagerte sich das Machtzentrum in die Parteien und in die berüchtigten „Hinterzimmer". Erst in 1970er Jahren – gekennzeichnet durch den rasanten Bedeutungszuwachs der Medien – verlagerte sich seiner Meinung nach die Macht abermals: hin zu „Showpolitikern", Meinungsforschern und Spin-Doktoren. Seit der Mitte der 2000er Jahre kritisieren mehr und mehr Menschen in westlichen Demokratien alle Eliten – und das schließt die Wirtschaft wie die Medien ein. Die vereinfachte Sicht der Dinge lautet nun: „Alles Dreckskerle!" (de Saint Victor).[293] Das ist betrüblich, hat aber zumindest eine funktionale Komponente: Die „Dreckskerle" taugen immer noch zum Blitzableiter. Fällt der weg – wem soll man dann die Schuld für Fehlentwicklungen geben? Sich selbst? Den anderen, die für „das Falsche" gestimmt haben? Schwierig.

---

[291] Stephan 1995, S. 107.
[292] Walter und Michelsen 2013, S. 153.
[293] Vgl. Saint Victor 2015, S. 21–24. Die Akteure der Zivilgesellschaft sind noch weitgehend davon ausgenommen. Auch das wird nicht lange auf sich warten lassen. Zu den Parlamenten sei noch der Hinweis erlaubt, dass das britische Parlament auf eine deutlich ältere Tradition zurückblickt, als das 19. Jahrhundert.

- **Kompromisse**: Ja und Nein sind wie 0 und 1. Sie sprechen binär. Um gesellschaftliche Konflikte zu lösen, macht aber oft ein Kompromiss mehr Sinn. Politische Eliten, auch miteinander rivalisierende, können Kompromisse schließen. Und ja: besonders gut lassen die sich jenseits der Öffentlichkeit in „Hinterzimmern" vorbereiten. Bei direkter Demokratie geht das nicht. Sie spricht nur die Sprache des „Ja" oder „Nein", des Sieges oder der Niederlage.
- **Revidierbarkeit**: Politische Entscheidungen auch großer Tragweite sind von veränderten politischen Mehrheiten revidierbar. Eine neue Regierung ist (Ausnahmen wie internationale Verträge außer Acht gelassen) nicht an das Votum der Vorgängerin gebunden. Der Brexit 2016 macht deutlich: Selbst wenn sich die Stimmung im Volk ändern sollte, wie lassen sich solche Entscheidungen revidieren?

Anders als direkte Demokratie macht aber eine Konsultation mit den Bürgern viel Sinn. „Es gibt allerdings einen feinen, aber sehr wichtigen Unterschied zwischen Anhörung der Bürger und Mitbestimmung der Bürger. Das erste passt gut zu einer repräsentativen Demokratie, das Zweite in der Regel nicht."[294] Vor diesem Hintergrund stimmt auch der empirische Befund zu direkter Demokratie vor Ort nicht so traurig, wie die Autoren ihn eigentlich sehen: „Das bisherige Leitbild der Bürgerkommune diente bisher vor allem der Verwaltungsmodernisierung. Die Partizipation war im Wesentlichen auf konsultative Verfahren beschränkt."[295] Biewener u.a. vertreten in ihrer Auswertung der vorhandenen Literatur zum Thema insofern die These, dass bestehende Beteiligungsrechte einen symbolischen Charakter oder die Rolle eines Risiken abschwächenden **Frühwarnsystems** einnähmen.[296] Das mag manchem Fan von direkter Demokratie zu wenig sein. Insgesamt macht es aber (demokratisch legitimierte) Führung möglich und vermeidet „deadlock".

---

[294] Trankovits 2011, S. 177.
[295] Kleger 2015: 16. Ein Befund der sich mit einer Literaturauswertung der Studenten Klegers deckt (vgl. S. 95ff. desselben Bandes). Verwaltungsmodernisierung nach dem New Public Management findet sich entsprechend primär in der Output-Optimierung mit Instrumenten wie Nutzerbefragungen, Kundenbeiräten oder Quartiersmanagement (vgl. s. 19).
[296] Vgl. Biewener et al. 2015, S. 100.

10.2 Prekarisierung der Räte

In diesem Buch war mehrfach die Rede von der **Frontstellung zwischen Rat und Oberbürgermeister**. Dies ist eine gewollte Zuspitzung, denn gerade in größeren Gemeinden ist eine Auseinandersetzung allein zwischen dem Rat und der Verwaltungschef unscharf formuliert. Treffender wäre es, von einem Politiknetzwerk (oder mehreren) zu sprechen, zu denen noch andere Akteure gehören, man denke allein schon an die lokale Tageszeitung.[297]

Auch Jahrzehnte nach der Übertragung der süddeutschen Bürgermeisterverfassung nach Norddeutschland fremdeln aber unserer Beobachtung nach immer noch viele Ratsmitglieder mit der unabhängigen Legitimation des heute direkt gewählten Verwaltungschefs. Dabei kommt man kühl denkend nicht an der Feststellung vorbei, dass dessen **Legitimation** demokratietheoretisch betrachtet die bei weitem höhere ist, als die der Ratsmitglieder. Bei letzteren entscheiden die meisten Wähler – gerade mit steigender Gemeindegröße – nach der Partei. Und zwar der, die sie üblicherweise wählen. „Ich kenne die Vertreter der Partei hier vor Ort gar nicht und ich weiß auch nicht, wofür sie stehen", ist eine nicht selten vorgefundene Meinung zahlreicher Wähler. Beim Bürgermeister verhält sich das anders, allein aufgrund der hohen öffentlichen Fokussierung auf diese Wahl. So hat der Hauptverwaltungsbeamte allein meist mehr Stimmen bei einer Wahl erhalten, als die beiden größten Parteien und all ihre Kandidaten zusammen.

An dieser einen Stelle nähern sich die Kommunalverfassung einem Präsidialsystem an – um es dann gleich wieder zu verlassen und dem Verwaltungschef Dezernenten an die Seite zu stellen, die der Zustimmung des Rats bedürfen. Von einem „präsidialen" Oberbürgermeister mit eigener Legitimation hört man quer durch die Bank bei allen Fraktionen ungern. Umso lieber schreibt man sich selbst eine ebenfalls der amerikanischen Verfassung entlehnte Rolle zu, die der Rat wiederum nicht hat: die des Senats. Verfolgt man die Ratssitzungen beschleicht einen durchaus das Gefühl, dort sitzen nicht „ehrenamtliche Verwaltungsmitarbeiter", sondern mächtige Senatoren.

---

[297] Vgl. Naßmacher und Naßmacher 1999, S. 284.

Würden sie die Rolle erfüllen, die die amerikanischen Verfassungsväter (Mütter waren nicht dabei) dem Senat zuordneten, wäre dagegen nichts einzuwenden. Washington wollte bekanntlich den „aristokratischen" Senat, um unreife und überhitzte Ideen aus dem Repräsentantenhaus „herunter zu kühlen".

Von einer kühl kalkulierenden demokratischen Elite, einer Wahlaristokratie, ist in den Räten aber eher wenig zu spüren. Um es ganz böse zu formulieren: Ganz früher gab es einmal das „Honoratiorenparlament", dann folgte nach den 1970er Jahren der Rat als „Lehrerparlament". Damit wären die meisten Verwaltungsmitarbeiter heute sehr glücklich. Treffender (und polemischer) ließe sich die Situation heute als **„Prekarisierung der Räte"** bezeichnen. Man mag uns Arroganz vorwerfen – aber es wäre mal eine schöne Aufgabe für eine empirische Studie, die Entwicklung der Qualität der Stadträte zu untersuchen. Bis das geschehen ist, lautet unsere These: Die Qualität ist massiv rückläufig. Und das hat vielleicht einen zentralen Grund: Aufwandsentschädigungen werden nicht auf Sozialtransfers angerechnet. Die Parteien haben massive Rekrutierungsprobleme: Wer, der erfolgreich in einen Beruf (wo auch immer) eingebunden ist, hat denn Zeit und Lust sich im Kommunalparlament zu engagieren? Je größer die Stadt, desto stärker der Effekt. Was braucht es, um in einem Rat zu sitzen? Zeit. Und darüber hinaus? Ab und zu muss man etwas sagen. Dafür gibt es einige hundert Euro Aufwandsentschädigung und regelmäßig Einladungen zu kostenfreien Essen.

Die Rekrutierungsprobleme der Räte werden zu einem Problem für die lokale Demokratie. Denn diese Räte sind heute **weniger in der Bevölkerung verankert**, als noch vor zwei Jahrzehnten. Und das trifft die Kommunalpolitik ins Mark. Der Hirnforscher Gerald Hüther hält in seinem Büchlein „Kommunale Intelligenz" ein schönes Plädoyer für die Stärkung unserer Kommunen. Dabei legt er den Finger in eine Wunde, die weh tut. Sein Kernargument läuft darauf hinaus, dass in unserer Gesellschaft heute vielfach **soziale Naherfahrungen** fehlen und dass der einzige Raum, in dem auch soziale und politische Naherfahrungen gemacht werden können, der kommunale Raum sei. Als Hirnforscher sieht er einen Zusammenhang zwischen den sich neurologisch entwickelnden Netzen im Frontalhirn und den gesellschaftlichen Erfahrungen, die ein Mensch macht in den gesellschaftlichen Netzen, die er knüpft, wenn er sich in der Gesellschaft bewegt.[298] Übersetzen wir das in unsere eigenen Worte: Neue Reize, Impulse, Kontakte knüpfen neue Verbindungen, was wertvoll für eine Gesellschaft (und unsere Gehirne) ist. Und genau damit sind wir bei dem Punkt, der uns als besonders dramatisch erscheint: die nach unserer Beobachtung zunehmend **fehlenden Verknüpfungen von politischen Parteien** in größeren Städten.

Uns ist in acht Jahren Kommunalpolitik in Niedersachsen immer wieder aufgefallen: Die kommunalen Ratsvertreter sind außerhalb ihrer Parteien weniger in der Kommune vernetzt, als dies früher der Fall gewesen zu sein scheint. So haben wir mehrfach Abwehrstrategien gegen eine feindlich gesinnte Ratsmehrheit entwickeln wollen und darauf gesetzt, dass Vertreter der Zivilgesellschaft noch einmal mit Ratsmitgliedern sprechen und versuchen, diese von einem Rathaus-Vorhaben zu überzeugen oder umzustimmen. Dabei mussten wir feststellen: Unternehmer, Kulturschaffende, Vertreter der Zivilgesellschaft – die meisten kommunalen Eliten gaben uns die Rückmeldung, sie würden die **Ratsvertreter gar nicht kennen**. Und so konnte letztlich auch kein Gegendruck aufgebaut werden.

Dies führt zur nächsten Fehlstellung: „Wenn aber die Chance zur Primärerfahrung gering ist, muss die Bedeutung der Inszenierung politischer Akte steigen."[299] Der große Beitrag der Kommunalpolitik zur Verankerung unserer Demokratie ist aus unserer Sicht die berechtigte Chance auf politische Primärkontakte. Das fremde Wesen Politik kann direkt und von Angesicht zu Angesicht studiert werden. Das ist zwar schlechter als sich selbst in der Politik zu engagieren, aber am Ende immer noch besser, als eine Safari-Tour vor dem Fernseher oder auf Facebook zu unternehmen. Doch genau darauf läuft es immer mehr hinaus. In acht Jahren ist uns wiederholt aufgefallen, dass gerade die jüngeren Politiker im Rat viel selbstverständlicher mit den Medien umgingen (egal, ob lokale Monopolzeitung oder soziale Netzwerke), gleichzeitig aber weniger um direkte Kontakte zu den Menschen oder um substanzielle Politik bemüht waren. Entscheidend waren die gelungene Schlagzeile oder die Likes auf einen

---

[298] Vgl. Hüther 2013, S. 13–15. Das Buch ist sehr lesenswert, auch wenn es insgesamt ein wenig luftig geschrieben ist und für einen kommunalen Praktiker wenig realistisch erscheint.
[299] Oberreuther 2001, S. 148.

deftigen Post. Die heraufziehende Gefahr wird so sichtbar wie die Gewitterwolken am Horizont. Um den Altmeister Heinrich Oberreuter zu paraphrasieren: Der Hang zu knackigen Aphorismen statt entwickelter Argumenten hilft eher populäre Leidenschaften zu manipulieren, anstatt Bürger in eine ernsthafte politische Debatte hineinzuziehen.[300]

Es steht zu befürchten, dass all dies nicht besser, sondern schlimmer wird. Abschließend noch ein versöhnliches Wort der Entlastung. In Hinsicht auf den politischen Nachwuchs haben es die Parteien zugegeben schwer: Klaus Hurrelmann, der als Mitherausgeber der Shell-Jugendstudien die aktuelle „Generation Y" wahrscheinlich wie kaum ein anderer kennt, bezeichnet die zwischen 1980 und 2000 Geborenen als pragmatisch und unideologisch – mit geringer Bindung an Parteien und Lager.[301] Viele Meinungsführer sehen die **Generation Y** als unpolitisch an. Hurrelmann selbst bewertet dies etwas anders und verweist auf zahlreiche lokale und thematisch begrenzte Initiativen, die von Ypsilonern gestartet werden.[302] Somit bieten sich eigentlich gerade wiederum den Kommunen Chancen, junge Menschen in die Gestaltung der Lebenswelt vor Ort mit einzubeziehen, da (anders als bei den 68ern der Babyboomer) das konkrete Projekt vor Ort wichtiger ist als die Systemveränderung und anders als bei den Grün-bewegten der 1980er und 1990er ein großer Pragmatismus Einzug in das Bewusstsein der Jüngeren genommen hat und man nicht sofort eine „BI gegen Straßenbau" gründen würde. Vielleicht müssen wir an dieser Stelle Partizipation anders denken. Mehr von Seiten der Verwaltung her; als Einbindung von Wünschen und Sachverstand.

10.3 Von wem alles abhängt. Zeit für eine wohlwollende Kritik am Bürger.

Wir leben zu unser aller Glück in einer Demokratie. Wer aber Demokratie mit „Volksherrschaft" übersetzt, der macht einen Fehler. Denn das Volk herrscht nicht. Unser Modell der „Western Democracies" nach dem

---

[300] Vgl. Oberreuter 2001, 152.
[301] Vgl. Hurrelmann und Albrecht 2014, S. 123.
[302] Vgl. Hurrelmann und Albrecht 2014, S. 119–124.

Zweiten Weltkrieg war eher eines, in der sich politische Eliten und Volkseinfluss die Waage hielten. Es entsprach mehr dem Modell der durch verschiedene Kräfte ausbalancierten Römischen Republik und weniger der direkten Demokratie der athenischen Antike. Was schnell vergessen wird: Die Verfassungsväter und -mütter hatten nach den Exzessen der 1930er Jahre erhebliche Vorbehalte gegenüber den Launen des Demos. Ihre Idee war es, zum „römischen Modell" der gemischten Verfassung zurück zu kehren. Eine Demokratie mit bewusst reduzierter Volkssouveränität.[303] Denn was haben wir aus der Weimarer Republik und aus dem spanischen Bürgerkrieg gelernt? Demokratie musste gezähmt werden – und das ist durch die Verbindung des liberalen Rechtsstaates mit der Demokratie geschehen. Wir sind völlig bei Karl Raimund Popper, der es als den großen zivilisatorischen Fortschritt von Demokratie ansah, dass diese den Bürgern die Möglichkeit bietet, ihre Eliten unblutig auszutauschen. Mehr nicht! Und anders als andere Kollegen finden wir einen stärkeren direkten Einfluss der Bürger auch nicht erstrebenswert. Das bedeutet aber – wie wir gleich argumentieren werden – keineswegs, dass die Bürger sich ins Private zurückziehen sollten.

Trankovits erinnert an die **Launenhaftigkeit von Demokratie**. Heute hätten die Erwartungen an die Politik stark zugenommen, Probleme seien komplexer geworden, es sei ein Tabu, die (oftmals nur beschränkte) Weisheit des Bürgers in Frage zu stellen.[304] So wie er, sehen wir das anders. Es ist an der Zeit, uns selbst zu beschimpfen. Denn letztlich sind in einer Demokratie wir Bürger selbst für unser Gemeinwesen zuständig. Wir sind überzeugt, dass die Mehrzahl der deutlich spürbaren **Fehlentwicklungen** in unseren Demokratien in Europa und den USA letztlich auf den Bürger zurück zu führen sind und nicht auf etwaiges Fehlverhalten finsterer Eliten, die ihre Macht vergrößern wollten. Die Jünger exzessiver liberaler Freiheiten des Einzelnen – und hier vor allem die Grünen – vergessen oft die notwendigen Fundamente einer Demokratie, indem sie alle Rechte für die Bürger verlangen, ohne über deren Pflichten nachzudenken und zu diesen Pflichten gehört die mühsame und manchmal langweilige Beschäftigung mit dem Gemeinwesen. Um als Bürger kompetent zu sein. Die Gründerväter der USA wussten dies: „Jefferson and John Ad-

---

[303] Vgl. Saint Victor 2015, 69f.
[304] Vgl. Trankovits 2011, 18f.

ams were political adversaries, but they agreed with Madison that in the absence of competent citizens, bills of rights were but pieces of paper."[305] Der linksliberale Benjamin Barber, von dem dieser Verweis stammt, sieht übrigens üble Mächte am Werk: letztlich den entgrenzten, gierigen Kapitalismus, der eben doch im Dunklen seine Fäden spinne.[306] Dabei ist Max Weber, auf den sich Barber durchaus gerne bezieht, scheinbar vergessen: „Es gehört in die kulturgeschichtliche Kinderstube, daß [sic!] man diese naive Begriffsbestimmung ein für alle Mal aufgibt. Schrankenloseste Erwerbsgier ist nicht im mindesten gleich Kapitalismus, noch weniger gleich dessen ‚Geist'. Kapitalismus kann geradezu identisch sein mit Bändigung, mindestens mit rationaler Temperierung, dieses irrationalen Triebes."[307]

Wir würden anstelle des bösen Kapitalismus gerne **einen anderen Bösewicht anbieten: Den faul gewordenen Bürger selbst**. Denn Arbeit für öffentliche Belange ist hart und wird mit wenig Dank versehen. Und hier gibt es eine ganz zentrale Fehlentwicklung: Eine sich **seit etwa 20 Jahren herausbildende Kunden-Mentalität**. Eine Idee des New Public Management war es, den Bürger stärker als bislang als Kunden anzusehen. Sicher, damit wurde ein schönes Ziel verfolgt. Man wollte die Leistungsfähigkeit des Staates zugunsten der Bürger stärken und so vielleicht auch die Integration der Menschen in das Staatswesen erhöhen. Es hat aber eine dunkle Kehrseite: Der Staat kann als Demokratie nicht ohne das

---

[305] Barber 2007, S. 127.

[306] Nun muss man Barber zugutehalten, dass er nicht über Europa, sondern über den US-amerikanischen Kapitalismus schreibt. Auch andere Autoren kritisieren dramatische Fehlentwicklungen des US-Wirtschaftssystems. Vgl. z.B. Carolan 2016, der dem von ihm als „Cheaponomics" bezeichneten Wirtschaftssystem „Kostensozialismus" vorwirft. In gewisser Weise könnten mit Blick auf die Konzentrationsprozesse in den USA Konrad Adenauers Worte von 1958 als hochaktuell bezeichnet werden: „Wenn ich mir ein Land vorstelle, das nur Großwirtschaft hat, eine kleine Anzahl von Managern, eine ungeheure Zahl von unselbstständigen Arbeitnehmern (…) dann fehlt nur noch die Kolchose, dann haben wir den kompletten kommunistischen Staat", Adenauer und Becker 1998: 137.

[307] Weber 2005, S. 11. Weber sah in der Idee kapitalistischer Dauerbetriebe, die sich durch eine rationale Unternehmensführung auszeichneten einen zentralen Unterschied zu den vorher aus der Geschichte bekannten Unternehmens-Abenteurern.

Engagement der Menschen funktionieren. Der **Bürger ist eben kein Kunde.** Zumindest nicht nur.

Die Kundenmentalität beginnt bei der hohen Anspruchshaltung des verwöhnten „Kunden Bürger" an seinen Staat. Eigentlich soll der Staat am besten gleich alles regeln. Marc Beise, Leiter der Wirtschaftsredaktion der für kapitalistische Umtriebe nicht eben bekannten Süddeutschen Zeitung verweist auf eine hohe Mitschuld der Wähler an Steuerlast und öffentlichen Schulden. Denn Politik reagiere schließlich auf Nachfrage. Und Kinderkrippen, Schulen, Universitäten, Steuervergünstigungen – alles sei gerne gesehen.[308] Gleichzeitig soll der Staat bitte alle diese Aufgaben meistern, ohne dass man sich selbst als Bürger zu stark einmischen soll. Denn „[e]s gibt niemanden mehr, der sein eigenes Schicksal durch eine Änderung der gesellschaftlichen Verhältnisse verbessern möchte."[309] Wozu auch? Das kostet Zeit und Mühe.

Ein **Scheuen von Mühen** trifft man in vielen Bereichen der Gesellschaft, gerade auch in der Kultur und der Bildung. Bildung kostet Mühe, Zeit und Investition. Ebenso wie Kulturkenntnis.[310] Wenn Bourdieus Annahmen stimmen – und einiges spricht dafür – stellt dies übrigens auch eine Herausforderung für den kommunalen Kulturbetrieb dar. Denn letztlich bedeutet es, dass sich eine gesellschaftliche Spannung, eine Segmentierung in „oben" und „unten" nicht nur durch reine Geldtransfers (wie üblicherweise von Wohlfahrtsstaaten versucht) lösen lässt. Bourdieu spricht

---

[308] Vgl. Beise 2009, S. 40.

[309] Auch wenn bei Baumann vieles arg zusammengewürfelt und konstruiert wirkt, auch wenn er an manchen Stellen elitär wirkt und von einer anderen Gesellschaft zu schreiben scheint, als der liberalsten und sozialsten, die es in der Menschheitsgeschichte bisher gegeben hat, so gilt dennoch, dass er einige zentrale Aspekte der gesellschaftlichen Veränderungen wie kaum ein anderer erfasst hat. Mindestens in dieser Aussage stimmen wir ihm voll und ganz zu. Bauman 2003, S. 12.

[310] Bourdieu nennt beispielhaft Kenntnisse um berühmte Architekten oder Regisseure. Die meisten Menschen interessieren sich nur für das schillernde Leben der Schauspieler, nicht für die Regisseure, die oftmals die eigentlich kulturelle Leistung eines Filmes abliefern. Bourdieu hat dies ebenfalls wieder empirisch untersucht: 5 Prozent der befragten Personen mit Volksschulabschluss konnten vier Regisseure nennen, aber immerhin 22 Prozent der befragten Hochschulabsolventen. Vgl. Bourdieu 1987, S. 54.

ja bewusst vom kulturellen Kapital, die er nicht als „nice to have" ansieht, sondern durchaus ganz robust als Machtmittel. Wollte man das Machtmittel Kultur nicht nur den gebildeten Schichten überlassen, müsste die kommunale Kulturpolitik einen Gedanken der traditionellen Gewerkschaftsbewegung wiederbeleben: sich selbst (kulturell) zu bilden. Da hierzu die Einsicht fehlen dürfte, wäre es eher eine Frage des Zwangs: Man bekommt von der Kommune nur etwas, wenn man bereit ist, in sich selbst zu investieren und sich zu bilden. Jeder Einzelne kann und sollte an sich arbeiten. Sich den eigenen Charakter erarbeiten.[311] Das ist übrigens eine alte Frage, die das Staatswesen unmittelbar berührt. Im alten China tobte der Streit entlang der Frage, was einer Gesellschaft hilft, geregelt und in Frieden zu leben: klare, scharfe Gesetze oder eine große Menge an charakterlich gefestigten Menschen? Konfuzius und seine Schüler sahen die Menschen in der Pflicht, Werte zu verinnerlichen und an sich selbst zu arbeiten, sich selbst zu vervollkommnen. Die „Legalisten" glaubten hieran nicht, sondern an möglichst viele Gesetze und Vorschriften.

Obwohl wenig Zeit für die Charakterbildung oder das Staatswesen geopfert wird, ist Bescheidenheit und grundsätzliches Wohlwollen gegenüber denjenigen, die sich im Staat engagieren nicht zu finden. Im Gegenteil. Angestachelt von einer **postmodernen Variante von Savonarolas** wie Beppe Grillo denken viele Menschen, der „einfache Bürger" könne den Staat viel besser führen.[312] Wer permanent der Weisheit der Bürger mittels direkter Demokratie folgen möchte, der darf sich nicht wundern, dass eine solche Einstellung reifen konnte.

Überhaupt ist die **Emotionalisierung der Politik** ein weiteres Zeichen für den faul gewordenen Bürger. **Zu fühlen ist so viel schneller und einfacher, das zu denken.** Es fehlt die Selbstdistanz; die eigenen Gefühle werden aufgeblasen.[313] Die Emotionalisierung von Politik bietet ein weiteres Beispiel für eine **mentale Entlastung des Bürgers und eine Flucht aus der Verantwortung**. Ein beredtes Beispiel, wie weit wir uns von rationaler Politik entfernt haben, liefert derzeit das Thema Migration. Wäh-

---

[311] Brooks erinnert daran, dass man sich Charakter erarbeiten muss und er sich nicht von alleine einstellt. Vgl. hierzu Brooks 2012.
[312] Vgl. Saint Victor 2015, S. 28.
[313] Vgl. Stephan 1995, S. 119.

rend wir dieses Buch schreiben, wirkt es von beiden politischen Seiten emotional schwer vermint mit allerlei Symbolen. Die überzeugendste, rationale Argumentation, die vorliegt, stammt aus der Wissenschaft. Vom Migrationsforscher Paul Collier. Er kommt nach jahrzehntelanger Untersuchung von weltweiten Migrationsphänomenen zu dem Kernergebnis, dass Einwanderung für das Zielland der Migration kulturell und ökonomisch leicht positiv zu bewerten ist. Aber diese Migration müsse gesteuert werden. Vor allem dürfe eine Diaspora nicht zu groß werden und Assimilation müsse gefördert und notfalls erzwungen werden.[314] Aus diesen Ergebnissen wissenschaftlicher Untersuchungen rationale Politik im Angesicht von emotionaler Überhöhung der Debatte zu gestalten, scheint schier unmöglich. Und zwar wegen der Minenfelder auf beiden Seiten, links wie rechts. Von den Multikulturalismus-Naivlingen ebenso wie den erdenschweren Heimat-Duseligen. Und die Zeichen stehen eher auf mehr Emotionalisierung, denn auf mehr Ratio. Bei der Tagung „Turning the Tide" schlug der Kulturhistoriker Robin van den Akker nach einem Bericht der F.A.Z. einen Populismus von links vor, der sich ähnlich grober Methoden bedienen solle wie die der Kollegen vom rechtspopulistischen Rand. „We need emotion!",[315] so van den Akker, der bislang nur dadurch aufgefallen war, das von ihm mit entwickelte Label „Metamodernism" zu vermarkten.

Kundenorientierung, fehlende Mühen und Anstrengungen in Selbstbildung und Charakterentwicklung, Emotionalisierung von Politik – die beschriebenen Entwicklungen führen zu einem **Verlernen des Politischen**. Denn am Ende fehlt das Bewusstsein für die Komplexität moderner Gesellschaften, ihr Angewiesen sein auf politische Teilnahme und die Notwendigkeit zum mühsamen Kompromiss zwischen den gesellschaftlichen Gruppen mit all seinen zugehörigen Verfahrensschritten. „Das politische Engagement im Verband lässt die Bürger eine gewisse Bescheidenheit erlernen: Die Erwartungen an die Politik werden gedämpft (…)."[316] Die Gesellschaft gehorcht nun einmal nicht den eigenen Kundenwünschen.

---

[314] Vgl. Collier 2016. Siehe auch Ruud Koopmans in FAZ vom 29.4.2016 http://www.faz.net/aktuell/wirtschaft/migrationsforscher-koopmans-haelt-multikulti-fuer-fatal-14202950.html?printPagedArticle=true#pageIndex_2 abgerufen am 10.7.2017.
[315] Vgl. Ingendaay 2016.
[316] Walter und Michelsen 2013, S. 90.

Sie funktioniert über einen zähen Ausgleich von Interessen auf der Suche nach einer Mehrheit. Das friedliche Ringen um einen gesellschaftlichen Konsens macht Politik aus. Genau das scheint vielen aber zu mühsam zu sein.

Benjamin Barber sieht die westlichen Demokratien in Gefahr, weil es nicht mehr genügend „responsible grown-up citizens who are it's only legitimate custodians"[317] gebe. Und vielleicht stimmt die Einschätzung sogar, das Individuum sei der größte Feind des Bürgers, weil der individualisierte Bürger durch seine Freiheiten dem ihm diese Freiheiten garantierenden Staat gegenüber indifferent werde.[318]

Ursache ist aber kein finsteres Treiben der Konzerne oder machthungriger Eliten. Das Problem ist weder Orwell, noch Huxley. Beide Dystopien vom Anfang des vergangenen Jahrhunderts eint, dass im Hintergrund eine (finstere) Elite herrscht, die die Fäden zieht. Nur, so meint Zygmunt Bauman, zeichne unsere heutige Moderne aus, dass da niemand mehr sei, der wie bei Orwell oder Huxley alle Fäden ziehen könne.[319] Da sind nur wir. Und wir sind hohl geworden. Der amerikanische Kulturkritiker Morris Berman unternimmt den Versuch, die bisherige Diskussion zum Verfall von Zivilisationen zu vier Faktoren zu verdichten. Zwei davon sind kultureller Art: ein rapide fallendes Niveau intellektueller Bewusstheit und geistiger Tod durch Kitsch.[320]

---

[317] Wohin man schaue gäbe es stattdessen kidults, Nesthocker oder Mammones, wie infantile Erwachsene in verschiedenen westlichen Ländern genannt werden. Barber glaubt allerdings, „das Kapital" erziehe gewollte die Menschen zu Infantilen. Vgl. Barber 2007, 4; 19. Wir glauben, es liegt an unserer eigenen Bequemlichkeit.
[318] Vgl. Bauman 2003, 41;47.
[319] Vgl. Bauman 2003, 67ff.
[320] Vgl. Berman 2002, S. 36.

11 Literaturverzeichnis

Adenauer, Konrad; Becker, Felix (1998): Die Demokratie ist für uns eine Weltanschauung. Reden und Gespräche, 1946-1967. Köln: Böhlau.

Altendorfer, Otto; Wiedemann, Heinrich; Mayer, Hermann (2000): Handbuch der moderne Medienwahlkampf. Professionelles Wahlmanagement unter Einsatz neuer Medien, Strategien und Psychologien. 1. Aufl. Eichstätt: Media Plus.

Althaus, Marco (Hg.) (2001): Kampagne! Neue Marschrouten politischer Strategie für Wahlkampf, PR und Lobbying. Münster: Lit (Medienpraxis, 1).

Auslin, Michael R. (2017): The end of the Asian century. War, stagnation, and the risks to the world's most dynamic region. New Haven: Yale University Press.

Barber, Benjamin (2007): Consumed. How Markets corrupt children, infantilize adults, and swallow citizens whole // How markets corrupt children, infantilize adults, and swallow citizens whole. 1. Aufl. New York: W.W. Norton & Co.

Bauman, Zygmunt (2003): Flüchtige Moderne. 1. Aufl. Frankfurt am Main: Suhrkamp (Edition suhrkamp, 2447).

Beaudry, Ann E.; Schaeffer, Bob (1983): Winning local and state elections. The guide to organizing your campaign. New York, London: Free Press; Collier Macmillan.

Beise, Marc (2009): Die Ausplünderung der Mittelschicht. Alternativen zur aktuellen Politik. 1. Aufl. München: Dt. Verl.-Anst.

Berg, Thomas (2002): Moderner Wahlkampf. Blick hinter die Kulissen. Opladen: Leske + Budrich.

Berman, Morris (2002): Kultur vor dem Kollaps? Wegbereiter Amerika. 1. Aufl. Frankfurt am Main [u.a.]: Büchergilde Gutenberg.

Biewener, Ann-Kathrin; Meng, Philipp; Meyer, Annika; Rau, Peter; Szyslo, Gregor (2015): Probleme mit und in der Verwaltung in Bezug auf Bürgerbeteiligung. In: Heinz Kleger (Hg.): Bürgerbeteiligung zwischen Regierungskunst und Basisaktivierung. Ergebnisse eines Forschungsseminars. Norderstedt: Books on Demand (Potsdamer Schriftenreihe: Bürgerbeteiligung - ein Streitfeld zwischen Regierungskunst und Basisaktivierung, Band 3), S. 95–123.

Bogumil, Jörg; Holtkamp, Lars (2013): Kommunalpolitik und Kommunalverwaltung. Eine praxisorientierte Einführung. Vollständige Neufassung. Bonn: bpb Bundeszentrale für Politische Bildung (Schriftenreihe / Bundeszentrale für Politische Bildung, 1329).

Bohrmann, Hans (Hg.) (2000): Wahlen und Politikvermittlung durch Massenmedien. Wiesbaden: Westdt. Verl.

Bourdieu, Pierre (1987): Die feinen Unterschiede. Kritik der gesellschaftlichen Urteilskraft. 1. Aufl. Frankfurt am Main: Suhrkamp (Suhrkamp Taschenbuch Wissenschaft, 658).

Breit, Gotthard; Massing, Peter (Hg.) (2011): Soziale Milieus. Schwalbach, Ts.: Wochenschau-Verl. (Politische Bildung, Jg. 43, H. 2).

Brooks, David (2012): Das soziale Tier. Ein neues Menschenbild zeigt, wie Beziehungen, Gefühle und Intuitionen unser Leben formen. 1. Aufl. München: Dt. Verl.-Anst.

Buruma, Ian (2007): Die Grenzen der Toleranz. Der Mord an Theo van Gogh. München: Hanser.

Buruma, Ian.; Margalit, Avishai (2005): Okzidentalismus. Der Westen in den Augen seiner Feinde. München, Wien: Hanser.

Calmbach, Marc; Thomas, Peter Martin; Borchard, Inga; Flaig, Berthold Bodo (2012): Wie ticken Jugendliche?: 2012. Lebenswelten von Jugendlichen im Alter von 14 bis 17 Jahren in Deutschland. Düsseldorf: Haus Altenberg.

Cameron, Kim S.; Quinn, Robert E. (2013): Diagnosing and changing organizational culture. Based on the competing values framework. San Francisco, Calif.: Jossey-Bass.

Carolan, Michael (2016): Cheaponomics. Warum billig zu teuer ist. Unter Mitarbeit von Kathleen Mallett. Lizenzausgabe. Bonn: bpb Bundeszentrale für Politische Bildung (Schriftenreihe / Bundeszentrale für Politische Bildung, Band 1674).

Collier, Paul (2016): Exodus. Warum wir Einwanderung neu regeln müssen. Unter Mitarbeit von Klaus-Dieter Schmidt. 1. Aufl. München: Siedler.

Currid-Halkett, Elizabeth (2017): The sum of small things. A theory of the aspirational class. Princeton, Oxford: Princeton University Press.

Depenheuer, Otto (Hg.) (2001): Öffentlichkeit und Vertraulichkeit. Theorie und Praxis der politischen Kommunikation. 1. Aufl. Wiesbaden: Westdt. Verl.

Detterbeck, Klaus (2011): Die Veränderungen sozialer Milieus und die Krise der Volksparteien. In: Gotthard Breit und Peter Massing (Hg.): Soziale Milieus. Schwalbach, Ts.: Wochenschau-Verl. (Politische Bildung, Jg. 43, H. 2), S. 31–48.

Elias, Norbert (1997): Über den Prozess der Zivilisation. Soziogenetische und psychogenetische Untersuchungen. Zweiter Band Wandlungen der Gesellschaft. 1. A. Baden-Baden: Suhrkamp (Suhrkamp Taschenbuch Wissenschaft, 158, 159).

Ernst&Young (2015): Verschuldung der deutschen Großstädte 2012-2014. Update zur EY-Kommunenstudie 2015. O.O.

Exner, Michael (2013): Der große Irrtum. Warum Oldenburg seine Oberbürgermeister nicht wiederwählt. Oldenburg (Oldb): Isensee Verlag.

Farin, Klaus (2001): Generation-kick.de. Jugendsubkulturen heute. Lizenzausg. Bonn: Bundeszentrale für Politische Bildung.

Ferguson, Niall (2014): The great degeneration. How institutions decay and economies die. London: Penguin Books.

Flaig, Berthold Bodo; Meyer, Thomas; Ueltzhöffer, Jörg (1993): Alltagsästhetik und politische Kultur. Zur ästhetischen Dimension politischer Bildung und politischer Kommunikation. 3. Aufl. Bonn: Dietz (Reihe Praktische Demokratie).

Florida, Richard (2017): The new urban crisis. How our cities are increasing inequality, deepening segregation, and failing the middle class - and what we can do about it. New York: Basic Books.

Florida, Richard L. (2005): Cities and the creative class. New York: Routledge.

Florida, Richard L. (2008): Who's your city? How the creative economy is making where to live the most important decision of your life. New York: Basic Books.

Fukuyama, Francis (2014): Political Order and Political Decay. From the Industrial Revolution to the Globalisation of Democracy. London: Profile Books. Online verfügbar unter http://gbv.eblib.com/patron/FullRecord.aspx?p=1743563.

Gaida, Hans-Jürgen (Hg.) (2017): Springendes Pferd - Fligender Drache. 35 Jahre Niedersachsen und China - Auf den Spuren einer Erfolgsgeschichte. 1. Auflage. Oldenburg (Oldb): Isensee, Florian, GmbH.

Geissler, Rainer (1996): Die Sozialstruktur Deutschlands. Zur gesellschaftlichen Entwicklung mit einer Zwischenbilanz zur Vereinigung. Unter Mitarbeit von Thomas Meyer. 2., neubearb. und erw. Aufl. Bonn: Bundeszentrale für Politische Bildung.

Haidt, Jonathan (2013): The righteous mind. Why good people are divided by politics and religion. London: Penguin.

Han, Byung-Chul (2012): Transparenzgesellschaft. 1. Aufl. Berlin: Matthes & Seitz.

Hank, Rainer; Plumpe, Werner (2012): Eine kleine Geschichte des Kapitalismus. Lizenzausg. Darmstadt: Wiss. Buchges (Wie wir reich wurden, / Rainer Hank; Werner Plumpe (Hg.) ; 1).

Hartmann, Michael (2014): Deutsche Eliten: Die wahre Parallelgesellschaft? In: *Aus Politik und Zeitgeschichte (APuZ)* (15), S. 3–8.

Heilmann, Sebastian (2004): Das politische System der Volksrepublik China. 1. Aufl. Wiesbaden: VS Verl. für Sozialwiss.

Herwig, Malte Christian Walter (2005): Eliten in einer egalitären Welt. 1. Aufl. Berlin: WJS, Wolf Jobst Siedler.

Hoffmann-Lange, Ursula (2006): Die Struktur der Eliten in modernen demokratischen Gesellschaften. In: Oscar W. Gabriel (Hg.): Eliten in Deutschland - Bedeutung. Macht. Verantwortung // Eliten in Deutschland. Bedeutung - Macht - Verantwortung. Bonn: BpB (Schriftenreihe der Bundeszentrale für Politische Bildung, Bd. 506), S. 56–73.

Holtz-Bacha, Christina (2000): Wahlwerbung als politische Kultur. Parteienspots im Fernsehen 1957-1998. 1. Aufl. Wiesbaden: Westdeutscher Verlag.

Hungenberg, Harald (2001): Strategisches Management in Unternehmen. Ziele - Prozesse - Verfahren. 2., überarb. und erw. Aufl. Wiesbaden: Gabler (Lehrbuch).

Hurrelmann, Klaus; Albrecht, Erik (2014): Die heimlichen Revolutionäre. Wie die Generation Y unsere Welt verändert. Weinheim: Beltz.

Hüther, Gerald (2013): Kommunale Intelligenz. Potenzialentfaltung in Städten und Gemeinden. Hamburg: Ed. Körber-Stiftung.

Ingendaay, Paul (2016): Wir brauchen mehr Gefühl. Was Intellektuelle gegen Populismus empfehlen. In: *Frankfurter Allgemeine Zeitung*.

Jantzen, Annette (2013): "Wie siehst du das?" - Die Sinus-Lebensweltstudie U18 im BDKJ. In: Gesa Birnkraut, Rainer Lisowski, Stefanie Wesselmann und Rolf Wortmann (Hg.): Jahrbuch für Management in Nonprofit-Organisationen. 2013. Münster: Lit (Jahrbuch für Management in Nonprofit-Organisationen, 2), S. 137–154.

Judis, John B. (2017): The populist explosion. How the great recession transformed American and European politics: Columbia Global Reports.

Kaube, Jürgen (2017): Die Realität ist nicht konsenspflichtig. In: *Frankfurter Allgemeine Zeitung*, 17.01.2017.

Kepel, Gilles (2009): Die Spirale des Terrors. Der Weg des Islamismus vom 11.September bis in unsere Vorstädte. München: Piper.

Kimmel, Michael S. (2016): Angry white men. Die USA und ihre zornigen Männer. Unter Mitarbeit von Helmut Dierlamm. Lizenzausgabe für die Bundeszentrale für Politische Bildung. Bonn, Bonn: Bundeszentrale für Politische Bildung (Schriftenreihe / Bundeszentrale für Politische Bildung, Band 1730).

Kleger, Heinz (2015): Einleitung: Bürgerbeteiligung zwischen Regierungskunst und Basisaktivierung. In: Heinz Kleger (Hg.): Bürgerbeteiligung zwischen Regierungskunst und Basisaktivierung. Ergebnisse eines Forschungsseminars. Norderstedt: Books on Demand

(Potsdamer Schriftenreihe: Bürgerbeteiligung - ein Streitfeld zwischen Regierungskunst und Basisaktivierung, Band 3), S. 5–29.

Kloepfer, Inge (2008): Aufstand der Unterschicht. Was auf uns zukommt. 1. Aufl. Hamburg: Hoffmann und Campe.

Kneuer, Marianne; Richter, Saskia (2015): Soziale Medien in Protestbewegungen. Neue Wege für Diskurs, Organisation und Empörung? 1. Aufl. Frankfurt am Main /New York: Campus (Sozialwissenschaften 2015).

Kost, Andreas; Wehling, Hans-Georg (Hg.) (2003): Kommunalpolitik in den deutschen Ländern. Eine Einführung. Lizenzausg. Bonn: BpB.

Kotler, Philip.; Haider, Donald H.; Rein, Irving J. (1993): Marketing places. Attracting investment, industry, and tourism to cities, states, and nations. New York, Toronto, New York: Free Press; Maxwell Macmillan Canada; Maxwell Macmillan International.

Krugman, Paul R. (2009): Die neue Weltwirtschaftskrise. Aktualisierte und erw. Neuaufl. Frankfurt, M., New York, NY: Campus-Verl.

Künast, Renate (2017): Der falsche Feind. In: *Die Zeit*, 12.01.2017 (3/2017). Online verfügbar unter http://www.zeit.de/2017/03/npd-verbotsverfahren-bundesverfassungsgericht-karlsruhe-urteil, zuletzt geprüft am 18.01.2017.

Kunzmann, Klaus R. (2008): Die Explosion der Wissensindustrien in China: Herausforderung für Wissensstandorte in Deutschland? In: Ulf Matthiesen (Hg.): Das Wissen der Städte // Zur Koevaluation von Raum und Wissen. Analysen und Plädoyers für eine wissensbasierte Stadtpolitik. 1. Aufl. Wiesbaden: VS Verlag für Sozialwissenschaften, S. 59–69.

Lakoff, George; Wehling, Elisabeth (2008): Auf leisen Sohlen ins Gehirn. Politische Sprache und ihre heimliche Macht. 1. Aufl. Heidelberg: Carl-Auer-System (Kommunikation, Gesellschaft).

Lin, Justin Yifu (2009): On China's economy. Der chinesische Weg zur Wirtschaftsmacht. 1. Aufl. Heidelberg, Peking: Abcverl.

Lisowski, Rainer (2006): Die strategische Planung politischer Kampagnen in Wirtschaft und Politik. Oldenburg: Isensee-Verl.

Lisowski, Rainer (Hg.) (2011): Wissensbasierte Stadtentwicklung. 16 Beispiele aus der Praxis. Essen: Stifterverband (Positionen).

Lisowski, Rainer; Krogmann, Jürgen (2005): Licht und Schatten. Kampagnenkommunikation bei einer Centeransiedlung. In: *Cima direkt* 2005 (1), S. 26–27.

Lisowski, Rainer; Schwandner, Gerd (2017): China als Spiegel. Eine politische Reflektion. In: Hans-Jürgen Gaida (Hg.): Springendes Pferd - Fliegender Drache. 35 Jahre Niedersachsen und China - Auf den Spuren einer Erfolgsgeschichte. 1. Auflage. Oldenburg (Oldb): Isensee, Florian, GmbH, S. 42–46.

Lisowski, Rainer; Zuo, Wei (2012): Marketing a network of German green tech SMEs and research institutions in China. Experiences from Oldenburg's 'UNO'-Project. In: Lorenzo Zanni und Massimiliano Bellavista (Hg.): Le reti di impresa. Una guida operativa per l'avvio di partnership imprenditoriali. Milano: Angeli (Economia e politica industriale, 0380), S. 113–134.

Luce, Edward (2017): The retreat of western liberalism. First Grove Atlantic hardcover edition. New York: Atlantic Monthly Press.

Maarek, Philippe J. (1995): Political marketing and communication. London: John Libbey (Acamedia research monographs).

Mahbubani, Kishore (2008): The new Asian hemisphere. The irresistible shift of global power to the East. 1. paperback ed. New York: PublicAffairs.

Marks, Robert (2006): Die Ursprünge der modernen Welt. Eine globale Weltgeschichte. Darmstadt: Wiss. Buchges.

Micklethwait, John; Wooldridge, Adrian (2014): The fourth revolution. The global race to reinvent the state. New York: The Penguin Press.

Milanovic, Branko (2017): Haben und Nichthaben. Eine kurze Geschichte der Ungleichheit. Unter Mitarbeit von Stephan Gebauer-Lippert. Darmstadt, Darmstadt: Theiss, Konrad.

Mintzberg, Henry (2001): Strategie als Handwerk. In: Cynthia A. Montgomery und Gary Hamel (Hg.): Strategie. [Übersetzung aus dem Amerikanischen]. Sonderausg. Wien, Frankfurt [Main]: Wirtschaftsverl. Ueberreuter (Ueberreuter Wirtschaft), S. 459–476.

Mintzberg, Henry; Ahlstrand, Bruce; Lampel, Joseph (1999): Strategy-Safari. Eine Reise durch die Wildnis des strategischen Managements. [Nachdr.]. Wien: Ueberreuter.

Naim, Moises (2014): The End of Power. From Boardrooms to Battlefields and Churches to States, Why Being in Charge isn't What it Used to be. New York: The Perseus Books Group.

Naßmacher, Hiltrud (1987): Wirtschaftspolitik von unten. Ansätze und Praxis der kommunalen Gerwerbebestandspflege und Wirtschaftsförderung. Basel, Boston: Birkhäuser (Stadtforschung aktuell, Bd. 15).

Naßmacher, Hiltrud (1997): Politikwissenschaft. 2., unwesentlich veränd. Aufl. München, Wien: Oldenbourg.

Naßmacher, Hiltrud; Naßmacher, Karl-Heinz (1999): Kommunalpolitik in Deutschland. Opladen: Leske-Budrich (UTB für Wissenschaft. Politikwissenschaft).

Nohlen, Dieter (2000): Wahlrecht und Parteiensystem. 3. Aufl. Opladen, Farmington Hills, Mich.: Budrich (UTB, 1527).

Oberreuther, Heinrich (2001): Image statt Inhalt? Möglichkeiten und Grenzen inszenierter Politik. In: Otto Depenheuer (Hg.): Öffentlichkeit und Vertraulichkeit. Theorie und Praxis der politischen Kommunikation. 1. Aufl. Wiesbaden: Westdt. Verl., S. 145–157.

Ortega y Gasset, José (2007): Der Aufstand der Massen. 2. Aufl. München: Dt. Verl.-Anst.

Osterhammel, Jürgen; Petersson, Niels P. (2007): Geschichte der Globalisierung. Dimensionen, Prozesse, Epochen. 4. Aufl. München: Beck (Beck'sche Reihe, 2320 : C.H. Beck Wissen).

Perry, John Curtis (2017): Singapore. Unlikely power. New York: Oxford University Press.

Porter, Michael Eugene (1999): Wettbewerb und Strategie. München: Econ.

Postman, Neil (1988): Wir amüsieren uns zu Tode. Urteilsbildung im Zeitalter der Unterhaltungsindustrie. Frankfurt am Main: Fischer Taschenbuch Verlag.

Postrel, Virginia (2003): The substance of style. How the rise of aesthetic value is remaking commerce, culture, and consciousness. 1. Aufl. New York, N.Y.: HarperCollins.

PriceWaterhouseCoopers (o.J.): Cities of the future. Global competition, local leadership. Hg. v. PriceWaterhouseCoopers. s.l.

Rachman, Gideon (2016): Easternisation. War and peace in the Asian century. London: The Bodley Head, an imprint of Vintage.

Raschke, Joachim (Hg.) (1993): Die Grünen. Wie sie wurden, was sie sind. Frankfurt am Main, Wien: Büchergilde Gutenberg.

Rokkan, Stein (2000): Staat, Nation und Demokratie in Europa. Die Theorie Stein Rokkans. 1. Aufl. Hg. v. Peter Flora. Frankfurt am Main: Suhrkamp (Suhrkamp Taschenbuch Wissenschaft, 1473).

Rudzio, Wolfgang (2006): Das politische System der Bundesrepublik Deutschland. 7., aktualisierte und erw. Aufl. Wiesbaden: VS, Verl. für Sozialwiss (Lehrbuch, 1280 : Politikwissenschaft).

Ruschkowski, Eick von (2002): Lokale Agenda 21 in Deutschland - eine Bilanz. In: *Aus Politik und Zeitgeschichte (APuZ)* (31-32), S. 17–24.

Saint Victor, Jacques de (2015): Die Antipolitischen. Mit einem Kommentar von Raymond Geuss. 1. Aufl. Hamburg: Hamburger Ed., HIS.

Sandschneider, Eberhard (2007): Globale Rivalen. Chinas unheimlicher Aufstieg und die Ohnmacht des Westens. München: Hanser. Online verfügbar unter http://www.hanser-elibrary.com/isbn/9783446409347.

Sarcinelli, Ulrich (Hg.) (1998): Politikvermittlung und Demokratie in der Mediengesellschaft. Beiträge zur politischen Kommunikationskultur. Bonn: Bundeszentrale für Politische Bildung (Schriftenreihe, Bd. 352).

Schäfer, Armin (2015): Der Verlust politischer Gleichheit. Warum die sinkende Wahlbeteiligung der Demokratie schadet. Frankfurt: Campus Verlag (Schriften aus dem Max-Planck-Institut [MPI] für Gesellschaftsforschung, Köln, Band 81).

Schmitt-Beck, Rüdiger (2000): Politische Kommunikation und Wählerverhalten. Ein internationaler Vergleich. 1. Aufl. Wiesbaden: Westdt. Verl.

Schoeps, Julius H.; Knoll, Joachim H.; Bärsch, Claus-Ekkehard. (1981): Konservativismus, Liberalismus, Sozialismus. Einführung, Texte, Bibliographien. München: Fink (Uni-Taschenbücher, 1032).

Schröder, Peter (2000): Politische Strategien. 1. Aufl. Baden-Baden: Nomos.

Schumpeter, Joseph Alois (2005): Kapitalismus, Sozialismus und Demokratie. 8., unveränd. Aufl. Tübingen [u.a.]: Francke (UTB, 172).

Sennett, Richard (1985): Autorität. Frankfurt/M.: S. Fischer.

Sennett, Richard (2007): Die Kultur des neuen Kapitalismus. 5. Aufl. Berlin: Berliner Taschenbuch-Verl. (BvT, 413).

Sennett, Richard (2008): Verfall und Ende des öffentlichen Lebens. Die Tyrannei der Intimität. Berlin: Berliner Taschenbuch-Verl. (BvT, 594).

Simms, Brandon; Larderman, Charly (2017): Wir hätten gewarnt sein können. Donald Trumps Sicht auf die Welt. Unter Mitarbeit von Klaus-Dieter Schmidt. 1. Auflage. München, München: Deutsche Verlags-Anstalt.

Spitzer-Ewersmann, Claus; Peters, Olaf (Hg.) (2011): Alte Fleiwa. Quartier des Wandels. Oldenburg: Ed. Mediavanti.

Stephan, Cora (1995): Neue deutsche Etikette. 1. Aufl. Berlin: Rowohlt.

Stiglitz, Joseph E. (2012): Der Preis der Ungleichheit. Wie die Spaltung der Gesellschaft unsere Zukunft bedroht. München: Siedler.

Tepe, Markus; Erlbruch, Florian; Jankowski, Michael (2016): Parteipositionen zur Niedersächsischen Kommunalwahl 2016. In: *Unveröffentlichtes Skript, download aus dem Internet.*

Trankovits, Laszlo (2011): Weniger Demokratie wagen! Wie Wirtschaft und Politik wieder handlungsfähig werden. Frankfurt am Main: Frankfurter Allg. Buch.

Ude, Christian (2012): Städte als außenpolitische Akteure – Kommunale Verantwortung weltweit. In: *Städtetag Aktuell* (1), S. 4–6.

Walter, Franz; Michelsen, Danny (2013): Unpolitische Demokratie. Zur Krise der Repräsentation. 1. Aufl. Berlin: Suhrkamp (Edition suhrkamp, 2668).

Weber, Max (2005): Die protestantische Ethik und der Geist des Kapitalismus. Erftstadt: Area (Wort-Schätze).

Wesselmann, Stefanie; Hohn, Bettina (2012): Public Marketing. Marketing-Management für den öffentlichen Sektor. 3., erw. und akt. Aufl. 2012. Wiesbaden: Gabler Verlag (SpringerLink : Bücher).

Wesselmann, Stefanie; Meyer, Clas; Lisowski, Rainer (2012): Researching: key factors for the success of knowledge cities in Germany. In: Tan Yigitcanlar, Kostas Metaxiotis und Francisco Javier Carrillo (Hg.): Building prosperous knowledge cities. Policies, plans, and metrics. Cheltenham, UK, Northampton, MA: Edward Elgar, S. 96–110.

Winchester, Simon (1991): Pacific rising. The emergence of a new world culture. 1st Touchstone ed. New York: Simon & Schuster.

Wippermann, Carsten (2011): Milieus in Bewegung. Werte, Sinn, Religion und Ästhetik in Deutschland ; das Gesellschaftsmodell der DELTA-Milieus als Grundlage für die soziale, politische, kirchliche und kommerzielle Arbeit. Würzburg: Echter.

Yigitcanlar, Tan; Metaxiotis, Kostas; Carrillo, Francisco Javier (Hg.) (2012): Building prosperous knowledge cities. Policies, plans, and metrics. Cheltenham, UK, Northampton, MA: Edward Elgar.

Zakaria, Fareed (2009): The post-American world. 1. publ. Norton paperback. New York, NY: Norton.

Zanni, Lorenzo; Bellavista, Massimiliano (Hg.) (2012): Le reti di impresa. Una guida operativa per l'avvio di partnership imprenditoriali. Milano: Angeli (Economia e politica industriale, 0380).

Zeh, Juli (2011): Augen zu und durch. In: *Süddeutsche Zeitung Magazin* 2011, 2011 (47). Online verfügbar unter http://sz-magazin.sueddeutsche.de/drucken/text/36648.

Zukin, Sharon (2012): The cultures of cities. Malden, Mass.: Blackwell Publishers.

12 Abbildungen und Tabellen

Abbildung 1: Übermorgenstadt Oldenburg aus der Sicht von
Peter Engel und Marc Becker, 2011 (Privatsammlung Schwandner) 2

Abbildung 2: Bestandsaufnahme Chinaaktivitäten Oldenburgischer
Unternehmen (Quelle: Stadt Oldenburg) 24

Abbildung 3: Oldenburg im Jahr 2000 (aus dem Jahr 1922) 26

Abbildung 4: Schwächenmatrix
(Eigene Darstellung nach Peter Schröder) 42

Abbildung 5: Beispiel für die Anwendung der Schwächen-Matrix 43

Abbildung 6: Stakeholder-Analyse (Eigene Darstellung) 44

Abbildung 7: Sinus Milieus 2016
(Abdruck mit freundlicher Genehmigung des Sinus Institutes) 48

Abbildung 8: Change Mindmap Oldenburg 63

Abbildung 9: Handlungsfelder und Leitmotiv
(Abdruck mit freundlicher Genehmigung von Stockwerk 2) 71

Abbildung 10: Moderne und Traditionelle Architektur in Singapur
(Privatarchive Lisowski und Schwandner) 76

Abbildung 11: Der Oberbürgermeister beim Weidenfest und dem
Christopher-Street-Day (Privatarchiv Schwandner) 80

Abbildung 12: Elemente einer Wissenschaftsstadt (mit freundlicher
Genehmigung des Stifterverbandes für die Deutsche Wissenschaft) 91

Abbildung 13: Logos der "Begegnungen-Reihe"
(mit freundlicher Genehmigung der Stadt Oldenburg) 113

Abbildung 14: Neues Minarett in Oldenburg bei Tag und
bei Nacht (Privatarchiv Schwandner) 115

Abbildung 15: OCAI Matrix für deutsche und niederländische Verwaltungen (eigene Darstellung) 146

Abbildung 16: Aufkleber gegen Gerd Schwandner und Gegenaufkleber (Privatarchiv Lisowski) 157

Abbildung 17: Bilder aus den Ideenschmieden (Privatarchiv Lisowski) 163

Abbildung 18: Übermorgenstadt – wie der Begriff im Stadtbild sichtbar wurde (mit freundlicher Genehmigung von Stockwerk2) 166

Abbildung 19: Weiterentwicklung des städtischen Auftritts nach dem Projekt „Stadt der Wissenschaft" (mit freundlicher Genehmigung von Stockwerk 2) 169

Abbildung 20: Liquiditätskreditbestand Oldenburg 2006-2017 (Quelle: Stadt Oldenburg) 178

Tabelle 1: Länderanking aus wirtschaftlicher Sicht.. 102

Tabelle 2: Länderranking zum Thema Wissenschaft.. 104

13 Personenregister

Altmaier, Peter 152
Amirow, Said 106
Bela B 82
Beust, Ole von 133, 151
Bourdieu, Pierre . 28, 38, 39, 191
Brinker, Werner 97, 167
Bush, George W. 126
Calatrava, Santiago 73
Cassel, Seymour 82
Dahm-Brey, Corinna 167
Danckelman, Inge von 147
Dettleff, Henning 160
Dijkstra, Jap 121
Dora, Johann-Georg 108
Engholm, Björn 167
Exner, Michael 88, 159
Flemming, Catherine 82
Fokkena, Helmut 79
Foster, Norman 77
Freitag, Horst 109
Fries, Axel 139
Funde, Sonwabo 109
Funke, Karlheinz 153
Graumann, Dieter 100
Grubitzsch, Sigfried 88
Günay, Mehmet 109, 115
Guttek, Joachim 177
Guttenberg, Karl-Theodor ... 151
Hodgson, Robert 139
Hoepp, Philipp 22
Hooven, Andreas van 127
Jonas, Mcebisi 109
Kamenetz, Kevin 105
Karslıoğlu, Hüseyin Avni 109, 152
Keach, Stacy 82
Klaukien, Olaf 127
Knobloch, Charlotte 100
Könner, Stefan 115, 175
Krogmann, Jürgen 129, 155
Kromme, Bernard 145
Li, Nianping 125
Maas, Winy 172
Marcus, David 21
Meyn, Silke 177
Moral, Şükran 114
Mruck, Armin 105
Muholi, Zanele..................... 112

Naßmacher, Karl-Heinz 159, 180
Ncitha, Zukiswa 109
Neumann, Torsten 81
Niemann, Boris 168, 170
Oettinger, Günther 152
Oranien-Nassau, Willem-Alexander (König der Niederlande) 83
Otto, Alexander 34
Pantel, Frank-Egon 175
Pei, Ieoh Ming 170
Putkamer, Jesco von 168
Ramsauer, Michael 139
Rehwinkel, Peter 79, 124
Reiter, Thomas-Phillip 51
Reschke, Andrea 127
Rösler, Phillip 152
Sagurna, Marco 127, 160
Schavan, Annette 151
Schily, Otto 154
Schlachet, Simon 100
Schneidewind, Uwe 167
Schreyer, Michaele 154
Schröder, Gerhard 33
Schröder, Peter 41

Schumann, Sara-Ruth 37, 100
Schütte, Thomas 139
Schütz, Dietmar 35, 36, 88, 155, 172
Smith, James T. Jr. 105
Sondergeld, Klaus 81
Späth, Lothar 158
Spitzer-Ewersmann, Claus ... 168
Steinmeier, Frank-Walter 151, 154
Stofile, Makhenkesi Arnold. 109
Stratmann, Lutz 51
Summers, Larry 137
Thein, Amon 168
Thierse, Wolfgang 154
Trankovitz, Laszlo 61
Trepp, Leo 100
Unger, Deborah Kara 82
Vega, Suzanne 139
Wallage, Jacques 28, 83, 85
Westerwelle, Guido 153
Wu, Hongbo 28, 125
Wulff, Christian 153
Wyser-Pratte, Guy 21
Xi, Jinping 125
Zuo, Wei 120, 125

14 Acknowledgements

Die Idee zu diesem Buch entstand bereits während der Amtszeit. Im Dezember 2012 hatte die „Wirtschaftswoche" ein weiteres Mal Oldenburg sehr hoch in seinen Rankings bewertet, im Dynamik-Ranking sogar auf Platz zwei. Der Oberbürgermeister wurde als Referent zur 9. WirtschaftsWoche Jahrestagung „Neustart Kommune" Ende Januar 2013 in Berlin eingeladen, um über die Oldenburger Strategie zu berichten.

Die erfolgreiche Neuaufstellung der Stadt Oldenburg ist dabei vielen offenen und „verborgenen" Unterstützern zu verdanken. Einigen sei hier an dieser Stelle dafür ausdrücklich gedankt. Bei allen, die wir an dieser Stelle vergessen haben, bitten wir um Nachsicht. Da wir mit einigen Firmen über die ganze Zeit sehr eng und vertrauensvoll zusammen gearbeitet haben, haben wir hier nur die jeweiligen (damaligen) Chefs aufgeführt, obwohl wir die Unterstützung durch viele Mitarbeiter auf verschiedenen Ebenen bekamen. Und bei machen Unterstützern, die uns vertrauliche Informationen gaben, wollen wir uns in deren Interesse lieber anonym bedanken: Danke !

Weiterer Dank geht an Heide Ahrens, Tuna Altiparmak, Mehmet Aydin, Alexis Angelis, Jürgen Bath, Jörg Bensberg, Jana Blaney, Jörg Bleckmann, Horst Brammer, Gunilla Budde, Darby Gounden, Johann-Georg Dora, Heinrich Engelken, Silke Fennemann, Helmut Fokkena, Botschafter Sonwabe „Eddie" Funde, Christian Geinitz, Martin Grapentin, Generalkonsul Mehmet Günay, Christoph Hein, Pastor Ralph Hennings, Michael Hempen (für alle Schausteller), Philipp & Sabine Hoepp, Rolf Hollander, Hans Kaminski, Botschafter Hüseyin Avni Karslıoğlu, Achim Kassow, Lars König, Stefan Könner, Thomas Kossendey, Bischof Peter Krug, Botschafter Nianping Li, Botschafter Qiutian Lu, Jin-Sheng Lue, Ulrich Mann, Zanele Muholi, Markus Müller, Wolfgang Nebel, Hermann Neemann, Torsten Neumann, Rickey Paulding, Brigitte Pfender, Sükrü Özden, Frank Quante, Jörg Ritter, Uwe Schneidewind, Sara-Ruth Schumann, Hermann Schüller, Christian Sommer, Franz Thole, Rabbinerin Alina Treiger, Bülent Uzuner, Robert von Lucius, Katharina von Ruckteschell, Generalkonsul Hongrui Wang, Johanna Wanka, Jehuda Wältermann, Manfred Weisensee, Yorck Wurms.

Unser Dank geht auch an alle engagierten Mitarbeiter und Mitarbeiterinnen der Stadtverwaltung Oldenburg. Das schließt den Abfallwirtschaftsbetrieb, das Klinikum Oldenburg, die Oldenburg Tourismus und Marketing GmbH und die Verkehr- und Wasserbetriebe ausdrücklich mit ein.

Und ganz zum Schluss wollen wir beide noch dem „Economist" danken, für die vielen anregenden Artikel die ganzen Jahre über... und vor allem für die interaktive Grafik, nach der von den 107 „autonomous cities" Oldenburg eine von nur drei Städten sein wird, die auch bis ins Jahr 2020 bis 2035 wachsen. (Economist, „Städte on the slide" June 1st, 2015)

Rainer Lisowski ist Professor für Public Management an der Hochschule Bremen. Von 2010 bis 2017 verwaltete er an der Hochschule Osnabrück eine Professur für öffentliches Management. Der promovierte Politikwissenschaftler ist Mitgründer der auf deutsch-chinesische Wirtschaftsprojekte spezialisierten Firma „PD International Aktiengesellschaft" mit Sitz in Oldenburg. Er ist zudem Director der in Singapur registrierten Angel-Investment Gesellschaft „Mandalena Pte. Ltd." Von 2007 bis 2012 war er Leiter der Stabsstelle Wissenschaft in der Stadtverwaltung Oldenburg und gleichzeitig ab 2010 kommissarischer Leiter des Fachdienstes Standortmanagement. Lisowski lehrt in mehreren internationalen Studiengängen und bereist zu Forschungszwecken regelmäßig Asien.

Gerd Schwandner, promovierter Humanmediziner, war Oberbürgermeister der Stadt Oldenburg von 2006 bis 2014. Als Professor für Internationales Marketing an der Hochschule Karlsruhe hatte er schon vor seiner Oldenburger Amtszeit enge Kontakte nach China geknüpft. Er ist an mehreren Universitäten in China Gastprofessor und Ehrenprofessor. Seit einem Gastsemester 1999 ist er regelmäßig zu Vorträgen und Seminaren an der Hong Kong Baptist University. Schwandner ist in Anerkennung für seine Aktivitäten 2013 zum Ehrenbürger der alten Kaiserstadt Xi'an ernannt worden. Schwandner war Mitglied des Landtages Baden-Württemberg und Staatsrat der Freien Hansestadt Bremen.